四川理工学院人才引进项目(2014RC24)的成果

抗战时期陕甘宁边区社会教育研究

王玉珏 ◎ 著

中国社会科学出版社

图书在版编目(CIP)数据

抗战时期陕甘宁边区社会教育研究／王玉珏著.—北京：中国
社会科学出版社，2015.12
ISBN 978 – 7 – 5161 – 7874 – 4

Ⅰ.①抗… Ⅱ.①王… Ⅲ.①陕甘宁抗日根据地－社会教育－
教育研究 Ⅳ.①G529.6

中国版本图书馆 CIP 数据核字(2016)第 063130 号

出 版 人	赵剑英	
责任编辑	任 明	
特约编辑	乔继堂	
责任校对	朱妍洁	
责任印制	何 艳	

出 版	中国社会科学出版社	
社 址	北京鼓楼西大街甲 158 号	
邮 编	100720	
网 址	http://www.csspw.cn	
发 行 部	010 – 84083685	
门 市 部	010 – 84029450	
经 销	新华书店及其他书店	

印刷装订	北京市兴怀印刷厂	
版 次	2015 年 12 月第 1 版	
印 次	2015 年 12 月第 1 次印刷	

开 本	710 × 1000 1/16	
印 张	12.75	
插 页	2	
字 数	221 千字	
定 价	68.00 元	

序

在中国共产党领导的新民主主义革命过程中，由于农民是革命的主力军，如何动员农民大众认同这一革命的目标，调动起亿万农民大众的革命积极性，就成为新民主主义革命的核心问题。美国学者塞缪尔·亨廷顿认为，当人类历史由传统社会进入现代社会、由农业文明进入工业文明之际，空前广泛的民众参政是不可或缺的政治条件；而要实现人民参政，有两个必须具备的前提，首先政府必须具备办事的能力和实施的能力；其次必须先有经济的增长，从而实现人民的福利。也就是说，没有政府的能力和经济的增长，动员人民大众是不可能的。

从1941年起，在延安进行了两个运动，一是"大生产"运动，二是"整风"运动。前者不仅解决了一直困扰着边区军民的物资供给问题，而且通过政府机关和军队以身作则的行为，使延安的广大民众感同身受地意识到新民主主义革命的目标与自己的切身利益的根本相关性，逐渐地接受、理解、认同了共产党的新民主主义革命；后者使全党充分意识到实事求是、理论联系实际是中国共产党的根本的思想路线，开始有意识地克服各项工作中存在的主观主义和教条主义。需要与自愿相结合的社会教育的路线，就是在充分考虑到群众切身需求的基础上，将群众利益与思想政治教育密切联系在一起的结果。因此，1941年在延安开展的大生产运动和整风运动，是中国共产党相关群众动员的办事能力和实施能力大幅度提高的标志，也是群众福利通过"自己动手，丰衣足食"的大生产得以实现的标志。在中国共产党的群众动员史上，大生产运动和整风运动是党的群众路线得到划时代的发展和创新的里程碑。

王玉珏的《抗战时期陕甘宁边区社会教育研究》，在梳理大量的文献资料基础上，清晰地为我们展示了中国共产党为了发动群众、动员群众而进行的社会教育，是如何从脱离群众走向依靠群众，从主观主义走向实事求是，从教条主义走向以群众的现实利益为出发点的思想和实践的发展历程。由于这本专著的问世，使当年发生在陕甘宁边区丰富多彩的社会教育活动，形象鲜明、生动活泼地展示在我们眼前，使我们领会到党的群众路线是如何在社会教育领域内一步步得以具体体现，人民群众是如何一步步认同新民主主义革命的目标的。

　　王玉珏是我的博士研究生。在几年的读博期间，他敏思精进，勤奋好学，终于以优秀的成绩完成了学业，其学位论文也得到了专家学者的高度肯定。现在这篇论文要出版，玉珏嘱我做序，我欣然命笔，写了这段粗糙的文字，以表示我对他读博时刻苦攻读精神的赞许。

　　是为序。

苏志宏

2015 年 10 月序于成都西南交通大学南园

摘　要

　　本研究以抗战时期陕甘宁边区的社会教育为对象，以思想政治教育为视角，运用历史文献分析法、学理分析与实证分析相结合、多学科综合分析等多种方法进行研究。以《陕甘宁边区教育资料·社会教育部分》（上下）及《解放日报》（1941—1945年）为核心文献资料，以党的相关文件，党的领导人的文集、选集，专家学者的回忆录和著作为基础文献。首先，通过对文献的收集、阅读和整理，形成对边区社会教育的全面具体认识。其次，运用现代思想政治教育学原理解读边区社会教育，把捉社会教育中最具本质、最为闪光的重点和亮点，提炼成为写作的主体内容，并详细深入地分析与论证，在分析中全面涉及教育目的、方法、载体、价值等内容。再次，具体分析社会教育的成效。最后，从纵向角度比较边区社会教育与新时期思想政治教育的异同，归纳概括出边区社会教育对当代思想政治教育的宝贵经验和启示。

　　第一章为"绪论"。介绍了选题背景与研究意义；以核心文献和基础文献划分，对本研究涉及的文献进行了分析与评述；对边区社会教育的研究现状进行了具体分析，论述了边区社会教育现有研究的角度，成果与不足，具体指出现有研究成果对本书写作的启示和借鉴；介绍了本书的研究思路、内容和方法；最后指出本书研究的创新点和不足。

　　第二章以"抗战时期陕甘宁边区社会教育概论"为题。从总体上认识和把握抗战时期边区社会教育的基本情况，是本研究的基础。这部分主要总结了社会教育的基本构架，即教育的概念、对象、内容与目标、方法、实施机构、教材、师资组织形式等内容。介绍了抗战时期社会教育发展流变进程，分析了社会教育发生的历史原因和现实原由，指出社会教育发生的内在逻辑必然。在此基础上，运用现代思想政治教育学原理，分析和论证了边区社会教育是思想政治教育运动，是成功的群众思想政治教育活动，是党的群众思想政治教育达到成熟的标志。

第三章以"需要与自愿：抗战时期陕甘宁边区社会教育的基本原则"为题。坚持需要与自愿原则，是边区社会教育取得成功的最为重要和直接的原因。具体梳理了需要与自愿原则形成与发展的历史轨迹；以教育组织形式和教育内容为主线分析了教育原则的具体实践状况及效能。运用心理学、教育学和思想政治教育学对这一原则进行理论分析，从理论上探讨这一原则的科学性，是对社会教育坚持这一原则取得良好效果的学理论证。

第四章以"教材与新秧歌：抗战时期陕甘宁边区社会教育的主要载体"为题。教育载体的有效运用，是边区社会教育取得成功的重要原因。本部分重点研究教材和新秧歌的思想政治教育载体功能表达。通过分析教材和新秧歌的流变进程，以其具体内容为依据进行分析，揭示了如何改进教材和秧歌，并在其中融入新的情感因素及政治因素，有效地把思想教育内容融合在教材和民众喜闻乐见的新秧歌中。从而具体直观地表现教育载体如何促进思想政治教育主客体相互作用、良性互动，展现教育载体承载和传导思想政治教育内容的功能及其实践的具体体现。

第五章以"抗战时期陕甘宁边区社会教育的效能"为题。教育效能是边区社会教育取得成功的直接表达，它是对教育原则和载体部分的回应与印证，也是第六章启示部分的立论基础。这部分研究内容以社会教育的识字教育、移风易俗、抗战动员、政治认同四大教育目标为据，深入分析实现每一目标的困难与阻碍，详细描绘每一目标的实际效果，二者的强烈对比，能够让人切实感受这些成效来之不易，进一步体会社会教育的效果。同时，也可以看出：教育者和受教育者之间本身内含着党的革命要务和群众的生活要务的对立与矛盾，这是社会教育实践中出现各种问题的根源之一。而社会教育对矛盾的消解，让革命要务和生活要务在群众意识和行动中相互交融，浑然一体，是其取得成功的保障。

第六章以"抗战时期陕甘宁边区社会教育给予当代群众思想政治教育的经验与启示"为题。总结社会教育对现代思想政治教育的经验与启示，是本研究的落脚点。这部分内容通过比较抗战时期与新时期思想政治教育异同，总结陕甘宁边区社会教育正反两方面经验，得出陕甘宁边区社会教育对当代群众思想政治教育具有实际价值的经验与启示。

目　录

第一章

绪　论

第一节　选题背景与研究意义

一　选题背景

（一）源于对党的思想政治教育史的兴趣与关注

思想政治教育理论与实践的发展与党的历史相生相随，一部党的思想政治教育史，亦可见证党由小变大、由弱到强的历程，也能直观明确地看出：思想政治教育是中国共产党的政治优势和宝贵传统，为党领导的革命与建设事业提供了坚实的思想保障和强大的精神动力，其重要功能与作用是无可估量和无法代替的，这是思想政治教育价值的体现，也是思想政治教育学存在与发展的重要理由，更是现代思想政治教育理论与实践发展的重要资源。

作为一名思想政治教育理论工作者，有个疑问一直在笔者头脑中挥之不去。在20世纪20—40年代，战火纷飞，民众素质不高，党的力量弱小，而敌人众多，力量异常强大，为什么广大的农民、工人、学生和知识分子等人群响应党的号召，敢冒牺牲生命之危险，投身革命事业？这样的行为没有理想信念的强大精神支撑，是不会成为大多数人的行为选择的，而实现这一点，党的思想政治教育工作毫无疑问在其间发挥了巨大的作用。带着这一疑问，笔者翻阅了党的思想政治教育史、党史等相关书籍，抗战时期的陕甘宁边区进入了笔者的视野。抗战时期，党在陕甘宁边区执政，对边区的乡村社会进行了全面改造，让边区成为抗日民主示范区，是党的思想政治教育发展的重要节点。在党的思想政治教育史中，对抗战时期的思想政治教育主要集中在延安整风运动，但是，延安整风运动面向的主体是党员干部，普通群众并未深度介入，那么，为什么边区群众会提高觉悟，逐渐成为革命的主体之一？这样，以群众为中心对象的社会教育就自然成为笔者的研究主题。

（二）来自对当下群众思想政治现状的困惑与焦虑

当前，群众的思想观念和行为存在诸多问题，2004 年，中共中央国务院下发的《关于进一步加强和改进大学生思想政治教育的意见》指出：一些大学生不同程度地存在政治信仰迷茫、理想信念模糊、价值取向扭曲、诚信意识淡薄、社会责任感缺乏、艰苦奋斗精神淡化、团结协作观念较差、心理素质欠佳等问题。作为文化水平较高，涉世不深，受社会阴暗面影响较小的大学生尚且存在这些问题，其他群众何尝不是如此，甚至有过之无不及。因此，激情犯罪、暴力抗法、社会冷漠、报复社会等各种极端行为屡屡出现。陈水总在厦门公交车上制造爆炸案，造成 47 人死亡、34 人受伤。其中一个细节引人深思，陈水总乘换几辆公交车，目的在于挑选人数最多的公交车下手，确保造成最严重的后果，受害者都是与他没有任何关联的陌生人，可以想见其报复社会的心态是多么的强烈，对社会的憎恨已经到了无以复加的地步。"小悦悦事件中 18 名路人视而不见"，"老人摔倒应不应该扶"，"见义勇为应不应该做"……这些现象和话题，让笔者也备感困惑。

但是，当下的中国处于改革攻坚的关键时期，国家民族的发展需要全体中国人同心聚力，共克时艰。而群众对公权力的信任危机、对社会的冷漠、拜金主义、个人主义和享乐主义等不良思想与行为的滋生与蔓延，对国家和社会的发展带来巨大的负面效应。作为有良知、有担当的中国公民，应该对此深深的焦虑。作为思想政治教育工作者，笔者认为这既凸显了群众思想政治教育的必要性、重要性和紧迫性，同时，我们更应该为做好这一重大课题出谋划策，做出自己应有的贡献。

（三）源自边区社会教育对当前群众思想政治教育的重要启示与价值

马克思强调，所谓的"观念"，"不过是从前期历史对后期历史发生的积极影响中得出的抽象"[①]。通过阅读文献和相关研究资料，在对边区社会教育有全面把握的基础上，运用现代思想政治教育学理论进行解读，笔者发现：边区社会教育就是一场群众思想政治教育活动，是一场系统的、典型的、成功的思想政治教育活动，是党的群众思想政治教育达到成

---

① 《马克思恩格斯选集》第 1 卷，人民出版社 1995 年版，第 88 页。

熟的标志。因此，运用思想政治教育学原理，系统梳理社会教育的具体内容，尤其是把捉社会教育取得成功的根本原因，总结其正反经验，必将对现代群众思想政治教育的理论与实践发展予以有益的启迪和推动。而且从理论上来讲，这样的研究思路也是现代思想政治教育学发展的重要路径选择。

二 研究意义

（一）理论意义

第一，基于思想政治教育的视角，系统深入研究抗战时期的社会教育，其核心理论意义在于丰富和完善现代思想政治教育学的理论。思想政治教育学作为一门新兴学科，其理论的构建、发展和完善需要多维的视域。在此认识之下，党的思想政治教育理论与实践就应该进入我们的研究视野，因为"我们现在的思想政治教育学原理，虽然有时讲的是普遍规律性的东西，但其中的很多内容还是从中国共产党思想政治教育理论中移植过来的"①。社会教育运动是我党历史上第一次广泛的、成功的群众思想政治教育活动，是党的群众思想政治教育的伟大创举，是党的群众思想政治教育工作达到成熟的重要标志。因此，从理论上系统梳理社会教育时期的思想政治教育内容，进行科学研究和提炼，使之上升到理论的高度，必然会对当前思想政治教育理论发展起到良好的建设性作用。

第二，在认识和分析抗战时期社会教育这一思想政治教育活动时，必然会运用现代思想政治教育学基本原理，这本身也是对现代思想政治教育学理论的一次全面的检测，从另一角度对现代思想政治教育学理论的发展起到积极的促进作用。

第三，就对抗战时期社会教育这一史实的理论认识而言，基于思想政治教育的视角分析和梳理社会教育，是对社会教育这一史实本身的丰富和深化，在理论上可以更加全面地认识和评价陕甘宁边区的社会教育。

（二）现实意义

抗战时期的社会教育是党的群众思想政治教育工作取得良好实效的典型案例，系统梳理其具体的教育工作原则、方式、途径、手段等，可以较

---

① 刘建军：《中国共产党思想政治教育的理论与实践》，中国人民大学出版社 2007 年版，第 3 页。

好地探究和解释这一思想政治教育活动取得成功的原因，也能为新时期思想政治教育具体实践工作提供宝贵的经验和有益的借鉴。与抗战时期的社会教育相比，虽然当今的现实背景与社会条件已经发生很大的改变，但是，社会教育中具有普遍规律性的思想政治教育理念与方法应该给予我们重要的启迪。一切历史都是当代史，审视历史，我们能够正视现实与遥想未来。因此，认真、全面分析社会教育的具体实践工作情况，将其宝贵的经验运用到新时期群众思想政治教育工作之中，这将对我们破解新时期群众思想政治教育困境，提升教育的针对性和实效性起到良好的借鉴作用。果真如此，必将对和谐社会的构建、社会主义现代化建设伟大事业的发展提供强大的思想动力，起到积极而重大的推动作用。

第二节　文献资料与研究现状述评

本研究基于思想政治教育视角，以抗战时期陕甘宁边区社会教育为研究对象。研究的基础是对边区社会教育这一历史事实的本真还原与把握。要做好此基础，必须依据文献资料，认真梳理和总结。

一　文献资料述析

（一）核心文献资料

本研究的核心文献资料为《陕甘宁边区教育资料·社会教育部分》（上、下，教育科学出版社 1981 年版）及《解放日报》（1941—1945年）。

第一，《陕甘宁边区教育资料》由教育科学出版社 1981 年出版，共计 12 册，分为《高等教育部分》（上、下），《干部学校部分》（上、下），《中等教育部分》（上、中、下），《小学教育部分》（上、下），《社会教育部分》（上、下），《教育方针政策部分》（上、下），《在职干部教育部分》。其中，《社会教育部分》（上、下）是研究边区社会教育最为核心和权威的文献。

《社会教育部分》（上）主要包括以下几部分内容：一是边区教育厅对开展社会教育发出的 15 篇指示信、通令，从中可以看出社教工作领导者对开办社会教育的具体要求，针对社教工作中出现的问题的解决措施；二是指导开展社会教育的文献，包括吕良撰写的《边区的社会教育》、边区教育厅印发的《社会教育概论》和《社会教育工作纲要》，这些内容讲解了开办社会教育的必要性和重要性，指出了社会教育的教育内容，具体规定了各种教育组织形式的开办方法；三是边区政府下发的文件，如《陕甘宁边区各县社会教育组织暂行条例》、《陕甘宁边区冬学教员奖励暂行办法》、《陕甘宁边区民众教育馆组织规程》等；四是社会教育工作总结，包括1941年的《一九四○年社教工作的总结》、1944年的《陕甘宁边区的社会教育》、1946年的《三年来边区社教工作总结》，这些总结指出了各阶段边区社教工作的成绩，深入分析了教育中存在的问题，指出了解决问题的思路、措施，从中也能较好认识社教工作的发展过程、变化与走向；五是提供了识字班、识字组、民教馆、墙报等典型案例；六是辛安亭和余志平撰写的关于教材编写问题的四篇文章。

《社会教育部分》（下）全部是关于冬学的内容，分为两个部分，一是新文字，二是冬学。冬学部分的内容可以分为三类，一是边区政府和教育厅发出的冬学指示信；二是边区教育厅对各阶段的冬学总结，其中有一篇三边分区的冬学总结，还有一篇总结，即1944年的《陕甘宁边区冬学的种种形式》，这两篇总结是非常重要的文献，揭示了冬学组织形式转变的过程和成效；三是冬学的典型，如刘家城卫生冬学、延安市的冬学等。

认真阅读和梳理《陕甘宁边区教育资料·社会教育部分》内容，就能够对边区社会教育的教育方针、内容、形式、开展情况、发展变化、问题和成效有具体的把握和清楚的认识。需要指出的是，这些资料主要集中在抗战时期，1946年及以后的文献在上册中只有四篇，下册中仅有两篇。解放战争时期边区社会教育的相关资料极为匮乏，这是研究解放战争时期边区社会教育的硬伤，是本研究将时期界定为抗战时期的原因，也是学界现有研究集中在抗战时期的缘由。

第二，《解放日报》（1941—1945年）。

自1941年《解放日报》创办以后，就成为党的机关报，1942年改版后，分为四版，第二版专门登载边区和国内消息。尤其是在1944年，社教工作得到空前重视，社教工作的方针、政策、社教工作的典型通过《解放日报》在全边区进行报道和宣传。同时，社会教育和边区的政治、经济、文化和社会的方方面面相联系，《解放日报》对边区的全面报道，从中能够获取大量社会教育的相关资料。

基于这两种资料的认识和分析，边区社会教育的研究有了核心的文献保障，研究具有厚实可靠的基础。

（二）基础文献资料

基础文献资料可以分为四类。一是党的领导人的文集、选集等资料中关于抗日时期的教育内容，如《毛泽东选集》第二、第三卷，边区政府领导者和党的文化领导者的著述如《林伯渠文集》、《周扬文集》、李维汉的《回忆与研究》（下）等。边区社会教育是在党和边区政府领导下的群众教育活动，领导人的相关论述，既为社会教育提供方针及方向指导，也能让我们深刻体会社会教育的发生背景与意义。

二是党和边区政府的文件和史料选编。如《陕甘宁边区教育资料·教育方针政策部分》（上、下），《陕甘宁边区政府文件选编》（第1—3辑），《陕甘宁抗日革命根据地史料选集》（第1—2辑），《陕甘宁边区参议会文献汇辑》，《陕甘宁革命根据地史料选辑》，《中共中央西北局文件汇集（1941—1945）》，《中共中央文件选集》（第5—10册）等，这些资料既有边区教育的宏观政策方针，也有对社会教育的具体要求和指导，把握这些资料，就能够很好地自上而下了解社会教育的性质、变化发展的原因，也能从社教领导者的角度认识和分析社会教育。

三是教育工作者从教育史的角度编写的资料。如刘宪曾等主编的《陕甘宁边区教育史》、皇甫束玉等主编的《中国革命根据地教育纪事》、董纯才等主编的《中国革命根据地教育史》（第二卷）、中央教育科学研究所编的《老解放区教育资料》、陈元晖的《老解放区教育简史》、《辛安亭教育文选》等。这些资料往往对边区社会教育进行了或多或少的介绍。如《陕甘宁边区教育史》中，第十章专门介绍边区社会教育，篇幅长达40页，介绍了教育的概况、基本形式、教育活动的开展和教育内容。有些资料的编者还是边区社会教育的亲历者，如董纯才就曾为边区社会教育编写教材，虽然其主编的三卷本的《中国革命根据地教育史》中，对抗战时期边区社会教育论述不够具体，但是，亲历者的角度和感受，能够成为我们对社会教育的重要认识来源。

四是到达边区的中外记者的著述，在他们的著作中，对边区的社会状况，具体生活有着全面、翔实的描述，尤其是外国记者，其立场更为中性，其著作中资料可信度较高，如埃德加·斯诺的《西行漫记》、詹姆·韦尔斯的《红色中国内幕》、尼姆·威尔斯的《续西行漫记》、杰克·贝尔登的《中国震撼世界》、冈瑟·斯坦的《红色中国的挑战》等，其中有大量的对边区民众的生活描述，而社会教育以群众为对象，这些描述就是对社会教育开展情况、教育成效的有力论证与印证。

基于对文献资料的占有和认识，笔者认为，从文献角度来看，边区社会教育的研究具有坚实的文献支撑，研究是可行的，能够进行。

二　研究现状述评

（一）对边区社会教育研究的简述

陕甘宁边区是现在学界研究的一个热点，在 CNKI 期刊全文库中，以"陕甘宁边区"为主题精确搜索，有近 3000 篇文章，尤其是 2007 年以来，每年都有 100 多篇文章。

虽然陕甘宁边区是研究的重点，但对边区社会教育的研究是不够的。以边区社会教育为对象的学术专著笔者尚未见到。在 CNKI 期刊全文库中，以"陕甘宁边区社会教育"为主题模糊搜索，仅有 18 篇文章，研究文章虽然不多，但研究角度多样，包括：乡村社会变迁、马克思主义大众化、政治社会化、民众动员模式、妇女教育、乡村社会改造、冬学运动、社会建设实践、对当前农村成人教育的启示、对西部大开发的启示等。

在 CNKI 的中国博士学位论文全文数据库中，以"陕甘宁边区社会教育"为主题进行搜索，共计 46 篇文章，在中国优秀硕士学位论文全文数据库中，用同样方法进行搜索，得到 91 篇文章。这些研究，内容涉及边区基层政权建设、民众动员、各级各类教育、人权立法、马克思主义大众化、社会变迁、外国友人对边区考察、民族纲领政策、民生问题、法制创新、现代科技体制、乡村治理模式、报刊事业、新闻体制、史学建设、丧葬习俗、农村合作医疗体制起源、婚姻习俗变革等方方面面。社会教育与这些研究主题相关连，体现社会教育研究的多面性，也是社会教育研究价值的展现。

这些研究成果基本出自 21 世纪，多为 2005 年以来的文章，表明对边区社会教育的研究尚处于起步阶段，就研究成果和研究内容来看，与本书相关的研究主要集中如下。

1. 基于民众政治动员的角度研究社会教育

黄正林认为社会教育既是群众性的扫盲运动，又是中共在根据地进行的一场全面的政治动员，而后者显得更突出、更重要。他认为社会教育目的在于消除文盲，提高边区民众的文化水平；给民众灌输民族意识与国家意识，激发民众参与政治的热情；终极目的是要民众对中共政权以及各项政策的最大限度的认可。他认为通过社会教育，提高了民众的政治参与热情，具体表现为民众加入党组织，参加选举和参政议政，参加党领导下的各种抗日民众社团。他认为"开展社会教育的过程，也是中共政权对根据地乡村社会资源实现控制的过程"。具体体现为社会教育使中共的各项方针政策深入到根据地基层，并且逐渐被广大民众所接受；扩大了中共乡村政权的阶级基础；使中共成功地实现了对乡村政权的控制；实现了对根据地民众的全方位控制。最终得出结论："社会教育提高了民众和中共政权之间的亲和力，使中共逐步实现了对根据地乡村社会资源的全面控制。"①

李会先在其博士学位论文《抗战时期陕甘宁边区民众动员研究》中认为：社会教育是边区民众动员的两大途径之一。他用长达20页的篇幅专题介绍了社会教育的概貌、基本内容和动员效果。他认为边区民众动员的方式主要有：利益整合、宣传鼓动、国民教育、政治参与、组织受训、革命文艺、群众运动。在这七种民众政治动员方式中，社会教育扮演了极其重要的角色。得出的抗战时期陕甘宁边区民众动员的经验与启示是：民众动员是中国共产党的中心政治任务；是进行和谐社会建设的保证；是中国共产党执政能力的体现。②

张孝芳认为边区社会教育兼具民间启蒙和政治动员的性质。在乡村，社会教育的各种组织形式为集体的文化扫盲提供着一个全新的公共空间，超越着原有的家庭邻里与村落关系网络，在社会教育中涌现出的新的乡村精英，凭借新的知识优势，进入村庄，从而打破了由传统村落精英掌握的权力格局。人们通过社会教育获得的不仅仅是知识与信息，更有对新权威的接纳及对新秩序的认同，从而完成了政治动员。③

李转在其硕士论文中指出："社会教育在边区的广泛开展，不仅在一定程度上提高了边区农民的文化水平，有利于边区农民逐渐摆脱封建传统观念的束缚，改变当地的社会风气，而且在社会教育的过程中伴随着中国

---

① 黄正林：《社会教育与抗日根据地的政治动员——以陕甘宁边区为中心》，《中共党史研究》2006年第2期。

② 李会先：《抗战时期陕甘宁边区民众动员研究》，博士学位论文，首都师范大学，2008年。

③ 张孝芳：《陕甘宁边区的民间启蒙和政治动员——由〈日用杂字〉说开去》，《晋阳学刊》2005年第4期。

共产党的各项政策深入到乡村社会中，对于提高农民的民主的意识，增强农民政治参与的能动性奠定了'思想基础'。"①

2. 基于马克思主义大众化的角度研究边区社会教育

李祥兴、程晓敏认为"从某种意义上说，陕甘宁边区的社会教育是一场马克思主义大众化的运动"。抗战时期陕甘宁边区的社会教育适应了马克思主义大众化的要求，具体表现为社会教育的方针政策体现并适应了大众化的特点与要求；充分考虑了农村的传统习俗和民风民情，并结合当地的实际情况配合党在各个阶段的具体工作展开；采用了适合大众口味的通俗化的形式。其结果是实现了马克思主义大众化，实现了党的路线、方针、政策的大众化，使党的意志和主张获得民众的认同，进而推动了马克思主义大众化。总结了边区社会教育对推进当代马克思主义大众化、时代化的借鉴意义：推动马克思主义大众化必须研究大众、了解大众的真正需求是什么，要贴近大众的生活实际，唯有如此马克思主义的大众化才有生命力；要善于采用多元化的载体，与地方化紧密结合；要围绕党的中心任务进行，使马克思主义成为我们行动的指南、释疑解惑的理论武器；推动马克思主义大众化的关键是要处理好普及和提高的关系，并注意层次性。②

3. 基于政治社会化角度研究社会教育

李祥兴、程晓敏也从政治社会化角度研究了抗战时期边区的社会教育。他们认为："抗战时期陕甘宁边区的社会教育运动是党在根据地实施的一项社会政策，究其本质是一场政治社会化运动。这一运动一方面在政治社会化中起着不可替代的作用，另一方面也是实现中国共产党意识形态社会化的基本途径。"他们认为边区社会教育有三大重要任务：消除文盲，提高民众的政治参与能力；给民众以抗战所需的知识技能；激发民众的民族自尊心，提高群众的民族意识和革命的自觉性。各项任务的作用和目的是："扫除文盲，提高民众的文化水平，为政治社会化创造了条件；给民众以抗战所需的知识技能是政治社会化的有效载体；激发民众的民族自尊心，提高群众的民族意识和革命的自觉性是政治社会化的题中应有之

①　李转：《抗战时期陕甘宁边区农民政治参与研究》，硕士学位论文，西北大学，2011年，第11页。

②　李祥兴、程晓敏：《论抗战时期陕甘宁边区的马克思主义大众化——基于社会教育的考察》，《毛泽东思想研究》2011年第7期。

义。"认为社会教育政治社会化的途径为：多样的组织形式，合适的教育内容，灵活的教育方法。社会教育政治社会化的效果是：使党的路线、方针和政策获得认同；提高了民众政治参与的积极性和政治参与的水平；激发了民众的民族意识，推动了抗战动员。社会教育政治社会化的特点是：影响的广泛性，机构的广泛性，内容的丰富性。[①]

此外，他们还以边区社会教育中最主要的组织形式"冬学"为考察对象，指认冬学运动就其本质而言是一场政治社会化的运动，认为抗战时期"边区的冬学运动在政治社会化中起着不可替代的作用，是实现中共意识形态社会化的基本途径，其结果也达到了这一目标"[②]。

4. 基于乡村社会改造角度研究社会教育

张孝芳认为社会教育组织形式与经济组织和军事组织相结合，将边区社会民众纳入一个组织化的生活世界，通过这些组织和关系网络，乡村民众的心理和意识被重新塑造。通过社会教育的开展，农民不仅获得了知识上的增长，也增强了对党的号召、政策的了解和理解，从而强化了对党的权威的接受和认可。同时，她认为社会教育运动改变了边区原有的社会关系结构，建构起普通民众，尤其是农民的革命主体地位，乡村社会民众在教育、文化等领域传统的边缘性地位的变化，是共产党对乡村社会农民的主体性建构的重要步骤之一。社会教育运动塑造了乡村社会民众新的价值观和认同感。在社会教育的宣传与号召下，党提倡的新的行为规范、道德标准日益渗透于乡村民众日常生活的时候，他们事实上已在接受共产党所传递的一套话语体系和价值观，接受共产党所宣传的理想和信仰。正是在这一过程中，党的权威体系在乡村社会中逐步得到确立与巩固。共产党从思想、文化着手，使乡村社会经历着巨大的社会结构变迁，进而改变了乡村民众的世界观和价值体系，为新秩序的确立及巩固奠定了坚实的基础和力量。[③]

黄正林认为："1937—1945 年陕甘宁边区对乡村社会进行了全面的改

---

① 李祥兴、程晓敏：《抗战时期陕甘宁边区的社会教育与政治社会化》，《山西师范大学学报》（社会科学版）2011 年第 1 期。

② 李祥兴、程晓敏：《论抗战时期陕甘宁边区的冬学运动与政治社会化》，《学术论坛》2011 年第 3 期。

③ 张孝芳：《抗战时期陕甘宁边区的社会教育运动与乡村社会变迁》，《山东社会科学》2008 年第 8 期。

造，通过改造使边区乡村社会发生了巨大的变化：地主经济受到了削弱，逐步实现耕者有其田；一家一户的个体经济向合作制经济转变；通过选举树立了新的乡村权威，普通民众成为乡村权力主角；社会教育使民众的民族意识和社会意识逐步形成；普及教育使穷人的孩子有了上学的机会；乡村社会一改过去土匪横行的局面，民众有了一个安定的生活环境；一些社会陋习被新的社会风俗所取代；社会保障系统的建立使民众提高了抵御自然灾害的能力。和二三十年代的乡村建设派相比，中共对中国乡村社会的认识要深刻得多，正因为这样，边区的乡村社会改造才取得了成功，而且代表了未来中国农村社会发展的方向。"①

5. 整体研究边区社会教育

贾钢涛认为抗战时期边区的社会教育"从抗战的背景和边区实际出发，坚持文化启蒙同抗战、同社会、同生产相结合的方针，消除了群众中的文盲和迷信思想，解决了民众生产和生活中的实际问题，为抗战奠定了坚实的群众基础。社会教育提高了边区民众素质，有力地配合了前方抗战，促进了边区经济、社会的协调发展"。总结边区社会教育的目的为：消灭文盲，提高民众抗战知识能力；破除封建迷信，提高民众政治觉悟。认为边区社会教育发展可以分为：（1）初步发展时期（1937—1938 年）；（2）迅速发展时期（1939—1941 年）；（3）调整巩固阶段（1942—1945 年）。总结的边区社会教育的启示为：社会教育必须与党的中心任务紧密结合，社会教育必须与政权建设紧密结合，社会教育要走群众路线。②

张王勇在其教育学硕士论文中认为社会教育的作用在于：通过社会教育使民众自觉拥护共产党和边区政府的执政政策；动员民众有力地支援了抗日战争；促进了边区文化的繁荣；改变了边区社会风貌；推动了边区政治民主化进程。认为陕甘宁边区通过社会教育推动边区社会和谐发展的历史经验，为我国当前西部农村建设和谐社会提供了有益的经验：通过社会教育提高了农民群众的自主创业意识和能力，提高了基层干部的政策水平和管理能力；增强了农民群众的民主意识；使群众树立正确的价值观念和

---

① 黄正林：《1937—1945 年陕甘宁边区的乡村社会改造》，《抗日战争研究》2006 年第 2 期。

② 贾钢涛：《论抗战时期陕甘宁边区的社会教育》，《武汉理工大学学报》（社会科学版）2009 年第 2 期。

道德规范。① 在此认识上，他在《教育评论》发表文章，进一步阐释了这一观点，同时认为社会教育对加强农村成人教育具有良好的借鉴意义。②

谢飞的硕士论文是较为系统的研究抗战时期边区社会教育的文章。作为史学论文，该文分析了抗战时期边区社会教育兴起的背景、发展概况、特点和概况，总结了社会教育的经验与启示。将社会教育分为初步发展阶段（1937—1938 年）、快速发展阶段（1939—1941 年）、调整巩固阶段（1942—1945 年）。认为边区社会教育的贡献是：扫盲成绩显著，提高了民众文化水平；激发了民众参与抗战的热情；扩大了民众的政治参与；实现了对中共的认同；中共实现了对边区社会的控制；边区的社会面貌得到了改善。③

李亦丹的教育学硕士论文认为抗战时期的社会教育是中国共产党将马克思主义教育思想与中国实际相结合的一个典范，全文分为三个部分，第一部分论述了陕甘宁边区社会教育的概况，包括其兴起的背景，开展的方针、政策、制度、对象和形式以及取得的巨大成就；第二部分总结了中国共产党和边区政府在开展陕甘宁边区社会教育工作上的经验与不足；第三部分结合当前我国社会教育现状，阐述边区社会教育的现实启示。她认为边区社会教育经验是：将马克思主义教育思想与中国实际相结合，发挥人民群众的主动性，制定健全的制度和建立完善的管理体系。社会教育的不足在于：脱离边区实际情况，违背群众意愿，急于求成和形式主义。同时从社会教育资金、制度和管理体系、人力资源问题、内容与形式等方面总结了社会教育的启示。④

（二）基于思想政治教育角度研究抗战时期边区社会教育

基于思想政治教育角度研究抗战时期边区社会教育国外学界并不涉及。在思想政治教育学和党的思想政治教育史的相关论著中，关注的重点放到同时同地开展的延安整风运动，并认为延安整风运动标志着党的思想政治教育达到成熟，然而对边区社会教育往往一笔带过。

---

① 张王勇：《抗日战争时期陕甘宁边区社会教育与社会和谐发展研究》，硕士学位论文，陕西师范大学，2007 年。

② 张王勇：《论抗战时期陕甘宁边区的社会教育》，《教育评论》2013 年第 3 期。

③ 谢飞：《抗战时期陕甘宁边区社会教育研究》，硕士学位论文，兰州大学，2010 年。

④ 李亦丹：《抗战时期陕甘宁边区社会教育的经验及启示研究》，硕士学位论文，天津商业大学，2012 年。

如在张耀灿等主编的《现代思想政治教育学》中，认为《关于军队政治工作问题》和延安整风运动标志着党的思想政治教育的成熟，陕甘宁边区社会教育未被提及。① 当然，思想政治教育学论著专注于学理构建，党的思想政治教育史并非论述重点，出现此种现象无可厚非。但在党的思想政治教育史的专著中，陕甘宁边区社会教育仍然处于被遗忘的角落。如许启贤主编的《中国共产党思想政治教育史》（2004 年），虽列有抗日根据地的群众工作和群众教育，但内容简练，社会教育未提及。在刘建军主编的《中国共产党思想政治教育的理论与实践》（2008 年）中，专题论述了延安抗日根据地的群众工作与群众教育，也仅是用一页多篇幅简单论及面向广大群众的思想政治教育的内容与形式，与抗战时期陕甘宁边区社会教育的丰富内容与形式比较，显得黯然失色，且未出现"社会教育"字眼。而在王树荫主编的《中国共产党思想政治教育史》（2011年）中，在抗战时期党的思想政治教育部分，对根据地群众思想政治教育偶有提及，"在抗日战争时期，中国共产党十分重视对根据地群众的宣传教育与鼓动工作。中央宣传部《关于各抗日根据地群众鼓动工作的指示》和《克服困难，准备反攻，为战后建立新中国创造条件》，集中代表了这一时期的理论成果"②。其后，仅仅用不到一页篇幅简单分析了群众教育的重要性、必须加强领导和教育的原则与方法，对社会教育只字未提。其他党的思想政治教育史论著中，情况大抵如此。

在 CNKI 数据库中，以"陕甘宁边区社会教育"和"思想政治教育"为主题进行精确和模糊搜索，期刊全文库和博硕论文库中均未发现文章，以之为关键词进行搜索，也未发现文章。用社会教育的各种组织形式如"冬学"、"识字组"、"秧歌"等和"思想政治教育"进行搜索，发现一篇文章，即张欣、王东维的《思想政治教育视阈下的新秧歌运动》，该文认为："陕甘宁边区新秧歌运动不仅是一次文艺改革运动，更是一场动员干部群众的思想政治教育运动，为发挥文艺工作的思想政治教育功能留下了宝贵的历史经验。认为强调文艺为工农兵服务的方针，为新秧歌运动发挥思想政治教育功能提供了坚强的政策依据；秧歌创作把思想性放在首

---

① 张耀灿等主编：《现代思想政治教育学》，人民出版社 2006 年版，第 56 页。

② 王树荫主编：《中国共产党思想政治教育史》，中国人民大学出版社 2011 年版，第124 页。

位，为实现秧歌运动的思想政治教育功能奠定了坚实的思想基础；贴近民众生活的新秧歌在内容真正满足了老百姓的需要，为新秧歌运动的政治动员功能的发挥提供了科学的价值定位；喜闻乐见的民族形式适应了人民群众的接受力，为新秧歌运动实现思想政治教育功能开辟了广阔的道路。"①

崔玉婷在其博士论文《邹平教育模式与延安教育模式比较研究》中，对陕甘宁边区社会教育具体情况有较多涉及，但其研究视角立足于教育史，主要进行的是两种教育模式的比较，故而对陕甘宁边区社会教育的研究仅仅指认出社会教育的思想政治教育性质，但缺乏思想政治教育学理具体分析。②

可见，基于思想政治教育视野研究抗战时期边区的社会教育基本处于空白状态。

(三) 对抗战时期边区社会教育现有研究的评论

从上述内容可以看出：学界对抗战时期边区的社会教育的研究处于逐渐发展阶段。现有研究认识到社会教育对边区社会发展、党的政权建设和巩固、民众启蒙、民众政治参与、对支持抗战都起到了重要而积极的作用。同时，在论及边区人权立法、社会变迁、民族纲领政策、民生问题、法制创新、现代科技体制、报刊事业、新闻体制、丧葬习俗、农村合作医疗体制起源、婚姻习俗变革等内容时，社会教育也是无法摆脱的话题，这充分说明社会教育涉及内容广泛，社会教育本身也是一项系统的研究工程。

从研究的学科角度看，主要从教育学、史学和政治学角度研究边区社会教育。在社会教育的政治动员、政治社会化、乡村改造与建设、马克思主义大众化等主题上取得了一定的研究成果。这些研究成果对本书的研究具有重要的借鉴和启示作用与意义。

一是社会教育的政治动员、政治社会化、促进基层政权工作、实现马克思主义大众化等研究议题，本身就是社会教育的思想政治教育性质和功能的体现。这些研究成果内含着对社会教育的思想政治教育性质的指认与论证。

---

① 张欣、王东维：《思想政治教育视阈下的新秧歌运动》，《延安大学学报》（社会科学版）2012 年第 6 期。

② 崔玉婷：《邹平教育模式与延安教育模式比较研究》，博士学位论文，华东师范大学，2006 年。

　　二是这些研究成果为本书的研究提供了思路,加深了对社会教育的认识。如黄正林作为史学学者,其文章对文献资料的占有,坚持论从史出的写作风格与态度,既给予笔者良好的启示,也让本书的写作得到良好的范本。张孝芳提出的社会教育组织形式与经济组织和军事组织相结合,构建集体化网络化的教育空间,将个体置于集体环境之中,教育空间和群众生活交织在一起,表明边区群众必然会或多或少接受教育,让笔者深刻认识到社会教育发挥教育功能的途径和方式。李祥兴从社会教育任务和目标角度出发,指出各任务对实现政治社会化的作用,以及对政治社会化途径的分析,这对笔者认识完成教育内容从教育者到受教育的传递起到良好的作用。其他研究中对社会教育的概述与分析,对笔者从总体上认识社会教育起到良好的借鉴作用。对社会教育经验和启示的总结与梳理,为本研究的写作开启了思路。

　　因此,笔者乐观地判断和展望,随着抗战时期边区社会教育研究的不断发展,以此为对象的研究将成为学界热点,产生大量的研究成果。同时,边区社会教育也会逐渐进入思想政治教育理论工作者视野,并认真研究,其研究成果将丰富和完善党的思想政治教育史,同时为当前群众思想政治教育的实践提供智力支持。基于这些认识,笔者认为本选题有积极的理论与实践价值,本课题的研究也是可行的。

第三节　研究思路、研究内容与研究方法

一　研究思路

　　本研究是基于思想政治教育的视角研究抗战时期边区的社会教育,秉承史学精神进行研究,坚持论从史出,基本思路是运用文献研究法,收集、阅读和整理以陕西师范大学教育研究所编辑的《陕甘宁边区教育资料·社会教育部分》(上、下)及《解放日报》(1941—1945年)为核心的文献资料,以及当时党的相关文件,党的领导人的文集、选集,专家学者的回忆录和著作,获得对抗战时期边区社会教育的全面具体的认识。在此基础上,运用现代思想政治教育学原理解读边区社会教育,把捉社会教育中最具本质、最为闪光的重点和亮点,提炼成为本书的主体内容,并认真分析社会教育的成效。最后采用比较研究方法,从纵向角度比较边区社会教育与新时期群众思想政治教育的异同,归纳概括社会教育中思想政

教育的宝贵经验及其对新时期的启示。

二 研究内容

研究一个思想政治教育典型案例，通常采用的方法是以教育主体、客体、环体和介体进行系统研究，或以教育目的、价值、方法、载体等为体系研究。笔者认为这样的研究框架安排优点是明显的，能够全面表述案例；但缺点也同样突出，论述不够深刻，不能很好地提炼和总结典型案例最为突出的特质，让阅读者难以得到深刻的印象和感受。因此，本书的研究内容采用点面结合的方法，既全面介绍抗战时期边区的社会教育，同时又提取社会教育中体现思想政治教育的亮点，作为研究重点内容，并详细深入地分析与论证，在分析中全面涉及教育目的、价值、方法、载体等内容，让最终得出的经验与启示具有说服力，能够为当前的群众思想政治教育提供实实在在的启示。全书主干内容如下。

（一）抗战时期陕甘宁边区社会教育概析

对抗战时期边区社会教育的概貌式把握，是本研究的基础。这部分主要总结社会教育的基本构架，即教育的概念、对象、内容与目标、方法、实施机构、教材、师资组织形式等内容。介绍社会教育的整体历史进程，分析社会教育发生的历史溯源和现实缘由，指认出教育发生的内在逻辑必然。在此基础上，运用现代思想政治教育学原理，分析、确立和论证陕甘宁边区社会教育是思想政治教育运动，是成功的群众思想政治教育活动，是党的群众思想政治教育达到成熟的标志。

（二）需要与自愿：抗战时期陕甘宁边区社会教育的基本原则

坚持需要与自愿原则，是边区社会教育取得成功的最为重要和直接的原因。这部分梳理了需要与自愿原则形成与发展的历史轨迹；以教育组织形式和教育内容为主线分析了教育原则的具体实践状况及效能。运用心理学、教育学和思想政治教育学对这一原则进行理论分析，从理论上探讨这一原则的科学性，是对社会教育坚持这一原则取得良好效果的学理论证。

（三）教材与新秧歌：抗战时期陕甘宁边区社会教育的主要载体

教育载体的有效运用，是边区社会教育取得成功的重要原因。本部分重点研究教材和新秧歌的思想政治教育效能表达。通过分析教材和新秧歌的流变进程，以其具体内容为依据进行分析，揭示了如何改进教材和秧歌，并在其中融入新的情感因素及政治因素，有效地把思想教育内容融合在教材和民众喜闻乐见的新秧歌中。从而具体直观地表现载体如何促进思想政治教育主客体相互作用、良性互动，展现载体承载和传导思想政治教育的内容的功能及实践表达。

（四）抗战时期陕甘宁边区社会教育的效能

教育效能是边区社会教育成功的直接表达，它是对教育原则和载体部分的回应与印证，也是后文的立论基础。这部分研究内容以社会教育的识字教育、移风易俗、抗战动员、政治认同四大教育目标为依据，深入分析实现每一目标的困难与阻碍，详细描绘每一目标的实效效果，使人能够从二者的强烈对比中切实感受这些成效取得之不易，进一步体会社会教育的效果。同时，也可以看出教育者和受教育者之间本身内含着党的革命要务和群众的生活要务的对立与矛盾，这是社会教育出现各种问题的根源之一。而社会教育对矛盾的消解，让革命要务和生活要务在群众意识和行动中相互交融，浑然一体，是其取得成功的根源。

（五）抗战时期陕甘宁边区社会教育给予当代群众思想政治教育的经验与启示

梳理社会教育对现代思想政治教育的经验与启示，是本研究的落脚点。这部分内容通过抗战时期与新时期思想政治教育异同，总结社会教育正反两方面经验，得出社会教育对当代群众思想政治教育具有实际价值的启示。

三　研究方法

（一）历史文献分析法

本课题以历史运动为研究对象，历史文献是研究的基础。本书以陕西师范大学教育研究所编辑的《陕甘宁边区教育资料·社会教育部分》（上、下）及《解放日报》（1941—1945 年）为核心的文献资料，以当时党的相关文件，党的领导人的文集、选集，专家学者的回忆录和著作为基础的文献。深入挖掘分析社会教育的具体历史情况，做到论从史出。

（二）学理分析与实证分析相结合

运用现代思想政治教育学原理分析社会教育。在对载体、原则和效能的分析研究中，充分有效地利用文献资料提供的教育案例进行实证分析。

（三）多学科综合分析法

思想政治教育学的建构和发展，本身就要借鉴其他学科的研究成果，同时，社会教育与政治、经济、文化和社会的交织勾连，决定了本书的写作，必须充分运用教育学、心理学、史学等学科的相关理论进行综合研究的方法。

第四节　研究创新与不足

一　研究创新

（一）研究观点创新

第一，本书运用现代思想政治教育学原理，在全面梳理边区社会教育的基础上，指认和论证社会教育在实质上是一场思想政治教育活动，是一场以群众为对象的成功的思想政治教育活动，是党的群众思想政治教育活动达到成熟的标志。

第二，社会教育以广大群众为教育对象，同一时期开展的延安整风运动以党员干部为教育对象，《关于军队政治工作问题》注重于军队思想政治工作，三者共同构建了党对党员干部、军队、群众的立体思想政治教育体系，共同标志着在延安时期，党的思想政治教育达到成熟。

第三，现有研究认为抗战时期边区社会教育发展可以分为：初步发展时期（1937—1938 年），迅速发展时期（1939—1941 年），调整巩固阶段（1942—1945 年）。笔者认为这样的时期划分着眼于社会教育的参加人数、各种组织形式开办数目等形式要素，未能把握其实质。笔者认为边区社会教育的发展流变的分水岭在于 1944 年召开的文教大会，根源在于延安整风运动的进程与效果。认为社会教育的发展与延安整风运动的进程出现同步的走向，并较为详细地论述了延安整风对社会教育的作用与意义。在此基础上认为抗战时期边区社会教育可以划分为：（1）1937—1944 年：探索发展阶段；（2）1944—1945 年：成熟贯彻阶段。

第四，在启示部分，对社会教育中出现的将人作为政治工具的思想政治教育目标和价值取向进行分析，并向下追溯至今，从思想政治教育学角度指出新中国成立后群众运动不断，酿成"文革"悲剧的一个根本原因，认为思想政治教育必须坚持终极目标在于促进人的全面自由发展。

这些观点是对党的思想政治教育史、思想政治教育学理论的丰富与完善，具有创新性。

（二）研究角度创新

在以边区社会教育为对象的研究中，主要基于教育学、史学和政治学角度，研究重点集中在社会教育的政治动员、政治社会化、乡村改造与建设和马克思主义大众化等主题上。基于思想政治教育视域研究边区社会教育尚处于空白，论著未见，学术文章基本没有。本书运用思想政治教育原理分析边区社会教育，研究角度具有开创性和创新性。

（三）研究内容创新

第一，本书详细分析了边区社会教育的需要与自愿原则，以教材和新秧歌为代表的教育载体，对现代思想政治教育的经验与启示，研究角度的创新，决定了这些具体研究内容具有创新性。

第二，在效能分析中，具体深刻全面分析了每一目标的困难与阻碍，而现有研究中，注重社会教育成效的分析，对教育困难基本上都是一笔带过。将教育困难与成效对比详细分析，能够切实感受这些成效取得之不易，进一步体会社会教育的效果，这是具有创新性的。

（四）研究框架创新

本书在框架建构上，首先介绍社会教育的全貌，次之选取以教育原则、载体、效能为重点研究主题，在这些研究主题中穿插教育主体、客体、环体和介体情况。摆脱了研究思想政治教育典型案例通常采用的方法，做到了重点突出，论证有力，具有创新性。

二 研究不足

1. 本书的框架安排决定了对社会教育的研究不够全面。

2. 本书研究需要借鉴教育学、政治学、心理学等相关学科理论，笔者这些方面知识不够扎实，也让本书的写作和论述在相关地方不够深刻。

第二章

抗战时期陕甘宁边区社会教育概论

陕甘宁边区成立于 1937 年，撤销于 1951 年，历经抗日战争和解放战争两个历史阶段。在抗战时期，党的中心工作是夺取抗战胜利。在战争的特定境遇下，为实现这一宏伟目标，必须充分调动广大群众参与抗战事业，为此，党制定和实施了系统的方针、政策和措施，社会教育是其中的一项至关重要的工作。

第一节　抗战时期陕甘宁边区社会教育的历史图景

一　抗战时期边区社会教育的基本构架

（一）边区社会教育的概念、对象、内容与目标

边区社会教育是与正规的学校教育相对应的一种群众教育形式，是边区教育事业的重要组成部分。1938 年，边区教育厅刊发单行本《社会教育工作纲要》指出："社会教育是不脱离生产给民众以教育，学校教育是要学生放弃生产而来学习，而社会教育是一面生产一面学习，学习不妨碍生产的一种教育形式。"[1] "社会教育主要包含着补习的意味，它的范围较学校教育广泛，凡含着教育意味的事业，都概括无遗。"[2] 可见，"社会教育是指学校教育以外的，对不能脱离生产的广大民众进行的教育。它把社会当作教育与教学活动的场所，哪里有群众的生活和生产，哪里就有教育和教学工作"。[3]

---

① 陕西师范大学教育研究所编辑：《陕甘宁边区教育资料·社会教育部分》（上），教育科学出版社 1981 年版，第 60 页。

② 同上。

③ 刘宪曾等主编：《陕甘宁边区教育史》，陕西人民出版社 1994 年版，第 330 页。

边区社会教育的主要对象是：不能脱离生产的文盲大众（儿童、青年、成人），不能脱离生产的"半文盲大众"，不能脱离生产的知识分子。[①] 尤其值得注意的是在社会教育中，把妇女作为重要的教育对象，千方百计动员妇女参加各种形式的社会教育活动，妇女成为社会教育的重要对象之一。

边区社会教育的主要内容是：（1）文字教育：给文盲和"半文盲"以获取知识的工具，使其能运用文字获取知识发表思想意见，这是社会教育主要的工作。（2）政治教育：提高群众政治水平，给群众以民族意识、抗战技能，动员群众参加救国实际行动。（3）娱乐工作：给群众以正当的娱乐，消除疲劳，在娱乐中并施以文字、政治教育。[②] 就实际情况看，教育内容也全方位涵盖了群众现实生活，如记账、卫生知识、破除封建迷信、纺织、牲畜治病、生产知识，等等。

边区社会教育的主要目标可以概括为扫除文盲、移风易俗、抗战动员、政治认同。此四个目标存在层级差异，通过各种形式让民众识字、学习文化、消灭文盲是教育的主要目标，民众具有一定的文化素养，是实现其他目标的重要基础。移风易俗是社会教育的重要目标，具体体现为变革边区"二流子"众多、妇女地位低下、缠足盛行、婚姻包办和民众迷信巫神、卫生观念和习惯极差等各种不良习俗与观念。抗战动员是社会教育的直接目的，具体体现为动员边区民众掌握抗战技能，为实现抗战胜利提供人、财、物的全方位大力支持。实现民众对党的政治认同是社会教育的根本目标，在社会教育的相关文献中，虽然没有直接强调这一目标，但如何得到民众的支持，保证党的方针、政策得到实效贯彻，实现党的奋斗目标，这是当时党必须解决的根本问题，也是党在边区开展大规模社会教育的根本动因。

（二）陕甘宁边区社会教育的实施机构、教材和师资

边区政府建立了完备的教育实施机构，1938 年边区发布《边区国防教育的方针与实施办法》，要求："教育行政机构要统一完整，要和整个行政机构的其他部门很好地配合，排除在战时行政工作中轻视教育工作的

---

① 陕西师范大学教育研究所编辑：《陕甘宁边区教育资料·社会教育部分》（上），教育科学出版社 1981 年版，第 27 页。

② 同上书，第 28—29 页。

倾向。"① 边区政府下设教育厅，领导全边区教育事业，各分区和各县设立第三科，即教育科，区设教育科，乡设教育委员。各级教育机构实行政府和教育部门双重领导的行政管理体制，即边区的教育政策、方针、措施等从两套系统得以传达、贯彻和实施，一是自上而下从边区政府到分区专署、县政府、区政府、乡政府；二是从教育厅到各分区、县、区、乡等各级教育管理机构。这种体制设置，可以保证教育机构和其他政府部门很好地沟通、合作，有效地克服了在战争特殊环境下忽视教育的不利倾向。就社会教育而言，边区教育厅专设社会教育科，其职责为"制定社会教育工作方针、计划，掌握教学进度，调查统计社教工作情况，领导各直属社教团体工作，办理戏剧、歌咏及民众娱乐事宜"②。并先后成立冬学委员会、社会教育委员会，直接由边区政府领导。社会教育除上述两条路径进行工作外，还与各社会团体如青救会、妇联会、工会、自卫军联合进行社教工作。

边区社会教育教材由教育厅组织编写，供学员免费使用。1936 年以《看图识字》、《儿童读本》、《简单的写法》、《政治读本》等为教材。1939 年编写了《新千字文》和《政治课本》供冬学适用。1940 年，辛安亭利用《三字经》、杂字书等旧形式编写了《边区民众读本》，《读本》又分为《抗日三字经》、《实用四言常识》、《新五言杂字》三部分。并附有一些散文和日常应用文，约有 1000 字，一冬便可学完。1942 年再版时删除散文部分，改称《民众读本》第一册，广为流传。1944—1945 年，整风运动后，辛安亭编出供农村冬学使用的《日用杂字》、《识字课本》、《农村应用文》等教材，董纯才编写了《庄稼杂字》。教材的编写者特别注重研究教学对象及其需要，使教材内容贴切地符合群众的需要，受到广大群众、教员和干部的欢迎。同时，在社教工作实践中，教育者还就地取材，把报纸、群众生活实际等作为教材进行教育。

边区社会教育师资严重匮乏，社教工作者采用各种方式解决这一难题。如"民教民"，即首先派人识字，识字后即教其他人识字；"小先生制"，选拔培训小学生作为老师教人识字；动员识字的人如当地教员、机

①　陕西师范大学教育研究所编辑：《陕甘宁边区教育资料·教育方针政策部分》（上），教育科学出版社 1981 年版，第 1 页。

②　刘宪曾等主编：《陕甘宁边区教育史》，陕西人民出版社 1994 年版，第 590 页。

关识字的人、乡村文化人教人识字；从边区各学校抽调学生，利用其假期到各地担任教员等。

（三）陕甘宁边区社会教育组织形式

1939 年 8 月 5 日，边区颁布《陕甘宁边区各县社会教育组织暂行条例》规定：社会教育组织之形式暂分为识字组、识字班、夜校、半日校、冬学、民众教育馆六种。① 在社会教育的实践中，除此六种组织形式外，各种戏曲尤其是秧歌也起到了重要的作用。各种组织形式因应各种具体情况，在人口稀少的地方，将工作生活接近的几个人组织起来成立识字组；在人口较为集中的乡村和场镇成立识字班；夜校和半日校设立在人口集中、建有小学的地方，可以借用小学校舍，小学教员往往也兼任夜校和半日校的老师，夜校招收白天生产忙碌无暇学习的民众，半日校招收不能全天进学校的学龄儿童和青年，一般和小学生一起上课。

冬学是社会教育最主要的组织形式，边区所在的西北地区冬天寒冷，民众相对空闲，是组织群众学习的良好时机，一般每年 11 月开办，到第二年 1 月结束，持续时间大约三个月。边区政府对冬学认识深刻，高度重视，早在 1937 年，边区教育厅专门编印油印单行本《冬学须知》，指导开展冬学工作，《冬学须知》从为什么要办冬学、怎样办冬学、各级教科的工作、今年冬学须知和总结五个方面对开办冬学提出了原则性指导意见。在为什么要办冬学中指出："冬学本来是利用冬季的空闲时间来实施民众补习教育的方式之一，在从前（未革命以前），边区已有过冬学的创办，特别在农村中是较普遍的农民补习教育的唯一办法。现在边区政府教育厅也决定冬学为经常的一种学制。在抗战动员中，是冬学成为开展社会教育、消灭文盲、普及教育的有力工具之一。"② 在怎样办冬学中，从冬学为什么人办、怎样发动群众组织冬学、冬学的必要条件是什么、冬学的课本和教员、学生和教师的关系、冬学每天的课程六个方面进行全面具体的讲解和指导。要求冬学要依靠群众自动性的力量来开展，具体而言就是要在群众大会中以民主的方式选举冬学委员会来组织实施，要求冬学委员会成立后，"立即讨论实际办法，如决定开学时间、冬学地点、房子、人

① 陕西师范大学教育研究所编辑：《陕甘宁边区教育资料·社会教育部分》（上），教育科学出版社 1981 年版，第 98 页。

② 陕西师范大学教育研究所编辑：《陕甘宁边区教育资料·社会教育部分》（下），教育科学出版社 1981 年版，第 116 页。

数、经费、教员等事情，具体地讨论出结论来，就是说要订出合于当地实际情况的冬学工作计划"①。同时对开办冬学的地点、经费、课本、教员、课程等做了具体的安排和要求。

冬学的具体实施具有系统性和正规性的特点，"在冬学过程中的第二个月份，要举行一次冬学检阅。检阅的主要任务是考查冬学学生究竟学到怎样的成绩，学生究竟学会了多少字。政治自然懂不懂。当然在检阅中对教员的教导法，学生在校情形也要检讨一些，好作一种改进。在冬学三个月结束后，各县要举行一次冬学结束大会，讨论三个月冬学工作的成绩与缺点，检讨经验与教训。在这次大会上，要举出哪些识字最多，学习最努力的学习英雄，对教学最努力的教员都给一种奖励。这些学习英雄，象生产战线上的劳动英雄一样，许多光荣的姓名都在报端上被表彰着，被人们赞扬着"②。抗战时期边区冬学开办数和参与人数缺乏完整的资料，数据之间亦有抵牾之处，但从零散的资料管中窥豹，冬学呈现快速发展的态势。1937 年开办冬学 382 处，学生 10337 人；1938 年开办 723 处，学生 12824 人（一说为开办冬学 606 处，招收学生 7276 人③）；1939 年开办冬学 643 处，学生 17750 人；1940 年开办冬学 965 处，学生 21689 人；1941年开办冬学 659 处，学生 20915 人。④ 1944 年，仅三边分区四个县就"开办冬学 461 处，冬学学生总数 6292 人"⑤。作为社会教育最主要的组织形式，冬学吸纳了大量的边区民众参与学习，为达成社会教育目标做出了最为重要的贡献。

边区政府高度重视民众教育馆这一社会教育组织形式，1939 年边区专门发布了《民众教育馆简则》，1940 年发布了《陕甘宁边区民众教育馆组织规程》，要求在各县市人口集中的地方成立民众教育馆，民众教育馆有固定的场所、健全的组织，在馆长之下设立事务组、阅览组、教育组、

---

① 陕西师范大学教育研究所编辑：《陕甘宁边区教育资料·社会教育部分》（下），教育科学出版社 1981 年版，第 118 页。

② 同上书，第 151 页。

③ 同上书，第 128 页。

④ 陕西师范大学教育研究所编辑：《陕甘宁边区教育资料·社会教育部分》（上），教育科学出版社 1981 年版，第 144 页。

⑤ 陕西师范大学教育研究所编辑：《陕甘宁边区教育资料·社会教育部分》（下），教育科学出版社 1981 年版，第 267 页。

宣传组、娱乐卫生组。"民教馆为进行社教之机关,其任务为消灭文盲,宣传政治常识、科学常识,发展经济建设,提倡卫生,破除迷信,组织与提高群众文化娱乐工作。方法如下:(1)开放阅览室,出借图书。(2)出版通俗小报、画报或墙报。(3)开办夜校、半日校,领导识字组。(4)组织与领导民众娱乐,如歌咏队、群众俱乐部、群众晚会、剧团等。(5)配合当地政府进行经济建设的宣传和动员工作。(6)办理公共体育卫生事宜,如开辟并管理体育运动场,组织各种球队、国术团及其他体育团体,动员群众进行清洁卫生运动等。(7)进行各种节令集会的标语宣传、街头讲演、时事报告等。(8)设立'代笔问字处',代民众写信写春联等,并供民众来质疑问字。(9)其他社会教育活动。"① 民众教育馆全面地履行了工作任务,取得了很好的成效,受到了群众的热烈欢迎。1946年,边区教育厅在《三年来边区社教工作总结》中指出:"几年来民教馆工作搞得比较好,大都比以前有进步,几年来民教馆除搞馆内图书,阅览,游艺(乒乓、扑克、军旗、象棋、跳棋等)一般活动外,还进行了时事宣传和一般社会宣传,组织领导群众识字教育工作(读报识字组、各种夜校),办黑板报,为群众代笔,调解纠纷,组织群众卫生工作,组织领导地方剧团,改造民间旧艺人(如瞎子说书)等工作,而且都有了新的创造,收到了相当成绩。"② "铁王、庆阳、字长三个民教馆,一年中给群众代写诉呈、保状、契约、书信、合同、对联等1280件,既方便又不要花钱,因而得到群众的好评。"③ "铁王民教馆每集都给群众讲报,很受群众欢迎。离铁王十来里路的群众,每逢集日,有些人不论有事无事,都要去听民教馆讲报,六十岁的吴吉友老汉说:'我每集都来听报,听惯了,一次不听,觉得睡也睡不住。'"④

边区通过文艺形式来开展社会教育,其中最为突出的是秧歌。秧歌亦称社火,是边区广为流传的民间艺术形式。在节日期间,群众自发组织起来开展以扭秧歌为主的文娱活动,这就是闹社火。在闹社火队伍中,一个人走在前面带领大家边扭边唱,这个人被称为社火头。在边区的社会教育

中，充分利用这一旧的艺术形式，在内容上不断革新，与社会教育内容紧密结合，在边区掀起新秧歌运动热潮。每到拥军、拥政、爱民运动时，在边区的城市、乡镇和偏僻的农村，各种秧歌都以空前规模上演。这些优秀的新秧歌，宣传了党的抗日民族政策，讴歌了抗日民族英雄和边区生产建设模范，揭露了国民党的黑暗统治和残酷剥削，"发扬了团结人民，教育人民，打击敌人，消灭敌人的巨大作用。往往一场戏剧演完后，群众的斗争热情，或者是生产热情就像干柴遇烈火般的燃烧起来"①。新秧歌在形式上深受群众喜欢，其内容全面承载和表现社会教育的内容，对社会教育的开展起到了积极的促进和实现作用。

二　抗战时期边区社会教育的历史进程

抗战时期边区社会教育的发展走过了一条曲折的道路，运用时期划分的方法可以清楚地看到其发展历程。贾钢涛和谢飞均认为边区社会教育发展可以分为：初步发展时期（1937—1938 年），迅速发展时期（1939—1941 年），调整巩固时期（1942—1945 年）。这样的划分是从参加人数、各种组织形式开办数目上认识边区社会教育。事实上，边区社会教育的发展流变的分水岭在于 1944 年召开的文教大会，根源在于延安整风运动的进程与效果。可以讲，没有延安整风运动，边区社会教育不可能实现其教育目的。

1941—1945 年开展的延安整风运动的主要内容是：反对主观主义以整顿学风，反对宗派主义以整顿党风，反对党八股以整顿文风。主要目的是反对教条主义，树立一切从实际出发、理论与实践统一、实事求是的马克思主义的作风。延安整风以前，主观主义在党的各项工作中盛行，曾给革命事业带来重大的损失。如何破除主观主义的影响，使党员干部能用马列主义的立场、观点、方法来认识、分析和解决中国革命的具体问题，直接关系到革命能否取得成功。对此，毛泽东在《整顿党的作风》中指出："我们党内的主观主义有两种：一种是教条主义，一种是经验主义。他们都是只看到片面，没有看到全面。如果不注意，如果不知道这种片面性的缺点，并且力求改正，那就容易走上错误的道路。"② 同时提出了解决主

---

① 刘宪曾等主编：《陕甘宁边区教育史》，陕西人民出版社 1994 年版，第 358 页。

② 《毛泽东选集》第 3 卷，人民出版社 1991 年版，第 819 页。

观主义的办法，"有书本知识的人向实际方面发展，然后才可以不停止在书本上，才可以不犯教条主义的错误。有工作经验的人，要向理论方面学习，要认真读书，然后才可以使经验带上条理性、综合性，上升成为理论，然后才可以不把局部经验误认为即是普遍真理，才可不犯经验主义的错误"①。

在整风运动中，为破除主观主义的影响，特别强调调查研究。1941年7月7日，中央决定设立调查研究局，由毛泽东亲自担任局长与政策研究室主任。同年8月1日，中央发出了《关于调查研究的决定》，号召和要求开展广泛的调查研究工作，强调在中央和地方都必须设置调查研究机构。之后又发布了《关于实施调查研究的决定》，对《关于调查研究的决定》做了进一步补充，具体规定了调查的方法、内容等，使各级调查机关的任务更加明确。在整风期间，从中央到地方，从机构到个人，都积极进行调查研究，调查研究蔚然成风。在调查研究中，党员干部了解和掌握了自己所从事工作的实际情况，他们积极整改自己的工作思路、方法和措施，有效地摆脱了主观主义的束缚与制约，有力地推动了边区各项工作的开展。

开展社会教育是边区的工作之一，其发展流变与整风运动的开展出现同步的走向。前期社会教育出现了较为严重的形式主义的问题与现象。1946年，边区教育厅在《三年来边区社教工作总结》就指出"边区不脱离生产的社会教育，四四年以前徒具形式"②。随着整风运动在文教战线上的深入进行，调查研究的广泛开展，实事求是的工作作风逐渐确立。如1944年，为召开好文教大会，在6月28日，成立了五个文教工作调查组，分赴五个分区调查研究，重点调查和研究整风运动以来各地在文教战线上的情况，总结典型与经验，为文教大会的召开奠定了良好的基础。社会教育作为文教工作的重要内容，这些工作的开展自然促进了社会教育的发展。

通过延安整风运动的持续成功开展，一切从实际出发、理论联系实际、实事求是的思想路线和优良作风得以确立，为边区社会教育的开展

---

① 《毛泽东选集》第3卷，人民出版社1991年版，第818—819页。

② 陕西师范大学教育研究所编辑：《陕甘宁边区教育资料·社会教育部分》（上），教育科学出版社1981年版，第193页。

奠定了坚实的思想路线基础。整风运动让边区广大党员干部从教条主义的桎梏中解脱出来，干部理论水平得到提高，群众工作路线得以贯彻，为社会教育开展提供了干部基础和工作方法论指导。整风运动前后开展了大规模的农村调查，罗平汉在《农村调查与延安整风》中指出，农村调查推动了延安整风运动，在陕甘宁边区，以张闻天为代表的各种调查研究涉及的内容非常详细，包括"自然环境、地形、物产、交通、政治区划、人口和阶级区分、旧有的土地关系、旧有的剥削关系、旧时政治情况和社会状况、抗日民主政权建设与群众运动发展过程、剥削关系的变化、土地关系的变化、减租减息政策的贯彻情况、各阶层经济条件和生产方法的变化、人民生活的变化、人民负担的今昔变化等"。这让边区各级领导干部对边区农村的实际情况有了真实具体的了解和把握，农村调查本身就是对农村的了解过程。① 这对调整社会教育的政策，让社会教育符合农民实际起到了积极的促进作用。落实整风精神的《在延安文艺座谈会上的讲话》指出的文艺为人民大众服务得到进一步落实，边区广大文艺工作中深入群众，创作出大量反映民众现实生活与心声的作品，这些优秀作品与群众自己创造的文艺作品交相辉映，共同为社会教育的开展提供了重要的文艺支持。整风运动的成效反映在社会教育中，就是实现从教育形式到教育实质的转变，从根本上改变了社会教育的教育理念、原则和方法，使社会教育得到边区群众认同，是其取得实效的根本保障。因此，对延安整风的研究和思考，是认识和分析社会教育的重要支撑，也是本书以 1944 年为界，将边区社会教育分为两个时期的根本原因。

（一）1937—1944 年：探索发展阶段

1938 年吕良撰写了《边区的社会教育》，边区教育厅发行了《社会教育概论》和《社教工作纲要》。这些材料较为详细地阐述了开展社会教育的意义、对象、内容、实施方法，详尽规定了各种组织形式的开展方法、实施过程，对边区开展社会教育具有纲领性、指导性的作用与意义。尤其是《社教工作纲要》，全册分为什么是社会教育、社会教育的重要性、社会教育与学校教育、怎样办社会教育四个部分，目的是"给办社会教育工作同志（县第三科、小学校）用的，所以侧重在方法上面，使同志们

---

① 罗平汉：《农村调研与延安整风》，《中共党史研究》2010 年第 8 期。

拿到这册子能够去办社会教育"①。为办好社会教育,自1937年起,社教工作在教育厅领导下有计划、有目标、有组织地系统进行,教育厅发布了大量的指示信、通令、决定、通知,并以边区政府名义颁布社教工作条例,几乎每年都针对社教工作中出现的问题及时提出解决办法。

在边区教育厅的领导下,边区社教工作如火如荼地开展起来,《陕甘宁边区的社会教育》指出:"民国二十六年九月,边区政府就提出识字运动。那年冬季,开办了第一次冬学。以后,随着识字教育的建立,以小学为中心,建立了半日校和夜校,组织了不脱离生产的男女进行识字教育。到一九四一年,社会教育以各种不同的组织形式,在边区有了广泛的发展。"②各种组织形式的具体开办情况见表2-1。从此表可以看出,从1937年到1941年,识字组、夜校、半日校等从无到有,逐渐成立并壮大。冬学校数虽有波浪式变化,但学员人数稳定增长,1940年、1941年都保持在两万人左右。边区只有150万人口,除去不适宜(如老人)、不必要(如小学生、军人)参加社会教育的人群,这样的学员规模是相当可观的。

表2-1 边区社会教育开办的具体情况

		1937年	1938年	1939年	1940年	1941年
识字组	组数			3.852	3.580	1.973
	人数			24.107	23.725	12.259
夜校	校数		599	535	545	505
	人数		8.245	8.086	8.706	7.907
半日校	校数		236	202	379	393
	人数		3.994	3.323	5.833	5.990
冬学	校数	382	723	643	965	659
	人数	10.337	12.824	17.750	21.689	20.915

资料来源:陕西师范大学教育研究所编辑:《陕甘宁边区教育资料·社会教育部分》(上),教育科学出版社1981年版,第144页。原表采用民国纪年,引用时改为公元纪年。表内数据如3.852中的"."当为",",原表如此。

"此外到三〇年止,其他进行文化教育活动的组织,还有二十五处民

① 陕西师范大学教育研究所编辑:《陕甘宁边区教育资料·社会教育部分》(上),教育科学出版社1981年版,第59页。

② 同上书,第144页。

教馆，四处阅览室，五处图书馆，十个剧团。"社教工作的开展，"边区比从前减少了百分之五的文盲，提高了人民对团结抗战的认识"①。

但在这一时期，社会教育的开展形式和教育内容出现了一些问题，主要体现在与群众实际生活脱节。这一时期的各种组织形式呈现明显的正规学校的特点，往往具体规定各教育形式的学习人数、内容、时间等。如1939年，边区政府颁布《陕甘宁边区各县社会教育组织暂行条例》规定：识字组"以三至五人为适宜"，"必须每日进行识字，至少间日一次"；识字班"以五人至二十人组织之"；夜校"每夜上课一小时半至二小时"；冬学"以国语、政治、常识为基本课程"；"凡各社教组织之成员，除识字组得吸收因特殊原因不能入学之儿童外，其他识字班、半日校、夜校，吸收男女成青年参加。"② 试想，按照识字组和夜校规定，学员每天都要参加学习，群众辛苦整天，稍有空闲还要参加学习，这样的学习就会成为群众严重的负担。冬学学习内容的政治色彩浓厚，脱离群众实际关心的内容，民众认为这是变相的练兵，引起了群众的猜疑。

但是，基层社教工作组织者往往将这些规定硬性、教条地执行，人数不够就强行摊派，群众逃避就罚款罚物。1942年边区教育厅发出《根据去年经验教育厅发出冬学指示》就指出："有的地方以强迫、命令、固定、抄名册、捎口信等方式代替宣传解释。同时有些干部好耍私情，不特自己的子弟不去上冬学，并且庇护亲戚朋友的子弟也不去上冬学。"③ 不顾实际强行动员摊派："动员学生时，不问家庭有无劳动力、年龄大小、家庭生活如何，被动员的女人，有无小孩连累，也不问路程远近，甚至不问呆子聋子，只要有了应名的数字，就万事大吉，以致部分老百姓，不以上学为乐事，反而觉得是很重的负担。因之，凡是雇人代替，应名不到、经常流动、装病不起、隐匿逃避等现象。"④ 此外还谈到教员知识贫乏，教学水准低下，受到百姓诟病；教学中未抓住识字这一中心环节，办学过于军事化；实用的教学内容，如珠算、清洁卫生被忽略；等等。

---

① 陕西师范大学教育研究所编辑：《陕甘宁边区教育资料·社会教育部分》（上），教育科学出版社1981年版，第145页。

② 同上书，第98—100页。

③ 陕西师范大学教育研究所编辑：《陕甘宁边区教育资料·社会教育部分》（下），教育科学出版社1981年版，第173页。

④ 同上书，第173—174页。

（二）1944—1945 年：成熟贯彻阶段

这一时期，通过延安整风运动的持续成功开展，实事求是思想路线确立，群众路线的工作方法得到贯彻，有力地推动了边区的各项工作。同时，边区开展的大生产运动在这一时期达到高潮，取得丰硕成果，边区物质条件得到极大改善，为社会教育的开展提供了有力的物质保障。在大生产运动中，党政机关、军队、学校普遍参加生产运动，军民关系、干群关系进一步融洽，民众切实认识到党和边区政府是他们利益的真实代表，这为社会教育的开展提供了有力的群众基础。毛泽东同志的《在延安文艺座谈会上的讲话》深刻地改变了文艺工作者的思想观念，他们深入群众，创作出大量融合社会教育内容的、群众喜闻乐见的文艺作品，有力地推动了社教工作。

在上述背景下，1944 年 10 月 11—16 日，边区召开文教大会，该大会的召开是社会教育达到成熟的标志。文教大会是一场文教群英的聚会，有 450 余人出席。毛泽东向大会做了题为《文化工作中的统一战线》演讲，深刻阐述了文教工作在整个革命事业中的重要地位、作用和意义，强调了文教工作者为人民服务和走群众路线的重要性。指出文教事业是属于人民的，文教工作不能脱离群众，脱离群众就是脱离实际，要做到实事求是必须坚持两条原则："一条是群众的实际的需要，而不是我们脑子里幻想出来的需要；一条是群众的自愿，由群众自己下决心，而不是我们代替群众下决心。"[①]

大会期间，教育、卫生、文艺和报纸各组代表对文教工作进行回顾和检讨，讨论当前和今后的文教任务。与会代表一致认为必须彻底转变以前教育脱离群众、脱离边区实际的倾向，坚持必须面向群众的新教育方针。大会通过七项决议：《关于培养知识分子与普及群众教育的决议》、《关于发展群众读报办报与通讯工作的决议》、《关于开展群众卫生医药的决议》、《关于发展群众艺术的决议》、《关于加强荣誉军人教育及娱乐活动的决议》、《关于开展工厂文教工作的决议》和《关于机关学校文教工作中的几个问题的决议》。

罗迈向大会做了《开展大规模的群众文教运动》的总结，指出："就群众文教运动来说，必须是内容（目的）上为群众，形式（方法）上经

---

① 《毛泽东选集》第 3 卷，人民出版社 1991 年版，第 1012—1013 页。

过群众路线。内容上应该具体实现（即依据边区当前情况的具体需要来实现）……形式上如何经过群众问题，是何种方式最能为群众接受和最易普及的问题。这个问题的适当解决，同样要从边区今天的具体条件出发。今天边区还是农业为主的经济，还是地广人稀，村庄分散，劳动力不足的条件。在这种基础和这种条件上，群众文教工作宜于分散经营，以村庄为单位以村庄的形式出现（如村学，村的识字组、卫生组、读报组……），才为群众乐意接受，才易于普及……群众文教运动的推广和普及要采取分散形式，主要靠群众自己觉悟和自己动手，主要依靠村民自己主办。由此，提出了民办公助政策。民办公助的目的，就是经过群众自己觉悟与自己动手，也即是毛主席所说需要与自愿这两个原则的具体体现。"①

文教大会展开后，社教工作者认真贯彻大会精神，在社教工作中坚持群众"需要与自愿"原则，落实民办公助方针，因地制宜、灵活有效地开展教育活动，充分调动群众参加社教学习。这一时期的社教活动高度切合了群众实际需要，群众学习的积极性和主动性空前高涨，社会教育出现了繁荣局面，社教工作取得了良好的效果。1945年陕甘宁边区政府的指示信就指出："特别可贵的收获，是一部分冬学接受了需要与自愿的原则，并在此原则的实践中发挥了高度的创造性，使冬学的发起、组织与教学的方法，都能适合于极端分散的农村环境，适合于农民群众的生活情况及其具体需要。"② "所有这些方式方法，都是发扬了实事求是的老实作风，实践了需要与自愿的原则，足为今后冬学的楷模。"③

（三）1946—1951年：继续发展阶段

抗战时期的社会教育历经曲折，逐渐走向成熟，为以后的社教工作提供了良性发展的基础。进入解放战争后，社会教育工作继续发展，基于革命任务的变化，社会教育内容发生了重要的变化，把时事教育放到突出的地位，目的在于让边区民众了解国内形势，认清国民党的反动面目，坚定解放战争胜利的信心。1946年10月13日，边区政府在《关于今年冬学工作的指示》的指示信中要求："当此内战烈火烧遍全国，边区同样处在

---

① 陕西师范大学教育研究所编辑：《陕甘宁边区教育资料·社会教育部分》（上），教育科学出版社1981年版，第179—180页。

② 同上书，第328页。

③ 同上书，第329页。

战争威胁之下，动员全体人民加紧备战，成为一切工作的中心，因此今年的冬学就要与自卫军的冬训密切结合起来。在教学内容上也应该与识字教育并重，再配合一些自卫防奸的训练。各级负责同志，应有计划地到冬学去讲时事，尽量吸收当地群众来听，以加强群众对时局的认识，提高群众对战争胜利的信心。并可邀请当地驻军或民兵干部去讲一些必要的军事常识，以加强保卫边区的实力。"①

1947年年初，国民党大举进犯边区，边区各种社教组织和设施几乎都遭到破坏。但社教工作仍然进行，主要由党政机关、部队和游击队来开展，通过报纸、黑板报、标语等形式，全面及时地向边区民众介绍战争情况，揭露敌人在边区的罪行，坚定胜利意志。1948年4月，延安光复后，结合边区恢复重建工作，社会教育继续开展。1948年10月21日，边区教育厅在《关于冬学问题》指出："为了肃清敌人所遗留的某些毒害，揭露封建迷信团体的谣言邪说，提高群众的支前热忱，今冬应配合土地登记、整党、选举、生产等中心工作，有计划地举办冬学。"② 随着革命进程的推进，社教工作中心逐渐由乡村转移到城镇。

第二节 抗战时期陕甘宁边区社会教育生成的逻辑必然

一 抗战时期边区社会教育发生的历史溯源

（一）对土地革命时期社会教育的继承与拓展

土地革命战争（1927—1937年）时期，社会教育是各苏区的重要工作之一。在这一时期，初步确立了社会教育机制、方针、内容、形式，取得了较好的效果。比照边区社会教育，可以清晰而明确地看出二者继承与拓展的内在逻辑关联。

在土地革命战争时期，各革命根据地虽然彼此分离，战事繁忙，但都无一例外地重视教育工作，设立了教育部、文化部、文化教育委员会等教育机构，其中，自上而下建立了社会教育的机构（见图2-1）。同时，为开展社会教育，进行识字运动，消灭文盲，还专门建立了在教育行政部门

---

① 陕西师范大学教育研究所编辑：《陕甘宁边区教育资料·社会教育部分》（下），教育科学出版社1981年版，第347页。

② 同上书，第350页。

指导下的"识字运动委员会"和"消灭文盲协会",为开展社会教育提供了有力的机制保障。

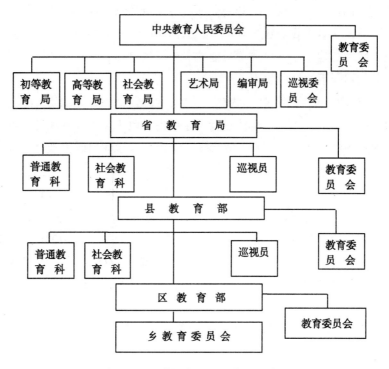

图 2－1　苏区教育行政管理系统

　　资料来源:董纯才等主编:《中国革命根据地教育史》第 1 卷,教育科学出版社 1991 年版,第 78 页。

　　在土地革命战争时期,确立了"教育为革命战争服务"、"为社会解放服务"、"教育和生产劳动相联系"、"以共产主义精神教育广大劳苦民众"的基本方针。① 对于教育的方针,党在当时有明确的认识。1934 年,毛泽东在第二届全国工农兵苏维埃代表大会上做报告时指出:"苏维埃文化教育的总方针在什么地方呢? 在于以共产主义的精神来教育广大的劳苦民众,在于使文化教育与阶级斗争服务,在于使教育与劳动联系起来,在于使广大中国民众成为享受文明幸福的人。"② 社会教育是苏区教育工作中的重要一环,自然遵循并贯彻这一教育方针。

---

　　① 董纯才等主编:《中国革命根据地教育史》第 1 卷,教育科学出版社 1991 年版,第 51—64 页。

　　② 《毛泽东同志论教育工作》,人民教育出版社 1958 年版,第 15 页。

　　苏区社会教育主要内容可以概括为：文化教育、政治教育和军事教育。文化教育主要是开展识字工作，同时革除丑陋风俗，尤其是宣传封建迷信的危害；政治教育主要是阐释党的政治纲领，揭露蒋介石政权的反动本质，让民众树立阶级立场，明白革命的道理；军事教育主要了解和学习打仗的一些基本常识，以支援和配合红军作战。闽西苏区文化部教育委员会在 1930 年指出："社会教育，要普遍而深入的提高群众的阶级觉悟、政治水平、文化程度。"①

　　苏区社会教育的组织形式呈现创新的光辉。社会教育面向的主体是农民，在苏区战事频发的背景下，教育对象要承担耕种、做工、支前和打仗等各种工作，社会教育的开展必须服从和服务于这些工作。苏区探索出一系列符合实际的教育组织形式，让民众无论农忙或农闲，战时或平时，均能参与社会教育。主要包括：（1）识字组，一般由相邻的几人组成，集中共同识字。（2）识字班，与识字组相比，规模更大，制度更严格和正规。（3）半日夜校，学员半天学习、半天生产，有比较固定的场所，教员讲解课本，有时还布置作业。（4）夜校，是更为正规的学习组织，学员晚上参加学习，纪律较为严格，不仅识字，还学习政治常识和实用的农村科技知识。（5）识字牌，设立在交通要道或人口集中的场所，方便群众随时认字。（6）问字所，群众有不认识的字可随时到识字所问询。（7）读报组，利用空闲时间读报，让群众了解时事。（8）俱乐部，在俱乐部主任领导下，通过讲演会、座谈会、文艺活动、体育活动、墙报等方式开展社会教育。

　　对苏区社会教育缺乏全面系统的统计与评估，但通过资料可以看出，社会教育规模宏大，为苏区开展革命工作获得了宝贵的群众支持。1934年，毛泽东指出："根据江西、福建、粤赣三省的统计……有补习夜校六千四百六十二所，学生九万四千五百十七人，有识字组（此项只算到江西、粤赣两省，福建未计）三万二千三百八十八组，组员十五万五千三百七十一人，有俱乐部一千六百五十六个，工作员四万九千六百六十八人。"②"群众识字的人数是迅速增加……拿兴国来说，全县有一百三十个

---

　　① 福建省教育科学研究所、龙岩地委党史资料征集研究委员会编：《闽西苏区教育资料选编》，内部编印，1986 年，第 36 页。

　　② 《毛泽东同志论教育工作》，人民教育出版社 1958 年版，第 13 页。

乡的识字运动总会，五百六十一个村的识字运动分会，三千三百八十七个分会下面的识字小组，两万两千五百二十九个加入识字小组的组员。这是扫除文盲的极大规模的群众运动……""苏区群众文化运动的迅速发展，我们看报纸的发行也可以知道。中央苏区已有大小报纸三十四种，其中如'红色中华'从三千份增到四五万份以上，'青年实话'发行二万八千份，'斗争'只在江西苏区每期至少要销二万七千一百份，'红星'一万七千三百份，证明群众文化水平是迅速提高了。""苏区中群众的革命艺术，亦在开始创造中，工农剧社与工农歌舞团的运动，农村中俱乐部运动，是在广泛的发展着。"①

（二）对陕甘宁苏区社会教育的直接延续与发展

陕甘宁苏区是陕甘宁边区的前身，由于二者所在地理区域、教育对象的同质性，苏区的社会教育为边区开展社会教育奠定了前期基础，造就了边区对陕甘宁苏区社会教育的直接延续和发展的关系。

陕甘宁苏区建立与发展经历了曲折的过程。1930 年后刘志丹等人建立了以耀县、照金为中心的照金根据地和陕甘两省交界处的南梁根据地，1934 年二者合并为陕甘边革命根据地，同一时期，谢子长等人建立了陕北革命根据地。1935 年 10 月 19 日，中共中央到达吴起镇，11 月 19 日成立了中华苏维埃共和国中央政府西北办事处。1936 年解放了宁夏和甘肃部分地区，使陕、甘、宁的苏区连成一片，建立了陕甘宁苏区，抗战爆发后改称特区，1937 年 9 月改称陕甘宁边区。

概略叙述陕甘宁苏区的建立过程，旨在更好地了解其社会教育发展变化的深层次缘由。陕甘宁苏区的社会教育可以简单地分为两个时期，第一时期（1930—1935 年），为发动群众参加革命，各根据地社会教育的主要形式包括：革命歌谣、群众秧歌、列宁室、列宁会、成人识字班、六劝活动（劝破除迷信、劝禁赌博、劝戒鸦片烟、劝禁买卖婚姻、劝妇女放足、劝剪辫子）等，起到了一定的宣传组织群众、移风易俗的效果。但在战争频繁、经验欠缺的情况下，社教工作缺乏计划和系统。第二时期（1935—1937 年），随着西北办事处的成立，苏区社教工作向有计划和有组织方向发展。中央教育部开始在统一领导下开展社教工作，开展教育除上述形式，冬学这一边区最主要的社教形式得到了重视和有序发展。1936

---

① 《毛泽东同志论教育工作》，人民教育出版社 1958 年版，第 14 页。

年，中央教育部发布开展冬学运动的指示，要求陕甘宁苏区各级教育部门抓紧冬季农闲季节开展冬学运动，各县、区、乡根据这一指示，积极组织不能脱离生产的青年和成年参加冬学学习，此后，冬学运动贯穿陕甘宁边区社会教育始终，成为边区社教工作最主要的组织形式。此外，新文字运动也开始兴起，一些地方开办了新文字训练班、识字班，还成立了新文字促进会。

对比抗战时期的边区社会教育，陕甘宁苏区社会教育为其奠定了坚实的基础，开启了各种组织形式，形成了社会教育的机制雏形，积累了教育经验，奠定了群众思想文化基础。

二 抗战时期边区社会教育开展的现实缘由

（一）边区特定的社会条件：社会教育发生的外部原因

具体了解和认识边区当时的社会情况，就不难明白，在抗战时期，边区开展社会教育，是被其特定的条件"逼"出来的。

地理上，边区地处西北的黄土高原地带，雨量稀少，山峦起伏，沟壑纵横，土地贫瘠，交通闭塞，居住分散，人民生活极其困苦，是当时中国最落后的地区之一。

经济上，边区基本没有现代工业，自给自足、半自足的自然经济占据绝对统治地位。农业生产力极低，生产工具严重匮乏，生产技术沿袭传统，"三分之一的农民没有耕牛和农具，农业耕作粗放，劳动力缺乏，农民终年劳动难得温饱"[1]。革命政权建立前，在封建军阀和地主豪强统治下，苛捐杂税多如牛毛，同时自然灾害频发，致使民不聊生、百业凋敝。

政治上，随着清王朝的覆灭，封建王朝权威在乡村衰落，农村逐渐被乡村精英控制，南京国民政府成立后，这种状况依然延续。乡村精英主要包括：绅士阶层、乡村强人、哥老会和其他秘密会社的头目。[2] 同时，革命前，边区所处区域军阀割据，各种反动势力相互勾结与倾轧，政治腐败。广大民众忙于生计，政治参与意识极其淡漠，政治热情全无。虽经刘志丹等进行广泛的革命宣传和教育，但边区普通群众的政治觉悟并无

---

① 刘宪曾等主编：《陕甘宁边区教育史》，陕西人民出版社1994年版，第2页。

② 黄正林：《社会教育与抗日根据地的政治动员——以陕甘宁边区为中心》，《中共党史研究》2006年第2期。

多大提高，民族意识、国家意识尚未树立，对共产党的认识和了解极其肤浅。

文化上，边区所处地带文化教育极端落后，可谓是文化荒漠。各地学校极少，甚至与清朝相比，也出现了严重倒退：有的县连光绪年间和民国初年建立的新式小学堂也大多停办。如安塞县，光绪年间改设的高等小学堂，民国初年建立的十多处初等小学，到1925年后，不是毁于兵乱，就是因经费困难而停办。除绥德、米脂有两所中学和其他城镇有少量小学外，有的地方如华池、盐池、环县、保安和南梁地区，在革命前一所学校也没有。在偏僻农村，方圆几十里的广大地区见不到一所学校。因此，民众文化水平极低，能识字、有一定知识的人凤毛麟角，绝大多数穷苦大众为文盲。边区政府主席林伯渠在第一届政府工作报告中指出："原边区政府所辖的这片广大的地区，可以说完全是文化教育的荒地。小学校初级、高级合计只有一百二十处……一般的县份一百个人中难找到两个识字的人，有的县份（华池、盐池等）两百个人中难找到一个识字的人，而且这样一两个读书识字的当然不会是穷人。"① 此外，各地卫生状况恶劣，缺医少药，死亡率极高；乡民文化生活单调匮乏，封建迷信猖獗，巫神招摇撞骗；二流子横行乡里，鱼肉百姓。

联系边区社会教育的对象、内容、目标，不难理解，此种社会条件决定了只能也必须通过社会教育的途径开展民众教育，对此，当时社会教育的领导者和组织者深刻认识到了这一点。1938年4月，时任边区教育厅社教科科长的吕良在《边区的社会教育》指出：边区是文化比较落后的区域，据一般估计，边区文盲占其总人数的90%以上。这广大的文盲大众，生活上虽然比革命以前大大地改善了，但是要这些文盲大众都脱离生产来学习，事实上还是不可能的。唯一的办法就只有利用生产的空暇来学习——一面生产，一面学习，学习不脱离不妨碍生产的社会教育。② "尤其是抗战紧张的目前，文化教育动员（消灭文盲，普及国防教育，激发救国热忱，训练抗战知能），为目前抗战动员工作中重要紧迫的工作之一。要迅速完成这宏大事业，要建立千百个学校，要聘用千百个教员，巨

① 陕西师范大学教育研究所编辑：《陕甘宁边区教育资料·教育方针政策部分》（上），教育科学出版社1981年版，第178页。

② 陕西师范大学教育研究所编辑：《陕甘宁边区教育资料·社会教育部分》（上），教育科学出版社1981年版，第8页。

大的经费，大批的人材，在文化经济比较落后的边区是非常困难。但是我们又不能因这些困难而停止我们伟大事业的进展。这唯一的时间、经费、人材①、经济办法，便只有开展广泛的深入的社会教育。"②

1938 年 6 月，边区教育厅发行用以指导开展社教工作的石印单行本《社会教育概论》，再次强调："边区是文化比较落后的地方，据一般估计，文盲占全人口的百分之九十以上。就是说一百个人中有九十多个人不识字的。这广大的文盲虽然经过分配土地、废除苛捐杂税，生活上大大地改善了。但是要这些文盲大众都脱离了生产去学习，事实上还是困难的。而且限于自然的环境（地广人稀，山地占全面积百分之八十以上，村庄狭小稀散，不容易举办学校集中学习）和农业、工业生产技术落后（影响到劳动力的过度消费，不独成年青年要整天参加生产，就是学龄儿童也要担负樵牧什务等劳动），使群众缺乏学习的时间和机会，能整年整天进学校读书的那是极其少数。这唯一的补救办法，便只有以极大的力量来推行深入广泛的社会教育。利用群众生产的空暇给以补习教育。"③ "在形势紧张，抗日战争更剧烈开展的目前，宣传组织团结民众最有力量的工具（教育）应该更紧急地动员起来——迅速普及国防教育，消灭文盲，提高民众政治水平及抗战的智识技能。但是要完成这艰巨伟大的事业，要设立千百个学校，聘请千百个教员。这巨大的经费，巨量的人材，事实上一时不易办到，若慢慢地筹划经费，迟迟地训练人材，抗战的环境也不允许。但是我们又不能因为这些困难而放弃这重要的工作。这唯一的补救办法，也只有广泛地开展社会教育。"④

（二）动员民众参加抗战事业：社会教育发生的直接缘由

在抗战时期，打败日本侵略者、挽救民族危亡是一切工作的中心，但在敌强我弱的情况下，要完成此项工作，必须动员广大民众最广泛地参与，最大限度地支持。抗战时期，毛泽东同志反复指出动员民众参加抗战的重要作用与意义。1937 年 7 月 23 日，毛泽东在《反对日本进攻的方针、办法和前途》指出："民族战争而不依靠人民大众，毫无疑问将不能

---

①　当为"人才"，原文如此。

②　陕西师范大学教育研究所编辑：《陕甘宁边区教育资料·社会教育部分》（上），教育科学出版社 1981 年版，第 8—9 页。

③　同上书，第 25—26 页。

④　同上书，第 26 页。

取得胜利。"① 10 月 25 日，在《和英国记者贝特兰的谈话》中，他谈到抗日战争的教训时指出："几个月的抗战，暴露了中国的许多弱点。这首先表现在政治方面。这次参战的地域虽然是全国性的，参战的成分却不是全国性的。广大的人民群众依然如过去一样被政府限制着不许起来参战，因此现在的战争还不是群众性的战争。反对日本帝国主义侵略的战争而不带群众性，是决然不能胜利的。"② 1938 年 5 月，毛泽东在延安抗日战争研究会的讲演《论持久战》中谈道："抗日以后，政治动员也非常之不普遍，更不说深入。人民的大多数，是从敌人的炮火和飞机炸弹那里听到消息的。这也是一种动员，但这是敌人替我们做的，不是我们自己做的。偏远地区听不到炮声的人们，至今还是静悄悄地在那里过活。这种情形必须改变，不然，拼死拼活的战争就得不到胜利……动员了全国的老百姓，就造成了陷敌于灭顶之灾的汪洋大海，造成了弥补武器等等缺陷的补救条件，造成了克服一切战争困难的前提……要胜利又忽视政治动员，叫做'南其辕而北其辙'，结果必然取消了胜利……把战争的政治动员，变成经常的运动。这是一件绝大的事，战争首先要靠它取得胜利。"③

　　虽然党领导的抗战事业代表了最广大群众的利益，但是，考虑边区民众实际情况、残酷的战争背景，动员民众参加抗日战争是极其困难的。因为边区民众生活困难，温饱尚得不到稳定保障；国家意识、社会责任意识极其淡漠；对战争具有天然的恐惧与逃避心理；战争支援也直接损害民众物质利益。"要动员陕甘宁边区的广大农民群众参与抗战及民主政治，在开始时并不是一件容易的事。陕甘宁边区的落后与偏僻最初给希望发动农民进行革命的共产党以难以想象的困难，这里乡村孤立分散，农民出于保守的心理对革命很冷漠，他们对自己的前途不抱任何希望。也就是说，如果不给农民以实际的生存利益，不给他们生活下去的希望，他们是不会接受任何新思想的。"④

　　民众动员的必要与动员的困难成为突出的矛盾，解决此矛盾至关重

---

① 《毛泽东选集》第 2 卷，人民出版社 1991 年版，第 347 页。

② 同上书，第 375 页。

③ 同上书，第 480—481 页。

④ 崔玉婷：《邹平教育模式与延安教育模式比较研究》，博士学位论文，华东师范大学，2006 年，第 120 页。

要。党是人民群众利益的忠实代表，全心全意为人民服务是党的宗旨，党的性质和宗旨决定了对民众的动员不能采取暴力强迫的方法，像国民党那样"抓壮丁"、苛以重税等。而只能启迪民众，改变民众思想观念，自觉自愿参加党领导的抗战事业，为战争提供人、财、物的有力支持。而要实现这一目标，在当时又不能通过学校教育等其他道路来实现，这唯一的途径也就是广泛实效地开展社会教育了。"社会教育不仅是教育民众识字，而主要的是给民众以民族革命意识、民族自卫战争中所必需的理论与技能，参加实际救国行动争取抗战胜利。"①

（三）实现民众对党的政治认同：社会教育发生的内在动因

边区社会教育是在党领导和组织下开展的有计划、有目的的系统教育活动。渴盼和实现民众对党的政治认同，是社会教育的终极目标。所谓政治认同，就是要让边区民众对党领导的革命事业高度认可，拥护党的政权建设，对党制定的各项方针的政策认同、贯彻与实施。

在中国传统历史中，普通民众被排斥在政治活动之外，缺乏政治参与意识与热情，边区地处偏远，民众政治意识更为淡漠。边区民众存有强烈的宿命论观点，缺乏反抗意识："事实上，对于长期饱受沉重的赋役、灾荒与匪患的乡村民众，他们从内心深处似乎早已认定自己所受的穷困是'命里注定'，可以说山山川川各有其序，生死由命富贵在天的思想认识，已成为他们基本的社会认知。正是存有这种社会心态，即便'租费累加，犹无怨言'。"② 同时，边区民众具有顽固的乡土本位意识，对操着外地口音的红军保持天然的排斥与高度的怀疑，对党的认识是极其肤浅的，认同度极低。在基层社会被绅士阶层、乡村强人、哥老会和其他秘密会社的头目等乡村精英把持的情况下，党的政权基础是薄弱的，面临严峻的挑战。当然，这不能片面归咎于民众的保守与落后，诚如米格代尔所言，农民"不是以改变整个国家政治和经济制度为目标的，亦不会在他们还没有进入这样制度的时候就使自己付出很高的目标的，也不会在他们还没有进入这样制度的时候使自己付出很高的代价。只是在革命者成功地将农民并入一种独立的经济和政治制度之后，农民

① 陕西师范大学教育研究所编辑：《陕甘宁边区教育资料·社会教育部分》（上），教育科学出版社1981年版，第60页。

② 杨东：《陕甘宁边区乡村民众的社会心态析论》，《云南行政学院学报》2009年第4期。

才会对该种制度产生义务感"①。

　　如果不改变这样的状况，党的各项方针、政策就得不到民众的有力支持，也不可能顺利实施，党的革命理想和政治目标也不可能实现。

　　实现边区民众对党的政治认同，最为根本的是要让民众切实认为党是他们利益的真正代表，"共产党是中国革命的唯一领导者，这只是说共产党能够成为中国革命的领导者，并不是说共产党是天生的领导者，因此群众必须服从他的领导。要使中国共产党成为中国革命的领导者，还需要共产党的正确的政治领导与艰苦的群众工作。群众愿意接受共产党的领导，只是因为共产党真能代表他们的利益，真是他们自己的领袖"②。要让民众产生这样的心理共识，必须通过特定的形式实现。为此，党在边区推行了三三制、大生产运动等政策，而社会教育是这一宏大工程中至关重要的节点。社会教育为党与群众尤其是农民的互动提供了形式与平台，这点至关重要，诚如亨廷顿所言："一个政党如果想首先成为群众性的组织，进而成为政府的稳固基础，那它就必须把自己的组织扩展到农村地区。"③通过社会教育，让民众的文化素质得以提高，逐渐摆脱各种腐朽落后思想的束缚，在社会教育中，党的政策方针得到有效宣传和落实，最重要的是实现对乡村社会的控制，"对中共来说，开展教育识字运动，能有效地集聚和整合广大而分散的农村资源，以将'基层权威'转化为党所能控制和引导的支配性力量"④。让群众逐渐对党的革命理想产生共鸣，渐进地对党产生强烈的政治认同，为党的各项工作奠定坚实的群众基础。

第三节　抗战时期边区社会教育的实质：思想政治教育活动

　　社会教育是典型的思想政治教育活动，它以广大群众为教育对象，同

---

　　① ［美］米格代尔：《农民、政治与革命——第三世界政治与社会变革的压力》，李玉琪等译，中央编译出版社1996年版，第114页。

　　② 中央档案馆编：《中共中央文件选集》第10册，中共中央党校出版社1991年版，第240页。

　　③ ［美］塞缪尔·D. 亨廷顿：《变化社会中的政治秩序》，王冠华等译，生活·读书·新知三联书店1989年版，第401页。

　　④ 唐宇：《"知识下乡"：动员困境、策略转变与权力包抄——以陕甘宁边区教育识字运动为中心的考察》，《山东行政学院学报》2015年第3期。

一时期开展的延安整风运动以党员干部为教育对象，《关于军队政治工作问题》注重于军队思想政治工作，三者共同构建了党对党员干部、军队、群众的立体思想政治教育体系，共同标志着党的思想政治教育在延安时期达到成熟。

一　抗战时期边区的社会教育：典型的思想政治教育活动

基于现代思想政治教育学理论考量，抗战时期边区的社会教育属于典型的思想政治教育活动。现代思想政治教育学认为："思想政治教育是指一定阶级、政党、社会群体遵循人们思想品德形成发展规律，用一定的思想观念、政治观点、道德规范，对其成员施加有目的、有计划、有组织的影响，使他们形成一定社会、一定阶级需要的思想品德的社会实践活动。"① 因此，可以从活动的领导和组织者、活动组织形式、教育目标和内容等角度研判其思想政治教育属性。

从抗战时期社会教育的领导和组织者视角看，社会教育具有明确的思想政治教育特性。社会教育是由党和边区政府领导发起，由边区教育厅具体组织实施的教育活动。教育厅专设社会教育科，和各市县第三科（教育科），以及青救会、妇联会、工会、自卫军等社会团体联合开展社教工作。

从抗战时期社会教育的组织形式视角看，社会教育是有组织、有计划的思想政治教育活动。社会教育在教育厅直接领导下，有效整合各种力量和资源，长期系统开展社教工作。自 1937 年起，教育厅具体规划了社会教育的组织开办形式和方法步骤，不断总结经验，通过各种措施克服社教工作中存在的师资、教材、场地、经费等困难。逐渐明确了开展社教工作的指导思想和原则，满足了群众的现实需要，激发了群众参加社会教育的热情，保障了社教工作的有序持续开展。

从抗战时期社会教育的教育内容和目标视角看，社会教育内容归属于思想政治教育的内容范畴。社会教育的主要内容是进行文字教育、生活教育和政治军事教育。主要目标是消灭文盲，提升民众文化素质；移风易俗，革除各种丑陋习俗；灌输民族意识，树立抗战必胜信心；宣传党的政治奋斗目标和革命理想，宣讲和贯彻实施党的方针、政策；激发民众革命

---

① 张耀灿等主编：《现代思想政治教育学》，人民出版社 2006 年版，第 50 页。

热情，为党的革命事业提供人、财、物的有力支持和保障；最终让广大民众对党形成强烈的政治认同，保证党的奋斗目标得以实现。这些内容从属于思想政治教育的范畴。

基于上述分析可见，社会教育是一场不折不扣的思想政治教育活动。

二　抗战时期边区的社会教育：成功的群众思想政治教育活动

社会教育以普通群众为教育对象，通过艰难曲折的探索，边区社会教育实效实现了教育目标，取得了巨大的成功。

社会教育扫除文盲取得成效，扫除了大量的文盲，民众普遍能识一些字，"社会教育成效如此巨大，不仅旧中国不能比拟，就是建国后相当长时间有些经济不发达地区也显逊色，在那里，文盲或半文盲还普遍存在"[1]。群众思想意识显著提高，"许多不识字的青年或成年，经过几年的学习，不仅识字，而且能看路条，写简单的信。当时根据地的群众绝大多数都能讲一通'抗日'的道理，都知道为什么要'抗日'和怎样'抗日'等等。不少教育家和社会进步人士，一到根据地，无不称赞根据地社会教育的成功，群众思想觉悟的提高"[2]。

社会教育移风易俗效果显著，边区社会秩序更加安定和谐。巫神迷信得到有力揭露和鞭挞，二流子得到全面改造，妇女得到极大解放，群众卫生意识提高，卫生习惯改观，各种丑陋现象得到净化。埃德加·斯诺在《西行漫记》描写道："陕北已经彻底消灭了鸦片，这是个杰出的成就。事实上，我一进苏区以后就没有看到过什么罂粟的影子。贪官污吏几乎是从来没有听到过。乞丐和失业的确像共产党所说的那样被'消灭'了，我在红区旅行期间没有看到过一个乞丐。缠足和溺婴是犯法的，奴婢和卖淫已经绝迹，一妻多夫或一夫多妻都遭到禁止。"[3]

社会教育抗战动员成效明显，为取得抗日战争的胜利奠定了坚实基础。抗战时期，通过社会教育，边区民众在思想上深刻认识、理解和掌握了抗日的道理，倾其所有为抗战提供人、财、物的全力支持。边区呈现出"队伍里、乡村里、城市里、机关里、男女老幼，讲的是抗日话，做的是

---

①　董纯才等主编：《中国革命根据地教育史》第2卷，教育科学出版社1991年版，第625页。

②　同上。

③　[美]埃德加·斯诺：《西行漫记》，董乐山译，生活·读书·新知三联书店1979年版，第201页。

抗日事，大家都晓得大祸临头，要'纾难'就顾不得'毁家'"的景象。①

　　随着社会教育的开展，民众政治认同感逐渐增强，党的政权基础得到巩固。社会教育中的积极分子和优秀学员通过选举进入基层政权，成为新的乡村政权领导者，他们拥护党的领导，实现了党对基层政权的牢固控制。民众也感受到共产党、边区政府切实关注和保护他们的利益，他们以极大的热情和积极的行动贯彻实施党的方针、政策。林伯渠指出，边区民众"改变了他们以往对政治冷淡、对国家政权仇视的态度。在全面抗战的今天，他们用最关心的态度来注意每一政治事件的发展和各级政府对于他们利益的维护。换句话说，边区人民已经认为政府是他们自己的政府。当政府每一政治动员和号召发出之后，他们总是以极大的热忱来回答的"②。

---

　　① 甘肃省社会科学院历史研究室编：《陕甘宁抗日革命根据地史料选集》第2辑，甘肃人民出版社1983年版，第5页。

　　② 《林伯渠文集》，华艺出版社1996年版，第64—65页。

第三章

需要与自愿：抗战时期陕甘宁边区
社会教育的基本原则

在陕甘宁边区，以群众为对象的社会教育面临重重困难，以现在的眼光审视，社会教育的成功可谓奇迹。耙梳社会教育的历史轨迹，可以看出，对需要与自愿原则的坚持与落实是其取得成功的最为重要和直接的原因。其中，在教育组织形式和教育内容上，对这一原则的体现尤其明显。在前期社会教育中，参照学校教育，对各种社会教育形式的人数、地点、组织方式等做了机械教条规定，在教育内容上突出教育者的诉求，忽视群众的现实需求，群众对社会教育充满疑虑，以各种方式逃避抵制，教育效果不甚理想，通过教育者和受教育者的相互砥砺磨合，尤其是伴随着延安整风运动的开展，通过边区文教大会的召开，需要与自愿成为开展社会教育的核心原则，并在实践中得以真正贯彻落实，群众的需要得到满足，在社会教育中收到实惠，积极投入到社会教育中，有效实现了社会教育目标。

第一节　需要与自愿原则形成与发展的历史轨迹

需要与自愿原则形成与实施的进程可以简单分为两个阶段：1937—1944 年，探索发展阶段；1944—1945 年，贯彻落实阶段。

一　1937—1944 年：探索发展阶段

客观地讲，社会教育组织领导者一开始就确立了"需要与自愿"原则。早在 1938 年 6 月，教育厅发行单行本《社会教育概论》就指出，社会教育"要注意群众的适用和兴趣（如写信：[1] 记账、学算……是群众所

---

[1] 应为"、"，原文如此。

急需的知识，他们学起来特别快，也特别感兴趣)"①。"社会教育的对象是广大群众，故应依靠群众，应为群众所理解，所拥护。对绝大多数的文化落后的大众，要作②到深入地宣传解释，使他们了解教育的好处，自愿来学习，否则群众会对你的好意抱着怀疑，会因疲劳提不起学习的兴趣。更会借口生活忙碌拒绝学习或敷衍了事。"③

但知易行难，在具体实施过程中，由于主客观原因的限制，这一原则出现了种种偏差甚至是偏离，并未得到真正的贯彻。具体体现在教育组织机械僵硬；教育内容泛政治化，脱离群众实际生活；教材、教学方法不符合成青年实际情况；动员方式简单粗暴，群众被动接受教育。

如1937年，边区规定冬学"在人口较稀的地方，每个学校最少要有十个人以上，较好的十五个人以上，最密的二十个以上"④。以现在的标准衡量，这样的入学人数是易于办到的。但在当时的边区，人口稀少，居住分散，交通不便，要求十至二十人远离家庭，自带口粮灯油、在忍饥挨饿的状态中聚集在一起学习，参加冬学就会成为部分冬学成员沉重的负担。而基层教育组织者为达到办学规模，运用摊派、威胁甚至暴力手段强迫学员入学，完全背离自愿原则，就出现了逃避抵制冬学的现象。

在1940年冬学工作总结中，在谈到经验教训时指出："延安县妇女冬学里给学生们讲'怎样养娃娃，学生们也很乐意听'。由此我们知道，所谓老百姓不需要知识，乃是不需要与他们生活无关的知识……假使教给与他们生活密切联系着的知识，他们不仅接受，而且是十分欢迎的。"⑤

1944年陕甘宁边区政府发出指示信，要求教学内容要根据群众需要进行教授，"除主要教识字外，还应传授群众所迫切需要的卫生常识，如群众要学珠算，亦须交给他们。关于教材，除教育厅编印的课本外，教员可根据当地情况学生程度随时编选补充，如农谚、春联、歌词等。有成绩

---

① 陕西师范大学教育研究所编辑：《陕甘宁边区教育资料·社会教育部分》（上），教育科学出版社1981年版，第29页。

② 应为"做"，原文如此。

③ 陕西师范大学教育研究所编辑：《陕甘宁边区教育资料·社会教育部分》（上），教育科学出版社1981年版，第27页。

④ 同上书，第124页。

⑤ 陕西师范大学教育研究所编辑：《陕甘宁边区教育资料·社会教育部分》（下），教育科学出版社1981年版，第159页。

的民办小学、识字组和夜校的经验证明：只要从群众当前需要学的知识出发，识字的进度就快，学习的兴趣就高，群众的创造性就能发挥。有的民办小学，让群众口编，教员记录整理，再教给群众，就是生动实际的例子，这办法值得参考"①。在教学方式上，"要根据教育对象、学习组织及教材灵活运用。如'民教民'、'小先生'、个别教学、分组与集体教学的配合等方式，'啥时来，啥时教'、'早来早教'、'家里实在忙就可以回家'以及'轮回教育'、'家庭教育'、'挨户教育'等办法，只要适合群众需要，均可采用"②。

1944 年 4 月 7 日，《解放日报》发表《根据地普通教育的问题》，强调教育必须尊重教育对象的需要，认为我们虽然在思想上认识这一点，但在实际教育工作中却并未真正做到，要求"目前根据地的普通教育，就应该按照现在的群众教育和干部教育的这种需要，而进行全部的重新调整。既然根据地群众的生活基础是家庭和农村，我们的群众教育，无论是对儿童，对成人，对妇女，就应该时时刻刻照顾到家庭和农村，家庭生活和农村生活中实际所需要的知识，就应该成为教育的主要内容或全部内容……"③

二　1944—1945 年：贯彻落实阶段

1943 年，边区大生产运动取得伟大胜利，军民生活得到极大改善，尤其是整风运动深入开展，实事求是的思想路线得以实际确立，为社会教育奠定了坚实的物质和精神基础。1944 年 10 月 11 日至 11 月 16 日，边区文教大会的召开标志着"需要与自愿原则"的确立。

在文教大会上，毛泽东做了题为"文化工作中的统一战线"的演讲，强调文教事业是属于人民的，文教工作不能脱离群众，脱离群众就是脱离实际，要做到实事求是必须坚持两条原则："一条是群众的实际的需要，而不是我们脑子里幻想出来的需要；一条是群众的自愿，由群众自己下决心，而不是我们代替群众下决心。"④

---

① 陕西师范大学教育研究所编辑：《陕甘宁边区教育资料·社会教育部分》（上），教育科学出版社 1981 年版，第 195—196 页。

② 同上书，第 197 页。

③ 社论：《根据地普通教育的问题》，《解放日报》1944 年 4 月 7 日第 1 版。

④ 《毛泽东选集》第 3 卷，人民出版社 1991 年版，第 1012—1013 页。

大会期间，与会代表一致认为必须彻底转变以前教育脱离群众、脱离边区实际的倾向，坚持必须面向群众的新教育方针。罗迈向大会做了题为"开展大规模的群众文教运动"的全面总结，认为群众文教运动"由于教条主义（内容和方法上）与形式主义（作风上）作怪，日益同实际脱离，同群众需要违背。初期犹有一种活泼气象，一九三九年后更转入沉闷与软弱无力"①。要求"就群众文教运动来说，必须是内容（目的）上为群众，形式（方法）上经过群众路线。内容上应该具体实现（即依据边区当前情况的具体需要来实现）……形式上如何经过群众问题，是何种方式最能为群众接受和最易普及的问题。这个问题的适当解决，同样要从边区今天的具体条件出发。今天边区还是农业为主的经济，还是地广人稀，村庄分散，劳动力不足的条件。在这种基础和这种条件上，群众文教工作宜于分散经营，以村庄为单位以村庄的形式出现（如村学、村的识字组、卫生组、读报组……），才为群众乐意接受，才易于普及……群众文教运动的推广和普及需要采取分散形式，主要靠群众自己觉悟和自己动手，主要依靠村民自己主办。由此，提出了民办公助政策。民办公助的目的，就是经过群众自己觉悟与自己动手，也即是毛主席所说需要与自愿这两个原则的具体体现"②。

1944 年 12 月，林伯渠在边区第二届参议会第二次会议上的报告中指出，文教大会"检讨了历史教训，总结了新经验，明确了开展大规模群众文教运动的方针，要求执行毛主席的指示，组织广泛的文教统一战线，依靠群众的需要与自愿，于五年至十年内消灭可怕的死亡率，消灭大量文盲，普及新民主主义文化，挤掉封建文化残余"③。

通过文教大会的召开，各级各类社教工作者深刻地认识和切实地领悟了"需要与自愿"原则，并在实际工作中贯彻实施这一原则。社会教育出现了繁盛局面，工作取得了良好的效果，有效实现了教育目标。1945 年，陕甘宁边区政府发出的指示信中指出："特别可贵的收获，是一部分冬学接受了需要与自愿的原则，并在此原则的实践中发挥了高度的创造性，使冬

①　陕西师范大学教育研究所编辑：《陕甘宁边区教育资料·社会教育部分》（上），教育科学出版社 1981 年版，第 177 页。

②　同上书，第 179—180 页。

③　中国科学院历史研究所第三所编辑：《陕甘宁边区参议会文献汇辑》，科学出版社 1958 年版，第 215 页。

学的发起、组织与教学的方法，都能适合于极端分散的农村环境，适合于农民群众的生活情况及其具体需要。"① "所有这些方式方法，都是发扬了实事求是的老实作风，实践了需要与自愿的原则，足为今后冬学的楷模。"②

第二节　需要与自愿原则的实践与效果分析

坚持需要与自愿原则是抗战时期边区社会教育取得成功的重要原因，也是社会教育赋予现代思想政治教育的最可宝贵的经验与启示之一。在社会教育的发展历程中，需要与自愿原则的确立、贯彻和落实经历了一条不断调整、逐渐完善的过程，其中，在教育组织形式和教育内容上对该原则的体现最具实效、富有特色。审视边区社会教育可以看出：实践中，凡是坚持这一原则，就会得到群众拥护，取得满意的成效；反之，或流于形式，或受到群众抵制。

一　教育组织形式

边区社会教育组织形式主要包括识字组、识字班、夜校、半日校、冬学、民众教育馆、秧歌等，各种组织形式因应各种具体情况。依据现有资料可以看出，在教育实践中，民众教育馆资料较少，秧歌在下一章详细分析，此处主要分析识字组、识字班、夜校、半日校、冬学等教育形式，其中，冬学由于其是教育最主要的形式，自然是研究和探讨的重点。

（一）社会教育组织形式在一定程度上违背了需要与自愿原则

就社会教育组织形式来看，前期存在明显脱离群众实际情况的问题，主要体现在各种组织形式呈现明显的正规学校的特点，往往具体规定各教育形式的学习人数、内容、时间等。如 1939 年边区政府颁布的《陕甘宁边区各县社会教育组织暂行条例》就明确规定。

　　　　甲、识字组：

　　　　（1）以同居或同一村庄之文盲或半文盲组织之，以三人至五人

---

① 陕西师范大学教育研究所编辑：《陕甘宁边区教育资料·社会教育部分》（上），教育科学出版社 1981 年版，第 328 页。

② 同上书，第 329 页。

为适宜。

（2）每一识字组设组长一人，由组内推选，总办全组集合、学习、检查事项，组长如有事他往，得请代理人。

（3）识字组必须每日进行识字，至少间日一次，时间自动约定。

（4）识字组之教员，由附近小学教员或学生或当地政府工作人员知识分子担任。

（5）识字组无教员领导教授，而组长识字亦不多时，由组长现行参加别组学习，随学随教本组。

乙、识字班：

（1）识字班，以五人至二十人组织之。

（2）识字班应本着实际情形，分作两组或三组，以便召集，每班设班长一人，总办全班学习事项。

（3）识字班教员同识字组。

（4）识字班除识字外，又学唱歌、讲时事，其学习时间可灵活规定。

戊、冬学：

（1）每年十一月至翌年一月为办理冬学时期。

（2）每年由县第三科会同当地群众筹备设立。

（3）冬学教员以当地提拔训练为原则，遇必要时由该县呈请教育厅斟酌情形派去。

（4）冬学以国语、政治、常识为基本课程，分高初两级。①

1939 年，边区政府颁布《陕甘宁边区模范夜校　半日校暂行条例》规定。

第二条　模范夜校、半日校须具备下列条件：

（一）教员：

甲、教授夜校全部课程。

乙、按时上课，不无故迟到或缺席。

---

① 陕西师范大学教育研究所编辑：《陕甘宁边区教育资料·社会教育部分》（上），教育科学出版社 1981 年版，第 98—99 页。

丙、试行国防教育之教学管理。

丁、态度和蔼接近群众。

（二）学生：

甲、人数二十名为标准，依各县情形不同伸缩之。

乙、十分之九以上系成、青年男女。

丙、十分之九以上人数能经常按时到校上课。

丁、有俱乐部组织并实施社会活动。

（三）课程：

甲、识字、常识、唱歌、算术、军事等课程。

乙、每次能教授两种课程，时间二小时以上。

丙、每次授课有一定的进度。

（四）设备：有学生登记表、点名册、课程表等表格。①

社教工作领导组织者制定这些规定，其初衷是保证社会教育有序有效开展，防止教育流于形式，故此，参照正规学校制定社会教育的组织条例也无可厚非。但是，这些规定的有些内容也实然违背了群众需要与自愿的原则，导致教育实践中出现了各种问题，在相当程度上影响了教育的效果。

识字组"以三人至五人为适宜"，"必须每日进行识字，至少间日一次"；识字班"以五人至二十人组织之"；冬学"以国语、政治、常识为基本课程"；模范夜校、半日校"人数二十名为标准，依各县情形不同伸缩之"，"十分之九以上系成、青年男女"，"十分之九以上人数能经常按时到校上课"，"每次能教授两种课程，时间二小时以上"。这些规定就明显违背了民众的现实情况，按照识字组和夜校规定，学员每天都要参加学习，群众白天整天劳作辛苦，晚上还要参加学习，参加社会教育就会成为严重的负担，群众也就可能丧失学习的兴趣。

对此，有学者依据史料做出了具体推算，"根据1941年的调查，边区每个劳动力每年的平均负担用时间来计算是：跟牲口（主要为边区和八路军运送粮草），经常40天；自卫军训练、开会、放哨30—35天；担架

---

① 陕西师范大学教育研究所编辑：《陕甘宁边区教育资料·社会教育部分》（上），教育科学出版社1981年版，第98—100页。

运输、修筑（公路、工事）15—20 天；优待抗属（代耕、担水、砍柴）15—20 天，共计 100—115 天。一个生活在边区的劳动力，'至少须负担义务劳动 100 天以上，18 垧地需 180 天，自己砍柴挑水等需 30 天，赶集、赴会、人情需 30 天，家事、疾病、雨雪耽误需 40 天，共计 380 余天。'再根据《陕甘宁边区各县社会教育组织暂行条例》规定，每年 11 月至翌年 1 月为冬学办理时间，实际时间大约 40—65 天不等。按照以上调查资料的算法，再加上社会教育所用时间，一个农民大约得有 420—440 天的时间才能完成一年的劳动量"①。依据这样的推算，可以看出，对边区民众而言，机械的社会教育组织形式在事实上成为他们沉重的负担。

（二）社会教育组织形式违背需要与自愿原则导致的问题和现象

上述内容可以看出，对社教各组织具体单一的规定，缺乏灵活与变通，要求民众在规定时间参加学习，而且一些社教工作者往往将这些规定硬性、教条地执行，人数不够就强行摊派，群众逃避就罚款罚物，甚至威胁"送到县里去"。这违背和抛弃了需要与自愿的原则，在社教工作中呈现出种种问题，出现了啼笑皆非乃至匪夷所思的现象。

一是宣传动员不够，采取强制动员、批评、摊派、威胁、罚款等方式要求群众参加社会教育。1938 年，陕甘宁边区教育厅在《关于社会教育工作问题》的指示信中指出："一般的教育工作同志对于动员工作还不够深入，好些县还采用抄名单的命令方式，对民众不作深入的宣传。"② 1942 年，《解放日报》发表文章《根据去年经验教育厅发出冬学指示》，指出："有的地方以强迫、命令、固定、抄名册、捎口信等方式代替宣传解释。"③ 当民众不愿参加社会教育时，就用批评、罚款、罚物的极端方式处理问题。"学生动员不到，就处罚，靖边龙州区五乡曾决定：冬学学生一律赶古历十月初四到校，否则，罚钱三千元。新城区胶泥湾冬学，则规定不按期到校者，罚吃羊头会，或柴一百斤。"④ 甚至酿成悲剧，在环县新营湾冬学，王爱民母亲讲："'今年哪怕叫我

① 黄正林：《陕甘宁边区乡村的经济与社会》，人民出版社 2006 年版，第 318 页。
② 陕西师范大学教育研究所编辑：《陕甘宁边区教育资料·社会教育部分》（上），教育科学出版社 1981 年版，第 21 页。
③ 《根据去年经验教育厅发出冬学指示》，《解放日报》1942 年 9 月 9 日第 1 版。
④ 陕西师范大学教育研究所编辑：《陕甘宁边区教育资料·社会教育部分》（下），教育科学出版社 1981 年版，第 281 页。

坐禁闭，也不叫我媳妇子念'！原因是三年前王爱民婆姨本来有病，要她上冬学，带着孩子煮饭未去，结果大家批评斗争，早晨天冷，老病加气又受寒，不久就死了。"①

二是群众在被迫参加社会教育时，采用各种形式规避教育。1942 年，边区教育厅在《根据去年经验教育厅发出冬学指示》就指出，在社会教育违背群众自愿情况下，"以致部分老百姓，不以上学为乐事，反而觉得是很重的负担。因之，发生雇人代替，应名不到、经常流动、装病不起、隐匿逃避等现象"②。三边分区冬学工作总结中为我们提供了生动形象而又耐人深思的具体事例。"干部动员一个区游击队战士家中的学生时，家长即到区上要求说，'我们家里出了一个兵，为什么还要再出念书的呢？'"；"吴旗一区三乡的冬学不按照群众需要勉强集中，强迫动员学生，家长迫不得已只好送子弟入学，但不给学生送粮吃，学生每天吃不饱饭，喝稀米汤，不能安心学习。如让学生回去拿粮，就不再来了"；靖边贺家圪冬学，"第一天动员四个学生到校，第二天就跑了两个。群众反映说这是'瞎胡闹'"；"个别家长送子弟入学时痛哭流涕"；"新城区胶泥湾学校，乡上预先看好目标去宣传，不来就固定③有一个学生不来，乡上说：'不来，就叫他家来一个做饭的'"；"雇学生的事也有发生了，青阳区一乡陈峁及该区五乡冬学共有三个雇的学生"。④ 试想，当民众以这些方式来规避社会教育时，社会教育对民众而言，不仅成为沉重的负担，更成为其生活中挥之不去的阴霾与悲剧，这与社会教育的主旨和目标背道而驰。究其根源，就在于没有照顾群众的实际情况，满足群众的现实需要，群众自然不会自愿参加学习，教育的效果可想而知。

三是教育者机械照搬和落实社会教育组织形式的规定，导致社教工作流于形式。一些地方社教工作者在具体实践工作中，往往追求在形式上达成规定，结果是有其名无其实。1939 年边区教育厅在《冬学初步总结》就指出："个别冬学学生数目仍有少至不到十人的，不经常上课

---

① 陕西师范大学教育研究所编辑：《陕甘宁边区教育资料·社会教育部分》（下），教育科学出版社 1981 年版，第 223 页。

② 《根据去年经验教育厅发出冬学指示》，《解放日报》1942 年 9 月 9 日第 1 版。

③ 原文如此。

④ 陕西师范大学教育研究所编辑：《陕甘宁边区教育资料·社会教育部分》（下），教育科学出版社 1981 年版，第 280—281 页。

的现象，尤为普遍……甚至有以夜校或小学学生充作冬学的。"冬学成青年学生不够，"很多冬学中所吸收到的成青年男女，仍只占极少数，相反的，儿童却占了主位"。① 1942 年的《根据去年经验教育厅发出冬学指示》指出，"动员学生时，不问家庭有无劳动力、年龄大小、家庭生活如何，被动员的女人，有无小孩连累，也不问路程远近，甚至不问呆子聋子，只要有了应名的数字，就万事大吉"②。其结果是，参加社会教育的群众有相当部分并非出于自愿，"据统计靖边镇罗区共有七处冬学，学生六十六名，三十五名是不自愿被强迫来的"③。在三边分区，"他们认为学生不起灶跑的④念，或者学生少不像样，要几十个学生正正齐齐地住在学校，才像个学校，该县新城区一乡把全乡 57 个学生都集中到一起，除本村四个学生外，其余都在学校起灶"⑤；"清坪区群众张子乡自动提出在墩儿渠自办一处冬学，乡上干部不准，怕把乡上集中办的冬学拉垮了"⑥。显而易见，这种不顾及群众实际情况，违背群众需要与自愿，在组织形式上做到开展社会教育的要求，注定效果不佳，也必然会受到群众的诟病与责骂。

（三）调整社会教育组织形式，贯彻需要与自愿原则的实践与效果

通过不断调整，教育组织形式逐渐摆脱了集体的、教条的模式，实施了灵活分散、能切实满足群众实际需要的形式。

以冬学为例管窥，在冬学开办上，边区教育厅对冬学学生人数有教条的规定。1937 年，边区教育厅编印的用于指导开办冬学的《冬学须知》中明确要求："冬学以集中为原则，要有房子，起码要有二十个学生。"⑦同年，边区对冬学运动进一步做出决定："在人口较稀的地方，每个学校

---

①　陕西师范大学教育研究所编辑：《陕甘宁边区教育资料·社会教育部分》（下），教育科学出版社 1981 年版，第 133 页。

②　《根据去年经验教育厅发出冬学指示》，《解放日报》1942 年 9 月 9 日第 1 版。

③　陕西师范大学教育研究所编辑：《陕甘宁边区教育资料·社会教育部分》（下），教育科学出版社 1981 年版，第 281 版。

④　意为"跑着念"，原文如此。

⑤　陕西师范大学教育研究所编辑：《陕甘宁边区教育资料·社会教育部分》（下），教育科学出版社 1981 年版，第 280—281 页。

⑥　同上书，第 281 页。

⑦　同上书，第 122 页。

最少要有十个人以上，较好的十五个人以上，最密的二十个人以上。"①
1939 年，边区教育厅在《冬学总结中》批评"个别冬学学生数目仍有少
至不到十人的"②。1942 年 9 月 9 日，《根据去年经验教育厅发出冬学指
示》虽然要求冬学"一定把握少而精的原则。反对只求数量，不顾质量。
质量的好坏是评判今年冬学成绩的主要因素"③。但仍然认为"质量的优
越，必须要有一定数量做保证（平均每校学生不得少于二十至三十
名）"④。群众对冬学的抵制倒逼教育组织者实施需要与自愿原则，教育厅
在规定冬学人数的同时，也明确指出："必须以劝导说服的方式动员学生
上学，让上学成为学生自愿的事情。动员学生必须注意下列各点：1. 家
庭有二个劳动力并且足以维持生活者；2. 年龄在三十岁以下十五岁以上
者；3. 妇女无小孩连累者；4. 身体健强无疾病嗜好者；5. 家住十里路以
内者。"⑤ 1944 年 6 月 3 日，在《边区政府关于今年冬学的指示信》中指
出："过去冬学不能开展，且多不为群众所欢迎的主要原因之一，是我们
没有采取更正确的方针，首先是没有采取群众自愿入学和劝学的院长，在
群众中很少宣传酝酿，反之，实行了强迫动员，引起了群众反感，视冬学
如一种负担。过去那种方针，是脱离群众的，是一种错误，必须纠正，并
坚持群众自觉自愿和劝学的原则，绝对禁止强迫动员。过去冬学形式是不
适合群众生活情况的。在分散的农村，办集中的冬学，要学生离开家庭，
在校起灶，那不仅不能普遍使群众入学，反而加重群众的负担，引起群众
不满。今后必须纠正，必须采用分散的原则，以村学形式出现，凡有学习
者五人十人之村庄。群众要求办冬学，就在那里办，村庄虽小而群众愿意
入学的也要设法办。不要重蹈过去那种形式主义，一定要多少人才开办，
以及照一般学校办法等错误。"⑥

　　冬学在逐渐摆脱教条机械的形式要求，在教育者和群众的交相合力
下，诞生了丰富多彩、契合群众需要与自愿的各种组织形式。郭林在

---

　　① 　陕西师范大学教育研究所编辑：《陕甘宁边区教育资料·社会教育部分》（下），教育科
学出版社 1981 年版，第 124 页。

　　② 　同上书，第 133 页。

　　③ 　同上书，第 175 页。

　　④ 　同上。

　　⑤ 　同上。

　　⑥ 　同上书，第 186 页。

《陕甘宁边区冬学的种种形式》中系统总结了各种冬学形式：一是分散经营与分时教学的形式。二是以分散经营为主的形式。包括：（1）轮流教学的分散形式。①轮教员，②轮学生，③教员学生都轮。（2）与生产组织相结合的形式。①按业务分组学习的冬学，②与妇纺结合的冬学等。（3）为上学地点方便而采取的分散形式。①家庭冬学，②以距离远近划分小组，③上门教学，④捎条子的办法。三是以分时教学为主的形式。如一揽子冬学。四是集中与分散互相变化的形式。包括：（1）随着气候变化改变教学形式的。（2）配合群众生产，分时变动组织形式的。①

这些形式，不误群众生产时间和正常生活，群众有时间需要学习就能够学习，受到群众欢迎。如"延市桥镇乡冬学，当天气还暖，大家可集合起来，就用一种集体教学的形式，分甲、乙、丙三组，在教室上课。天气逐渐冷了，集中上课，每次到的人很少，于是按地区划着五个小组，选择适中的学生家庭，为固定学习的地点，这样学了二十多天，天气更冷了，老百姓家里也更忙了，结果征求大家的意见，改成送上门去个别教，群众都满意"②。

"新正常舌头冬学，当地妇女冬天多不下炕，娃娃常光着屁股。冬学开始报名了二十四名学生，后来天气太冷，学生都不来上学，教员调查了原因之后，改变方式，按居住的情况，编成小组，教员提着小黑板，轮流到各组长家去教。教员到后，击鼓为号，大家来在组长炕上学习，叫做'热炕冬学'，采取这样的形式之后，学生增到了三十人，男女都有，冬学结束时，男的念过书的新认会一千多字，能看《群众报》，未念过书的，也识会三百四十个字。女的认会三百多字、最差的五十多字，这种轮法，群众称便。"③

"关中中心区一区三乡冬学，有六个自然村，各村相距不过四、五里，人口也比较集中，居民大部分是移民，虽冬季，整天也要忙于生产。教员按地区把他们编了十个组，依次每十天轮流来学一次，每次学一天，平时由组长督促检查。结果最多的识会五百多字，一般的识会二百多字。"④

---

① 陕西师范大学教育研究所编辑：《陕甘宁边区教育资料·社会教育部分》（下），教育科学出版社1981年版，第238—245页。

② 同上书，第245页。

③ 同上书，第239页。

④ 同上。

"合水南沟村冬学里，组织了一个打野鸡小组，每天在山上学习，教员薛邦明同志也参加，教娃娃们认会了许多字，同时薛同志自己也打了二十几只野鸡。与此相类似的，关中槐树庄冬学，也组织了打豹子的识字组。"①

群众自愿组织家庭冬学，家庭冬学特点在于家庭即学校，父兄是教员；完全自愿，不用动员学生；自然的与家庭生活、劳动生产相结合；以家庭为基础，推广到邻居乡亲，群众自然接受。如"延安市张泰家庭冬学。他是一个务菜园子的，曾经当过小学教员，去年十月初自动成立冬学，先教自己的两个儿子，一个侄子。后来又找邻居的侄子张之良、外甥史侯恩、史成恩、邻人张友娃、颜巧和自己的雇工，共九人。每天晚上学习，学习的文具灯油，全是张泰供给。在自愿的原则下，谁想学什么就学什么，注意儿童的兴趣，不想学后学累了，就让他们玩玩。单字（看图识字）和课本配合着教，大家成绩很好，张小保才七岁，一冬认会一千多字，并且会写会讲。市政府在冬学总结会上，奖为模范学生"②。

打破冬学集中办学，施行分散与集中结合的学习模式。如"定边梁圈公学教员张万英同志去冬他把全村依照房院远近，分为三处，每处选择一家较大的热炕，作为集中学习的地点。每个据点选举一个当地识字的人作教员，学校又派出小先生来帮助。因此，参加冬学识字的运动，达一百五十多人"③。

对无固定学习地点的人采用捎条子的形式，这是因为冬学中，常有一些肩挑小贩、赶牲口的等，他们更需要识字，但因经常流动，不能安定学习，于是有的冬学就采取了捎条子的办法，如"合水南满村冬学，有个学生苏结仁，常到西华池卖糖，一次往返六、七天，教员教他认会三个曲子，在路上歇脚住店的时候，他就拿出来写，六天回校测验，能默写五十几个单字，第二次教他四个曲子，回来能默写六十九个生字"④。

创造了一揽子冬学的社会教育组织形式。一揽子冬学是综合性的村学组织形式，适用于较大的村庄，对象是男女成青年儿童，各色各行的人无

①　陕西师范大学教育研究所编辑：《陕甘宁边区教育资料·社会教育部分》（下），教育科学出版社 1981 年版，第 241 页。

②　同上。

③　同上书，第 242 页。

④　同上书，第 243 页。

所不包，其形式则以分时教学为主，有整日班、半日班、夜校、识字组、个别教学等。是根据群众自愿自觉逐渐形成的。如米脂模范村官家湾冬学。"学生按生产情况及识字程度，分为大组。全天念的，有十五个娃娃编为一组。稍识字的变工队员一组，晚上学习。不识字的变工队员编为一组，晚饭前学习。八个拦羊娃娃一组，早饭前学习。婆姨女子一组，午前学习。十五个出外揽生意的毡匠变工组，不能上学，采取送字办法，或由他们中识字人自己教。"①

　　1944 年的文教大会确立了群众文教运动施行民办公助的方针。社会教育作为群众文教运动的重要组成部分，这一方针的确立与实施，进一步贯彻和深化了需要与自愿原则。罗迈在大会上的总结指出："群众文教运动的推广和普及需要采取分散形式，主要靠群众自己觉悟和自己动手，主要依靠村民自己主办。由此，提出了民办公助政策。民办公助的目的，就是经过群众自己觉悟与自己动手，也即是毛主席所说需要与自愿这两个原则的具体体现。"②"大量民办需要大量公助，例如干部、课本，部分地区还有经费，没有公助是不行的。"③"领导的作用，又在于能够发挥群众的创造性，照顾民办形式的多样性，既不机械限制他们的手足，又善于选择最可靠、最能持久的形式，加以倡导。"④ 可见，公助的目的在于解决群众开办社会教育的人、财、物的实际困难，并在宏观上保证教育的正确方向。民办的目的在于放手发动群众，充分发挥群众在教育中的主动性与创造性，让他们成为教育的参与者、组织者与决策者。因此，群众自然会依据自身实际情况参加、组织社会教育，这就会让社会教育真正切合群众需要，群众也就会自愿融入教育活动之中。

　　张家畔妇轮冬学就是践行民办公助方针，有效贯彻需要与自愿原则的生动事例体现。张家畔是绥边城所在地，原来区政府制定名单，成立了一个妇女识字组，共 31 人。要求三天或五天集中上课一次，结果大家都不愿意，害怕识字当"公家人"，加上没有教员上课，又处在农忙时期，所

---

① 陕西师范大学教育研究所编辑：《陕甘宁边区教育资料·社会教育部分》（下），教育科学出版社 1981 年版，第 244 页。

② 陕西师范大学教育研究所编辑：《陕甘宁边区教育资料·社会教育部分》（上），教育科学出版社 1981 年版，第 180 页。

③ 同上。

④ 同上。

以开办不久就停顿了。后来，冬学教员柳勉之到来，通过串门拉话的方式了解了妇女不愿上学的原因。了解情况后，柳勉之等开家长会议，宣布原来官办识字组要转民办，实行多种形式教学，不误工、不误活就能识字，群众很高兴，当场自动报名参加轮学的就有几十个妇女。依照大家的意思，按地区、职别划分为六个小组，各组自己选出组长，两天后各组就开始识字了。后来妇女自愿参加学习的达到50人，占全城成、青年妇女98％。在实际教学中运用灵活多样的教学形式，遵循妇女需要，讲授识字、养娃娃、妇女卫生、生产常识、抗日战争情况等内容；采用拆字、小先生制、相互考问、学习竞赛、精神物质奖励等办法，群众学习热情高涨，"如过去认为识字是负担的李风英、马桂英等八个积极分子，自动要求组成一个小组"。在奖励大会上李兰英组向余惠敏组提出挑战条件，明年（1945年）要做到三点：（1）自动到轮校学习；（2）每人每月至少学一百个字；（3）人人纺线，讲卫生。请折老、刘汉英评判。该冬学的工作由群众自己组织的教委会负责，所有事宜在教组联席会上决定，"由此锻炼了他们（她们）的办事能力和兴趣，而他们亲身感受到自己有职有权，责任更大了。直到教员最后离开那里时，他们表示要把妇女识字坚持下去"。教学效果良好，"如李海清一月半识字五百五十个，能写四百四十八个。苗招招过去在完小念过三个月书，这次参加轮学一月零二十天，认字六百多，会写三百八十三个，她们都会写简单的借条、领条和信件等"。"组长中最多识一千字左右，最少的五百，并且都是纺线能手。"①

二　教育内容

（一）社会教育内容的具体规定

1938年6月，边区教育厅印发单行本《社会教育概论》，指出社会教育的主要内容是：（1）文字教育：给文盲和"半文盲"以获取知识的工具，使能运用文字获取知识发表思想意见，这是社会教育的主要工作。（2）政治教育：提高群众政治水平，给群众以民族意识、抗战技能，动员群众参加救国实际行动。（3）娱乐工作：给群众以正当的娱乐，消除疲劳，在娱乐中并施以文字、政治教育。同时要注意群众的适用和兴趣

---

① 陕西师范大学教育研究所编辑：《陕甘宁边区教育资料·社会教育部分》（下），教育科学出版社1981年版，第207—212页。

（如写信、记账、学算……是群众所急需的知识，他们学起来特别快，也特别感兴趣）。[①] 同年，教育厅印发的指导社教工作者开办社会教育的《社会教育工作纲要》指出："社会教育不仅是教育民众识字，而主要的是给民众以民族革命意识、民族自卫战争所必需的理论和技能。"

从中可以看出，在社会教育组织领导者规制的教育内容中，文字教育、抗战教育、政治教育占据绝对主体地位，而群众急需的生产、生活知识虽也提及，但处在从属地位。这些教育精神被基层教育实践者具体落实，在教育内容上呈现出浓厚的政治化、军事化色彩，脱离群众需要。以冬学为例，冬学的课程与科目见表 3—1。依据此冬学课表，民众一周七天均要参加冬学，除去晚自习，每天学习 6 小时，一周 42 小时，其中涉及军事、文字、政治教育内容至少占据 37 小时，占 88% 之多，而事关群众急需的珠算知识为 2 小时，仅占 4%。可见，冬学教学内容的安排在很大程度上忽视了群众的现实需要，这是前期社教工作出现各种问题，群众抵制、逃避社会教育的最为主要的原因。

表 3—1　　　　　　　　　　冬学课程与科目

科目　星期＼时间	上午		下午		
	六至六时半	八至十时半	一至三时	三至四时	
一	军事	国语	政治	唱歌	晚自习
二	军事	国语	政治	抗战常识	
三	军事	国语	政治	珠算	
四	军事	国语	政治	唱歌	
五	军事	国语	政治	珠算	
六	军事	国语	政治	抗战常识	
天	开会（要有时事报告）	野外（演习、其他等）	活动		

资料来源：《陕甘宁边区教育资料·社会教育部分》（下），教育科学出版社 1981 年版，第 121 页。

1938 年印发的《社会教育工作纲要》具体规定教育内容分知识、技能、生活等训练。

---

① 陕西师范大学教育研究所编辑：《陕甘宁边区教育资料·社会教育部分》（上），教育科学出版社 1981 年版，第 28—29 页。

一、知识训练：1. 教失学成人青年识字，使他们能读报、写作……；2. 灌输民族意识、救亡知识；3. 举行时事讨论、救亡、演讲；4. 出版墙报；5. 练习国防歌曲；6. 表演国防戏剧。

二、技能训练：1. 男子参加自卫军训练、军事管理；2. 妇女学会简易的医药看护；3. 灌输军事常识；4. 练习防卫技术：如逃避、防空、防毒等方法；5. 战时工作训练：如构筑战沟、救护慰劳、交通运输、侦探敌情……工作。

三、生活训练：在集团生活中训练民众的行动纪律，使其参加救亡活动，能为大众服务。①

这些教育内容的规定，基本不涉及群众的实际需要，如就卫生知识来看，主要要求妇女学会医药看护，其目的在于为战士和战争服务。事实上，群众卫生知识欠缺，死亡率极高，在这样的条件下，要求群众学习医药看护知识，体现了社会教育强烈的功利性，也是对群众需要的忽视，这样的教育内容是不会得到群众的支持和认可的。

（二）教育内容在相当程度上违背了需要与自愿原则

这些内容的规定，明显遮蔽了群众的生产生活需要，与民众日常生活习惯、思想认识相距甚远，民众怀疑这是变相的练兵和培养"公家人"，对社会教育抵触情绪极大。其实，结合当时边区群众实际情况进行细致的理论分析，社会教育组织领导者制定的文字、军事、政治等教育内容，不能直接解决群众的现实需要，他们是怀疑和拒斥的。

从文字教育来看，一是民众虽饱受不识字之苦，但是，如前所述，识字加重了民众的负担；二是当时边区群众生活极其困苦，衣食尚不得保障，如何维持生存是民众思考的中心问题。要有效生存就要求家庭成员全员分工劳作，在此之下，文字成为民众心目中可望而不可即的装饰品与奢侈品。有学者精辟指出："扫盲是教育者心目中的革命要务而非受教育者心目中的生活要务。"② 三是群众对识字充满恐惧，逃避学习。害怕有了文化成为"公家人"，因为成为"公家人"就意味着可能牺牲生命。四是

①　陕西师范大学教育研究所编辑：《陕甘宁边区教育资料·社会教育部分》（上），教育科学出版社 1981 年版，第 63 页。

②　王建华：《陕甘宁边区的新文字运动——以延安县冬学为中心》，《南京大学学报》2011年第 3 期。

对学习缺乏信心，"很多群众不愿念书，还在于他们认为念冬学书不顶事。一冬三个月，认上三几百字，在间隔半年多的劳动时间内又忘光了，还不如干脆不念"。①

就政治军事教育内容而言，更难得到群众认同。政治军事教育归根结底就是要让民众认同党的政策方针，为党领导的革命事业提供人、财、物的全力支持，这和边区民众的价值观念、思维方式、现实利益是有着直接冲突的。

一是边区民众国家意识、社会责任意识极其淡漠。长期以来，边区民众被局限在封闭的狭小区域，游离于社会政治生活之外，思想狭隘，缺乏国家观念和社会责任意识，眼光聚焦于个人、家庭、家族、乡村构成的狭小生活区域。对此，曾到达边区的记者贝尔登描述道："不识字的、疑虑重重的、对外间世界有些害怕的农民，对思想、对人类、对文明并无兴趣，他关心的只是自己，只是自己那四面泥墙的小天地。"② 这些观念形态根深蒂固，极其难以更改。

二是边区民众对战争具有天然的恐惧与逃避心理。对战争的畏惧与规避是人类的普遍心理态势，这无可厚非。在长期高压与思想控制中，边区民众养成了安于现状、安身存命、逆来顺受的思维惯性。生逢乱世，如何保全性命是大家关注的重点，而接受军事教育，掌握战争技能，就可能参军上前线，意味着可能丧失生命、魂断他乡，这样的命运抉择难以得到民众轻易认可。

三是抗战支援直接损害民众物质利益。民众对战争的支持具体体现在人、财、物上。青年男子参军，不仅可能牺牲，也表明家庭失去一个主要的劳动力，这在生产力低下的当时，间接意味着物质财富受损；支持军队作战，需要民众缴纳税收，提供各种物需，如供给粮食、提供军鞋、制作军服、出工修路、制作担架、送慰劳品等；民众在参与各种支援行动的同时，也自然影响其正常的生产时间与生产收入。

（三）调整教育内容，使之符合需要与自愿原则的历史过程

随着社会教育实践活动的发展，教育内容主次与重点逐渐发生变化，

---

① 陕西师范大学教育研究所编辑：《陕甘宁边区教育资料·社会教育部分》（下），教育科学出版社 1981 年版，第 343 页。

② ［美］杰克·贝尔登：《中国震撼世界》，邱应觉等译，北京出版社 1980 年版，第140 页。

在陕西师范大学教育研究所编辑的《陕甘宁边区教育资料·社会教育部分》（上、下）资料中，1942 年前，边区政府和教育厅发布各种指示信、通令、通知、决定、总结、办法、单行本共计 34 份，在教育内容上突出强调文字、军事、政治教育，对与群众生产生活相关的教育内容基本不涉及，仅在两处有简单论及。一是前述 1938 年 6 月的《社会教育概论》指出同时要注意群众的适用和兴趣（如写信、记账、学算……是群众所急需的知识，他们学起来特别快，也特别感兴趣）。二是单行本《一九四〇年冬学工作终结》总结冬学经验时提道："延安县妇女冬学里给学生们讲'怎样养娃娃，学生们也很乐意听'。由此我们知道，所谓老百姓不需要知识，乃是不需要与他们生活无关系的知识。"①

1942 年以后，在边区教育厅关于教育内容的指示中，与群众生产生活密切相关的教育内容得到了逐渐重视，军事、政治教育逐渐淡化，仍然强调文字教育，但文字教育和生产生活教育逐渐走向平行并重的态势。1942 年，在《根据去年经验教育厅发出冬学指示》中规定："兹根据实际需要，规定冬学课程为：新文字（或汉字）、卫生常识、珠算、时事、唱歌，其中心以文字（或汉字）为主，至少要占全课程的五分之二……教卫生常识和珠算各占全课程的五分之一。"②

1942 年的《今年的冬学》总结中指出："在教育厅的指示里，强调的提出要以识字课为主，此外再教些与人民生活密切相关的卫生课和珠算……同时要在教课中间联系到边区的一些实际问题（征粮、乡选、发展生产等），使学生认到的字和听到的真理，真正与他们的公私生活息息相关。"③

1942 年冬边区政府指出社会教育存在问题，"有些识字组或民教馆，在边区发展农业生产的运动中，未能和人民实际生活结合起来"。明确要求："社会教育要和各县其他工作任务紧密配合，像生产运动、防奸自卫、拥政、爱民运动、减租减息等。在这些工作中，有计划的组织社教活动，对群众进行教育。"④

---

① 陕西师范大学教育研究所编辑：《陕甘宁边区教育资料·社会教育部分》（下），教育科学出版社 1981 年版，第 159 页。

② 同上书，第 176 页。

③ 同上书，第 183 页。

④ 陕西师范大学教育研究所编辑：《陕甘宁边区教育资料·社会教育部分》（上），教育科学出版社 1981 年版，第 145 页。

　　到了 1944 年，关于群众生产生活实际需要的知识被不断强调，并逐渐成为社会教育的中心内容。1944 年 4 月 7 日，《解放日报》发表社论，强调教育必须要尊重教育对象的需要，"目前根据地的普通教育，就应该按照现在的群众教育和干部教育的这种需要，而进行全部的重新调整。既然根据地群众的生活基础是家庭和农村，我们的群众教育，无论是对儿童，对成人，对妇女，就应该时时刻刻照顾到家庭和农村，家庭生活和农村生活中实际所需要的知识，就应该成为教育的主要内容或全部内容……"①

　　1944 年 5 月 5 日，《解放日报》再次发表社论强调："边区青年工作的中心任务，基本上是一个教育问题。我们要在帮助而不是妨害生产运动与建设的前提下，解决边区青年的教育问题……小学、夜校、冬学、半日校、识字组、读报组等各种教育组织形式，也即是边区青年的基本组织形式……我们的教育绝不是孤立的，而是必须和边区的生产紧紧联系在一起。青年学习的地方也不仅是学校，而且还有比学校更重要的实际生产岗位。假使一个青年直接参加了生产而没有进学校，这虽是一个缺憾，但还容易补救，因为他仍可以在实际的生产工作中学习到生产的知识。反之，假使一个青年上过了学校而始终没有参加生产，那倒成了不可容忍的严重问题，因为他在学校所念的一点书本知识，纵然念的不差，但既和实际生产不发生关系，那也就只能成为一堆无用的废物了。所以我们边区的国民教育应该是服务并服从于生产的。我们除了普通小学外，还要特别重视冬学、夜校、识字组等教育形式，也正是为了要使教育不耽误生产。边区的青年应该到学校中去，但是更应该到实际的生产中去！（过去某些地方强迫动员青年劳动力到学校去，正是忽视了这一点）这样是不是降低了教育的地位呢？不是的，教育不脱离生产，相反正是使教育能够在实际上发挥更大的作用。"②

　　1944 年 5 月 27 日，《解放日报》发表社论指出："无论干部教育和群众教育，战争与生产所直接需要的知识与技能的教育应该重于其他的所谓一般文化教育。本来一切的文化知识都是引用的。所谓纯粹与应用科学之分，艺术文与应用文之分，都是勉强的说法，但其因阶级而异取舍，因时

<hr>

① 社论：《教育要尊重对象的需要》，《解放日报》1944 年 4 月 7 日第 1 版。
② 社论：《边区青年运动的一个基本问题》，《解放日报》1944 年 5 月 5 日第 1 版。

事而异缓急，应用起来或较直接，或较间接，则是不可争的事实。根据地的教育是为人民的，为人民的战争与生产的，所以战争与生产所直接需要的知识与技能，不但在政治课和政治学校中，而且在文化课和文化学校中，都应该首先被着重。我们是提倡文化教育的，对于工农干部尤其着重提倡，但完全无关或很少有关于人民的战争生产需要的所谓文化教育的，则不是我们所提倡的，在过去的实践中也已被证明为无效和不受欢迎的。"对于课程的设置，要求根据对象不同灵活进行增减，认为刻板的科目表是无益的，"在群众学校中，一般地除识字、算术外，只要必要和可能，也应该教些关于战争和生产的技术课。在特殊情形下，也可以设立专门的训练班或学校，譬如民兵自卫军的训练班，妇女的纺织缝纫学校等等"。①

在1944年8月22日的《陕甘宁边区政府指示信》中指出，对于社会教育的教学内容，要求根据群众需要进行教授，"除主要教识字外，还应传授群众所迫切需要的卫生常识，如群众要学珠算，亦须交给他们……有成绩的民办小学、识字组和夜校的经验证明：只要从群众当前需要学的知识出发，识字的进度就快，学习的兴趣就高，群众的创造性就能发挥"②。

1944年11月23日，在冬学开办前，边区要求今年办冬学"坚决贯彻'民办公助'的方针，必须经过群众，把群众自觉自愿的积极性发动起来，才能把冬学办得好"。"冬学运动首先要和群众的冬季生产相结合，今天边区经济发展了，人民需要文化是事实，然而发展文化必须和发展生产相辅前进……如果我们办冬学忘记了群众冬季生产的问题，哪怕就是把其他问题都解决了，而这个冬学还是办不好，原因是发展生产比学习文化更重要。我们不能以为'现在是办冬学时期，生产可以暂时休息一下'。群众不乐意，反说群众落后，这样下去，就会造成'脱离群众'或吃力不讨好的情景。"③

1945年1月10日，《解放日报》刊登边区文教大会决议——《关于培养知识分子与普及群众教育的决议》，要求"群众教育应从边区群众的实际需要出发。在目前边区情况下，群众教育的中心任务就是扫除广大成

---

① 《论普通教育中的学制与课程》，《解放日报》1944年5月27日第1版。

② 陕西师范大学教育研究所编辑：《陕甘宁边区教育资料·社会教育部分》（下），教育科学出版社1981年版，第196页。

③ 同上书，第205—206页。

年人与失学儿童的文盲，提高其文化与政治觉悟。群众目前迫切需要的是起码的读写算能力；而成为群众生活中最大问题的生产与卫生两项只是则应构成读写算的主要内容。群众教育的形式，也要适合于边区环境。……不求整齐划一，以不误生产为原则"①。

1945 年边区政府发出《关于今年冬学的指示》，对 1944 年冬学经验总结道："在教学内容上，虽主要是识字，但不拘于识字……而是从具体群众的具体需要出发，群众要学那类字就从那类字，要学啥就教啥。例如某地村主任要学数字和计算法，就从算数教起，某地妇女要学认票票，就从认票票教起；犹如妇女有病娃娃养不活，心闷识不下字，一经发觉后，就改教妇婴卫生，附带识字……所有这些方式和方法，都是发扬了实事求是的老实作风，实践了需要与自愿的群众路线，足为今后冬学的楷模。"②

从上述内容可以看出，在社会教育内容上，社会教育的组织领导者依据现实情况，不断调整教育内容，逐渐地走出了一条践行群众需要与自愿原则的道路。识字是贯彻始终的主体内容，前期强调军事和政治内容，社会教育带有浓厚的军事和政治色彩，引起了群众的猜疑、不满与逃避，是引发各种问题、削弱教育成效的重要原因。教育组织领导者深刻切实认识到这一问题症结，后来逐渐淡化这些教育内容。与此同时，与群众生产生活密切相关的教育内容在前期被有意无意地忽视、遮蔽，但逐渐得到重视，并在教育实践中渐渐壮大，占据愈来愈主体的地位。群众通过参加社会教育的学习，获取到自己迫切需要的知识，提高了生产能力，改善了生活，让他们切身认识到社会教育的开展对自己是有巨大好处的，对社会教育产生深深的心理认同，不再把社会教育当成公家的事情，前期的猜疑、逃避和抵制烟消云散，取而代之的是积极主动参加学习，学习成为自己的、自愿的事情。从而使需要与自愿原则得以成为社会教育取得实实在在的良好效果的重要基石与保障。

（四）教育内容符合需要与自愿原则的实践和效果

1. 识字教育要满足群众需要，契合群众兴趣

初期的社会教育中，以正规的学校教育为蓝本，依据教材进行识字教

---

① 《关于培养知识分子与普及群众教育的决议》，《解放日报》1945 年 1 月 10 日第 1 版。

② 陕西师范大学教育研究所编辑：《陕甘宁边区教育资料·社会教育部分》（下），教育科学出版社 1981 年版，第 329 页。

育，学员学习和接触到的汉字与其实际生活出现脱节。后来逐渐改变这一情况，听取学员的意见，教授群众自己想要学习的汉字，满足他们的实际需要，激发了其学习兴趣。

在赤水丰泉村夜校，"在开课前征求大家教什么的意见，一个农民杨金名说：'咱自小家贫，没念过书，现在藉这机会请先生教些'镢、锄、铣'这些常用工具的字，再给教票子上的字，叫我们认得票子。'夜校采纳了这些要求，订出教大家的课程，因而大家学习情绪很高"①。

周湾妇女常英梅不能离家学习，教员采用送字片的方法教学，开始送去"针"、"线"等字，结果她不喜欢，后来她提了意见说："我不会认票票，你教我认票票吧！"这以后便教了她认票票，在纸片上送"百、圆、壹、贰"等字，不到一月她就会认票票了，得意地说："过去我对花票票一满不认得，现在能认了，这不是笑话（奇怪又自谦之意）吗？我要不是有娃娃累着，我定要好好的念书。"②

王家桥识字组的"教材内容，是用什么就教什么，做什么就学什么。如儿童识字组，多为拦羊娃，先教会他自己的名字、父、母、第、兄等字后，即教山、水、牛、羊等字。妇女识字组，除第一阶段与儿童识字组相同外，以后即教纺织上用的字，如纺车、棉花等字。变工队识字组，首先教认与他们日常生活相接近的人名、地，再教农业上用的字，如锄、镰、斧等字"③。

白原村夜校"课程有识字、珠算、常识、政府工作和读报，教的东西是按照群众每天做啥活就教啥。像识字，在春耕时就教'生产'、'开荒'、'运粪'等类字。有时配合政府法令，教识字，如政府不准粮出境、包藏坏人，就教'盘查放哨挡粮食'、'清查户口捉坏人'。在村中开展卫生清洁运动时，就教'刷洗窑洞开烟筒'、'牛人分开住'等字"④。

在社会教育中，教授的字以群众实际需要为导向，同时，还依据群众

① 陕西师范大学教育研究所编辑：《陕甘宁边区教育资料·社会教育部分》（上），教育科学出版社 1981 年版，第 192 页。

② 陕西师范大学教育研究所编辑：《陕甘宁边区教育资料·社会教育部分》（下），教育科学出版社 1981 年版，第 247—248 页。

③ 陕西师范大学教育研究所编辑：《陕甘宁边区教育资料·社会教育部分》（上），教育科学出版社 1981 年版，第 241 页。

④ 同上书，第 189 页。

兴趣所在，充分使用各种载体激发群众的识字兴趣，推动群众学习。在淳耀难民乡，群众中流传着这样一首古诗：人生在世间，一心务农田。只存万石粮，合家保平安。它深受群众喜欢，甚至连老婆婆都觉得它特别好。教员了解这一情况后，认为这首诗暗合了难民的心理，就以这首诗为教材教大家识字，在教的时候又用了分合教字法，激起了群众的学习热情，取得了很好的效果。①

在洋芋渠妇女冬学，"钟桂英是个心灵的女人，个性很强，常常有病，不能经常学习，又怕不如人家，老是说：'我知道识下字好，我有病识不了。'当她这样说的时候教员总是告诉她：'身体要紧，少学一点没有关系，病好了慢慢学！'同时教员每天给别人教字路过门口时，总要进去慰问她一顿，和她很亲热的拉东拉西，这样可以宽宽她的心，但开始她还怀疑教员是来检查她是否装病，有时竟引起她不高兴，后来教员劝她去医院看病，并且陪她一道儿去，这时她才感到教员是在真诚的关怀她，于是才感动了她，只要病稍轻些就拿书自动要教员给她教。有一次教员去她家，刚进院子，听见她在小声唱着歌，教员就随着她的歌声，轻轻的走到她的面前，她高兴地笑起来了。从此教员才知道她是很喜欢唱歌子，待她高兴的时候，再把唱着的歌抄下来，教她慢慢认，每次结束时，她总是说：'病了写不下来。'这时教员也不硬要她写，只把旁人写得很好的字，拿给她看，到第二天再去的时候，她笑盈盈的拿出昨晚写的几页字给教员看，而且要教员给她多教，此后她就自动的学习了"②。

事实上，当群众在现实生活中产生了识字的需要时，他们会主动自愿学习。在关中岭底村，由于该村紧邻交通大道，全村29户人家就有11家开店。"历年来全村人是饱尝了不识字的苦处，开了店不会记账，人给了店钱，不会识票子，过路的军队借了粮草不会开条子，上边来了公事要拿到几里路外请人看。"这些苦处激发了大家识字愿望。他们自己开办学校，自己聘请教员，全村人（除去27个因太老、太小或傻子、哑巴不能学习外）都上学识字，每人都制订了识字计划。"娃娃全日上课，大人上夜校，妇女上午学，离街二、三里不能上夜校、午学的，采取小先生制，

① 陕西师范大学教育研究所编辑：《陕甘宁边区教育资料·社会教育部分》（下），教育科学出版社1981年版，第248页。

② 同上书，第228—229页。

或由管理员五天教一次。"他们识字，唱歌，学习热情很高。学习最好的是苏三保夫妇，他们每人每天能识五六个字，会认会写，检查时"苏三保女人学了二十天，已能默写出四十八个字。全村男女老少都学会了'争取模范'歌、'五更鸟'、'十二月忙'等。庄稼成熟时深山里野猪吃庄稼很凶，他们就进行讨论并向教员建议：'咱们早些吃晚饭，夜校上完一根香，到点灯时候，大家就到地里去看猪。'"因为合作生产、学习，大家关系更加融洽了，纠纷也自然大大减少。后来将学校从一破房搬到一个大窑洞里，"当天晚上开了娱乐晚会，拉胡琴，唱秦腔、吆号子，唱小调；有的妇女合着唱，有的妇女在窑外小声合着唱。而且当场决定成立俱乐部，每个星期天的晚上娱乐一次"，经费通过"上布施"（自愿集资）、集体"砍缘子"入股合作社，"开学田"，完全解决了办学经费。①

2. 通过解决群众生产生活实际需要推动识字教育，实现识字教育与生产生活教育相互促进、共同发展

曲子县周湾的村主任杨百杰"不愿意学'杂字'，要求学他在工作中最迫切需要的东西：记账、打算盘和写便条，于是教员便根据他的要求，初时先从一、二、三、四等数字教起，接着教大写的数字和笔算码字，然后再教他记账、打便条。在记账过程中，新的问题又提出来了，他说：'花名册还不会写呢！'教员遂又以行政村的花名册为教材，同时教了村名、区乡名、县名。因为满足了他的要求，他毫不厌倦的学习，白天没空，晚上学到深更半夜，还教了他婆姨，自己满高兴，别人见了他也羡慕地说：'杨百杰过去连自己的名字都认不得，子安在会写自己的名字了，还会写咱全村的花名册呢。'他笑迷的越发高兴了"②。

赤水周家山冬学教员黄森总结经验谈道："张福，是个文盲，我的意见是要他以识字为主，但在他的意识中，却认为学算盘比学字用处更大。开始我没有了解群众这点，主观地强要他识字，结果弄得他情绪不高。后来根据他的要求，教他学算盘，他的热情马上沸腾起来，表现了惊人的用功，在二十天内将全部珠算的加减乘除学会，同时还学会了笔算的'＋－×÷'以及简单的小数，附带还认会了二百个字。他原来连算盘和

① 陕西师范大学教育研究所编辑：《陕甘宁边区教育资料·社会教育部分》（上），教育科学出版社1981年版，第157—161页。

② 同上书，第247页。

阿拉伯字母最基本的常识都没有，能在这短短的二十天中，学会了这样多的东西，的确是惊人的成绩。"①

延川城内的冬夜校，"最初是读报，附带教字。后来有些青年人喜欢娱乐，就教唱歌，唱戏；有些人又愿意学算盘，就教他们打算盘。因此，来者不拘，把各种要求不同的群众组织起来，利用晚上，一面满足他们的兴趣，一面进行教字，夜校就成了群众文化活动的中心了"②。

淳耀一区二乡松山底村夜校的办学特点在于依据学生实际情况分组教学。他们把"本村七个成年人、四个放羊娃娃吸收到夜校来识字、读报、打算盘，教员按他们不同的程度分为三组，第一组是两个已能识几百字的人组成珠算组，每晚专教打算盘，他们识字，是由教员指定看报，先把生字记下来，到晚上再教；第二组是另外五个人组成珠算识字组，每周除教二节珠算外，其余大部分时间是教字；第三组是四个放羊娃组成，因他们是小娃，性情爱动，同时珠算还不及成年人那样需要，所以教员就决定前期主要教识字，狗娃每天上午放牛回来，随即把牛拴好，就拿着习字本跑到黑板面前去写，在一周中，他写会了自己的名字，大、小、一、二、三、四、'放牛娃'、'背柴'等生字"③。

麒县太乐一乡，通过读报给群众介绍治牛瘟、牲口肚胀、驴驹拉稀、治羊病等的方法，"读后西里村任有时的牛、任具全的羊，照着办法治好了，不几天老百姓照样医好了七、八条牛。大家一宣传，来要求听报的挤满了一间大屋子，群众要求把那张报存起来"。在读报过程中群众自愿组成识字组。④

王家桥村识字组"是从群众的需要和自觉的要求而成立的"。如变工队识字组在生产闲暇时通过读报介绍"生产常识，如除害、造肥等，大部分不识字的队员，感到听报不如看报，因而推动了识字的要求"。通过

---

① 陕西师范大学教育研究所编辑：《陕甘宁边区教育资料·社会教育部分》（下），教育科学出版社1981年版，第248页。

② 同上书，第244页。

③ 同上书，第192页。

④ 陕西师范大学教育研究所编辑：《陕甘宁边区教育资料·社会教育部分》（上），教育科学出版社1981年版，第217页。

两个月学习，识字"多者二百余字，少者三十字"。①

　　土佛寺妇女冬学女教员李素本通过调查，发现妇女最迫切的需要是学习纺织。"村长的婆姨说：'而今，惟穿的困难，布贵，自己又不会纺织。'劳动英雄的女儿也说：'我大做了一架纺车，谁也纺不了，纺车还闲放着哩！'有的婆姨们又说：'想学纺线，就是怕学不会'……同时，在跟婆姨们接触中，她又窥见他们的娃娃一个个在冷冬寒天里，还穿着破旧的单裤。"教员认识到必须首先解决她们纺线的难题，方能顺利地开展识字工作。她确定了自己的教学方针："纺线识字一揽子，不分早晚，不分大小，愿意学什么就教什么，随来随教，送上门去教学。"于是她开始教妇女纺线，开始妇女害羞，信心不足，怕自己愚笨学不好，教员对她们说："我不会切面，你们教我切面，我给你们教纺线，看谁先学会。"打消了她们的顾虑，妇女们开始积极学习纺线，在纺线过程中识字，不误他们的家事，大家都是自愿的，所以进步很快。效果很好，学生从两个增加到 21 个，有 23 个婆姨学会了纺线线，识字最多达到三百多字，最少的也识了五十多字。②

　　1944 年，在周家圪捞开办冬学之初，前来参加冬学的人极少，主要原因在于生活困难担心冬学影响生产，通过村民会讨论确定方针：冬学要和冬季生产结合，要和训练自卫军等工作结合。在办冬学时，将生产组织和学习组织统一，生产组长就是学习组长，分为运输组、熬硝组、推粉组、卖茶饭组、杂务组、揽羊娃组、拾粪组、领字组、妇女识字组。各组依据实际情况开展学习，做到生产学习两不误。"学习内容以冬学课本为主，珠算、卫生、读报、秧歌为辅。另按各组需要，学写运输账、熬硝账、开条据等。"学习效果良好，在子洲县冬学检查中，"该地冬学创办早，而学习成绩为最好"。其总结的经验为：（1）"发展文化必须和发展生产相辅前进……如果我们办冬学忘记了群众冬季生产的问题，哪怕就是把其他问题都解决了，而这个冬学还是办不好，原因是发展生产比学习文化更为重要。我们不能一味'现在是办冬学时期，生产可以暂时休息一下'。群众不乐意，反说群众落后，这样下去，就会造成'脱离群众'或吃力不讨好的情景。"（2）冬学"必须学与用一致。群众做什么，我们就教什么，这不仅使群众有兴趣，容易学，并能够学一下就会用，长期不会忘，同时还能够打下向前发展的基础，提高学习情绪，巩固学习信心"。（3）"冬学运动，要和冬季训练及闹秧歌、医药、卫生、组织妇织、植树等取得有机联系，这样使得冬学会更有内容，人民可在冬学内学到更多、更有用的实际知识，并用以进行边区各种长期建设。"①

3. 对于政治军事教育内容，由前期课程教育、强硬灌输转变为通过黑板报、报纸、秧歌等方式进行隐形教育，逐渐得到群众认可与接受

黑板报成为瓦市的文化中心，坚持发动群众办报、群众写稿发表在黑板报上，内容替群众说话反映民众心声，如卖小杂饭的强老汉写了"见钱不爱的八路军"，表扬八路军拾金不昧，归还失主，不要酬谢；扬善惩恶，表扬先进分子，如"阎桂芳本事大"，表扬他热爱劳动，与之对应的是公审烟犯畅二珠的新闻。配合宣扬政府法令，如"禁止卖煎饼"、"禁止拔黑豆苗"等。该黑板报特点在于：一是内容多样，包括了时事、妇织、卫生、表扬、批评、政令等方方面面；二是文字口语化，群众爱看；三是真实反映了瓦市群众的生活，群众感到亲切，教育作用大；四是报道及时，简短明确；五是形式活泼多样，插入地图、画像等，容易吸引群众。②

延安市桥镇乡的黑板报发展到第二阶段就由群众自己写稿、编辑、上报，其"语言都是用群众的话、群众的口吻，自然显得生动活泼，容易为群众接受"。黑板报不仅反映了群众现实生活方方面面，还充分起到了推动党和政府工作的重要作用。"街上一个妇女写了一篇表扬杨老婆生产积极的稿子：杨老婆今年五十岁了，在半年中间纺了二十四斤线子，还协同儿子做了好几石豆子的豆腐。经过乡干部的考察，杨老婆的确是一个很好的劳动妇女。她的事迹在黑板报上表扬了，对乡上的生产工作起到了推动作用。""还有一篇居民自动慰劳军队病号的稿子：'下雨天从刘万家沟抬来一个病号，政府人不在，居民就自动拿饼子、蒸馍、面条给病号吃，雨停后自动抬送他到区政府去。'这篇稿子登了黑板报后，成了乡上拥军

① 陕西师范大学教育研究所编辑：《陕甘宁边区教育资料·社会教育部分》（下），教育科学出版社1981年版，第312—316页。

② 陕西师范大学教育研究所编辑：《陕甘宁边区教育资料·社会教育部分》（上），教育科学出版社1981年版，第289—293页。

工作的模范。""由于黑板报成了群众的黑板报，它对乡上工作的推动是很大的。'十一运动'按户定计划时，黑板报上首先发表了一个农户的计划，群众中马上传开了。刘家沟的人看了黑板报后跑到乡政府来问：'前边定计划定得热火朝天，为什么不给我们定计划呢？'"①

在延安市，延安民教馆成立"时事小组"之初，要求商人参加，遭到了商人的强烈反对甚至直接拒绝。商人认为要他们订阅报纸是一种变相的苛捐杂税，要他们看报纸讨论时事是剥削其劳动时间，少做生意，以让公家商店好赚钱。社教工作者同他们多次谈话均无功而返。后来，一位同志在商会俱乐部讲话中没有讲什么大的道理，只是说："听说两个商家，高价买进的货物，又低价卖出去，亏了几千元的本，这是多么不幸的啊！为什么会有这样的不幸呢？我以为是不知道时事的原故。倘若常常看报、讨论时事，我们就可以知道许多事情。譬如敌人在山西进行大扫荡，我们就看得出某些货物要涨价；封锁一时放松，交通路线比较通畅，我们就看得出某些货物要跌价。我们若是自己把自己紧闭在闷葫芦里，不抬起头来望一望天色……哪怕你天天打几百次算盘，生意还是做不好……"这次讲话对商人触动很大，起到很好的社会教育效果，"曾经骂过要他订报的同志的掌柜们，带着羞愧的神色，常常来和民教馆的同志拉闲话、谈选举或者大论太平洋战争问题。甚至有些从来就不愿订报的商家，此后也纷纷的要求订报了"②。

1940 年，毕凯在《新延安的民众教育》中描述道：延安街头壁报到处都是：定期出版的壁报有民教馆编的"大众周刊"和"大众新闻"，抗敌后援会编的"新延安"，文协编的"街头文艺"，民众夜校学生编的"少年先锋"，鲁艺美术系的"木刻墙报"以及各种不定期的壁报。"这些壁报上有：时论、诗歌、小调、鼓词、报告、小说、漫画、木刻等等，也有翻译的文章和专门的论著，用尽一切形式阐发了抗战建国的大道理，讨论了各种有关抗战建国的问题，有时也开展了街头上的政治论争。报牌下一丛丛的人群在关怀着时局，在谈论这抗战问题。"③

在《陕甘宁边区社会教育》中介绍道：1943 年，延安的文化团体，

---

① 葛洛：《延安桥镇乡的黑板报》，《解放日报》1944 年 11 月 14 日第 2 版。

② 陕西师范大学教育研究所编辑：《陕甘宁边区教育资料·社会教育部分》（上），教育科学出版社 1981 年版，第 133—134 页。

③ 同上书，第 114 页。

如延大、鲁艺工作团、留政工作团、民众剧团、文工团、评剧院等，对旧有的秧歌进行改造，注入与群众生活密切相关的内容，在冬季社会教育这一重要时期，深入各地进行秧歌表演，利用秧歌这一载体潜移默化地进行社会教育。在各地的英雄劳动大会、自卫军检阅、生产总结、减租减息等群众大会举行时，这些文工团配合各个运动，演出与运动内容相关的新秧歌，深受民众喜爱。到春节拥军、拥政、爱民运动时，各地歌剧均以空前规模活跃在边区城市、集镇以至偏僻的农村。"日塬村一个二流子转变得不算很好。只计划开八亩地，军团把他的事编在剧里，但把他写得比较好些，他看了后，回去就把生产计划改为二十八亩，说：'不再多开荒，不但对不起政府，也对不起剧团。'"陇东地区的"高迎区的'黑牛开荒'，庆阳市的'劳军'、'耕田'，三十里铺的'夫妻开荒'，'搞地'，以及他们自己所经历与熟悉的事情，用自己所喜悦的艺术表演出来，因而每次演出，群众即蜂拥而至，争先观看，到处称赞。"绥德分区的民众剧团（后扩大成为文工团），除进行秧歌、秦腔表演外，还在工作中征询群众意见，推销通俗书籍，进行家庭访问，解释政府法令，并帮助群众排演秧歌、教唱歌、写标语、讲解画报、读报等，深受群众欢迎。在张家疙捞演出"拥军曲"反映敌人残暴及八路军如何英勇抗敌时，群众感动得流泪。①

　　边区人民用新秧歌歌颂了自己的政府、军队，歌唱了自己的生活，同时也教育和改造了自己。米脂印斗三乡自卫军高玉声所编的秧歌就是良好的印证："（1）一盆莲花院里开，我请自卫军听话来，自卫军配合了八路军，军民联合打日本。（2）一棵白菜三条根，自卫军看见八路军，我问同志那里去？打倒日本享太平。（3）腊月里来又初五，八路军把守了东河口。自卫军就是好帮手，盘查放哨又实受。（4）自卫军真正好，扛起红缨枪耍大刀，这是共产党领导好，这是咱毛主席计划高。（5）众位同志听分明，只要咱们一条心，实行减租又生产，盘查放哨多操心，每年的生产更要好，丰衣足食迎新春。"②

　　在抗战时期，边区社会教育在不断探索建立符合群众实际的教育组织

---

　　① 陕西师范大学教育研究所编辑：《陕甘宁边区教育资料·社会教育部分》（上），教育科学出版社1981年版，第145—146页。

　　② 同上书，第145—147页。

形式和满足群众需要的教育内容的同时，社教工作者不断修改教材，使之适合成年、青年特点与需要；不断总结和使用适合群众实际的教学方法；采取各种措施提高教员的教学水平，优化学员的学习条件。这些要素有效形成合力，建构了符合需要与自愿原则的立体教育体系，让社会教育最大限度满足群众的各种具体需要，激发群众学习兴趣，变被动接受教育为自愿主动学习，并在学习中获得了直观可见、可感的好处与利益，最终有效达成了教育目标，使社会教育取得实实在在的效果。

第三节　需要与自愿原则的理论阐释

"需要与自愿"原则的贯彻与落实是社会教育取得成功的关键原因。结合社会教育实施情况可以看出，这一原则的二元内容中，需要是前提，满足和契合教育对象实际需要，方能生成群众自愿接受教育、主动参与教育活动的心理与行为态势；违背需要与自愿原则，教育对象就会用各种方式规避乃至反抗，教育者也可能用极端方式强制开展教育活动，教育双方走上对立面。

边区社会教育的生动实践是践行需要与自愿原则的范例，但是，仅从事实上认知这原则是不够的，还必须从理论上深入分析这一原则蕴含的科学原理。唯其如此，方能理解社会教育坚持这一原则取得成效的必然性，也能为我们在群众思想政治教育中运用、坚持这一原则提供理论指导。

一　需要与自愿原则：心理学规律的直接表现

心理学认为：需要"是有机体内部的某种缺乏或不平衡状态，它表现出有机体的生存和发展对于客观条件的依赖性，是有机体活动的积极性源泉"①。需要"是有机体内部的一种不平衡状态，它表现在有机体对内部环境或外部生活条件的一种稳定的要求，并成为有机体活动的源泉"②。

心理学对需要的认知有着丰富的内容。主要包括：第一，需要具有必然性、稳定性和确定性。人在特定阶段，总是具有某种特定需要，没有对象的需要，不指向任何事物的需要是不存在的。第二，需要是人从事各种

---

① 黄希庭：《心理学导论》，人民出版社1997年版，第180页。
② 彭聃龄：《普通心理学》，北京师范大学出版社2001年版，第321页。

外在活动的动力与源泉。"需要是有机体活动的积极性源泉，是人进行活动的基本动力……需要激发人去行动，使人朝着一定方向，追求一定对象，以求得自身满足。需要越强烈、越迫切，由它所引起的活动动机就越强烈。"① 第三，人的需要也是在活动中不断产生和发展的。"当人通过活动使原有的需要得到满足时，人和周围现实的关系就发生了变化，又会产生新的需要。这样，需要推动着人去从事某种活动，在活动中需要不断地得到满足又不断地产生新的需要，从而使人的活动不断向前发展。"② 第四，需要是个性积极性的源泉，它常以意向、愿望、动机、抱负、兴趣、信念、价值观等形式表现出来。

依据心理学对需要的阐释，可以看出，作为教育者，必须以受教育者的需要作为教育的前提和基础，如果教育对象的特定现实需要得不到满足，受教育者就失去参与教育活动的兴趣、动力，不会生成自愿、主动、积极的学习心理态势和外在行为，即使在外在压力下被迫参与，学习活动也缺乏持久性，学习效果也必然不尽如人意，教育活动往往就会沦为教育者单向度的美好愿景。

同时，还必须认识到人的需要是分层次的。马斯洛（Maslow）在其需要理论中，将人的需要由低到高分为生理需要、安全需要、归属和爱的需要、自尊需要、自我实现的需要。他认为需要的层次越低，力量越强，强调需要是由低级向高级发展，低级需要没有得到满足，就不会产生较高一级的需要。这种强调缺乏普适性，受到心理学学者的诟病，就连马斯洛自己也承认"我们并不充分了解殉道者、英雄、爱国者、无私的人的动机"③。但是，对群众整体教育而言，这一理论仍具有科学的指导意义。它让我们充分认识到，群众的需要是分层级的，必须满足群众在特定阶段的现实迫切需要，不能强制超越群众实际需要的层级。在前期社会教育中，教育者从革命事业对群众的要求出发，在教育中强调识字教育、民族意识、政治觉悟等，而忽视群众温饱尚未解决，其强烈的需求是解决生产生活中遇到的诸多困难。因此，这样的教育对群众而言是过高了，脱离了群众实际，自然就会遭到群众抵制。其后，社会教育以解决群众生产生活

① 黄希庭：《心理学导论》，人民出版社1997年版，第181页。

② 同上。

③ 马斯洛：《动机与人格》，许金声等译，华夏出版社1987年版，第347页。

需要为切入点，受到了群众欢迎，群众自愿参加学习，推动识字工作。群众具有一定文化基础，现实困难得到较好的解决之后，军事、政治教育目标也就水到渠成地实现了。从中我们可以看出，当时边区群众的需要呈现出生产生活需要、文化需要、政治军事需要的层级关系。而社会教育在组织形式、教育内容的改变与发展，正是践行、论证马斯洛需要层次理论的具体体现，也可靠地证明了需要与自愿原则在社会教育中的重要作用与意义。

二　需要与自愿原则：教育学原理的具体运用

传统教育理论、人们的习惯观念认为，教育者是教育活动的主体，而受教育者只是接受教育、被教育者塑造的对象，是教育活动的客体。社会教育的前期实践活动就是这一理论和观念的实际体现，社教工作者确定一切，群众被动参与。

现代教育学理论认为：教育者与受教育者是教育活动的复合主体，二者相互影响，共时交织、前后相干。必须注重受教育者在教育中的主体地位，因为"学的活动只能由受教育者来完成。教育者教得再好，也不能代替受教育者的学习活动。受教育者在学习中并不是消极、被动的，任教育者摆布的。受教育者是有自己的意志、情感、需要的人，是具有认识能力、富有能动精神的人。随着受教育者发展水平的提高，他的能动性不仅越来越多地体现在接受教的学习活动中，而且体现在自我教育中，体现在对教的活动的积极参与中"[1]。教育目的指向的对象是受教育者，无论对教育活动最终的结果作何种的规定或预期，这种规定或预期总是要落实到受教育者身上。离开了受教育者，教育目的本身就失去了赖以存在的物质载体，其实现也将成为一纸空文。教育内容和目的的确立，必然受制于教育者自身存在状态与身心发展规律的制约，受教育者是教育活动的主体，"这决定了受教育者接受教育的过程绝不是一种被动的完全由外部各种条件塑造与规定的过程，教育目的必须经过他自身的认同与理解才能真正地实现"[2]。

在教育活动中，受教育者主体地位的重要体现就在于对其需要的满足，激发其学习的兴趣，自愿主动参加学习。教育学认为：主体性原则是教育最为重要的原则之一，贯彻主体性原则必须激发和培养学生的学习动

① 叶澜：《教育概论》，人民出版社1999年版，第14页。

② 朱德全等：《教育学概论》，西南师范大学出版社2003年版，第130页。

机，调动学生学习的主动性和积极性。"学习动机是学生内在的学习需求。学生学习的主动性和积极性是学习动机在态度上的外在表现。学生接受教育如没有内在动力，则很难持久。"①"教育的过程如果不与学生的主观能动因素发生联系，过程就无从实现。""教师的教育活动，许多是根据教育对象的新情况作出的动态调节。这种调节的方向、幅度、内容是建立在对学生十分的了解的基础上的。"②

可见，需要与自愿原则在本质上体现了对受教育者主体地位的认同与落实。通过对受教育者需要的满足，激发其学习的主动性与积极性，自愿参加到学习活动中，从而在教育者和受教育者之间形成良性互动的关系，保障教育活动的有效进行，并通过受教育者体现出教育的成效。

三　需要与自愿原则：思想政治教育学原理的生动体现

抗战时期边区社会教育作为一场群众思想政治教育活动，对需要与自愿原则的贯彻落实也是现代思想政治教育学原理的直观体现与运用。

现代思想政治教育学认为：在思想政治教育活动中，基本关系的表现首先是受教育者的实际以及所处社会环境的实际，这是教育者进行教育的出发点和基础，也是受教育者思想品德形成、发展的基础。其次，教育者与受教育者共同进行的教育活动，要按照一定的教育目标、教育原则，选择相应的教育内容和方法，提高思想品德水平并付诸实践，这是思想政治教育的落脚点。③作为思想政治教育的出发点和基础，受教育者的实际以及所处社会环境的实际必须要被教育者准确地把捉，而受教育的实际需要就是这一基础的最集中、最重要的体现，它是教育者制定教育目标、内容、方法的基础与前提，"思想政治教育目标作为一定思想政治教育活动所要达到的预期结果，其形式是主观的，而内容却是客观的。它虽然由思想政治教育者制定，体现着教育者的主观愿望和要求，但实质上反映了受教育者和社会发展的客观需要。因此，适应和满足受教育者和社会发展的双重需要，是确立思想政治教育目标的客观依据"④。可见，受教育者的需求是思想政治教育的核心要素，需要的层次性决定了要依据具体对象的

---

① 朱德全等：《教育学概论》，西南师范大学出版社2003年版，第341页。
② 傅道春：《教育学：情景与原理》，教育科学出版社1999年版，第124页。
③ 张耀灿等主编：《现代思想政治教育学》，人民出版社2006年版，第122页。
④ 同上书，第251页。

具体要求进行思想政治教育活动，在思想政治教育学中体现为要尊重"教育要求与受教育者思想政治教育素质发展之间保持适度张力的规律"，具体讲就是指在教育活动中，教育者所提出的教育要求要适当超越受教育者目前的思想道德基础，有提升其思想政治素质水平的可能，同时，这样的超越又不能高到受教育者经过努力也难以达到的高度。① 在社会教育中，贯彻需要与自愿原则，就是首先满足群众生产、卫生、纺织、牲畜治病、算术等需要，这些知识成为教学内容时，与群众形成良好的张力，之后逐渐提升教育要求，群众的学习就如同登台阶，一步步坚实地走到教育者期望其达到的位置。

对需要与自愿原则的理论解读，目的在于从理论上论证这一原则的科学性，可以让我们理解坚持和运用这一原则的重要性和必要性。结合社会教育实施情况可以看出，这一原则的二元内容中，需要是前提，满足和契合教育对象实际需要，方能生成群众自愿接受教育的心理与行为态势，违背需要原则，教育对象就会用各种方式规避乃至反抗，教育者也可能用极端方式强制开展教育活动，教育双方由此走上对立面。因此，开展群众教育活动，必须首先满足群众的需要，但是，群众的需要是客观存在物，不是教育者进行理论演绎、主观臆想出的生成物。准确把握群众需要，必须坚持走群众路线，做到实事求是。需要又可内分为现实需要与长远需要，二者存在层级关联。现实需要不能满足，长远需要将成无水之源，沦为奢谈。社会教育初期，以识字、政治、军事为主，群众怀疑逃避，就在于这是民众的长远需要；当教育内容以生产、卫生、纺织、牲畜治病、算账等知识为主时，就会激发群众学习热情，因为这是群众的现实直接需要，它直面群众最关心的问题，解决群众面临的现实困难，给群众带来实惠，真正实现了群众的利益，教育就会受到群众的认可和拥护。在此基础上，其他教育目标也会潜移默化地得以实现。否则，教育者就会像社会教育中由于不知道"对象的具体特点和洞悉他正想解决的是什么问题"，结果"工作做不成功，又来叫苦连天，说老百姓不愿接受教育，这不是滑天下之大稽吗？"②

---

① 张耀灿等主编：《现代思想政治教育学》，人民出版社 2006 年版，第 355 页。

② 陕西师范大学教育研究所编辑：《陕甘宁边区教育资料·社会教育部分》（上），教育科学出版社 1981 年版，第 138 页。

第四章

教材与新秧歌：抗战时期陕甘宁边区社会教育的主要载体

在思想政治教育学理论的发展过程中，载体没有作为独立的部分得以研究和重视，长期被归属于思想政治教育方法论中论及。随着社会的发展，教育中载体呈现多样化、复杂化的明显趋势，其作用和功能也随之在实践和理论研究中被强化和彰显，自21世纪初逐渐成为思想政治教育学的重要理论组成部分。

思想政治教育载体，是指"在实施思想政治教育的过程中，能够承载和传递思想政治教育的内容或信息，能为思想政治教育主体所运用，促使思想政治教育主客体之间相互作用的一种活动形式或物质载体"。[①] 载体和方法的本质区别在于载体能承载教育信息和内容，而方法则不能。在思想政治教育体系中，载体占据有显著的地位，具有重要的功能，思想政治教育是由主体、客体、环体、介体构成的系统，教育介体包括教育内容、方法、载体三大要素。在介体内部，载体起到承载、传播教育内容，影响制约教育方法的功能与作用。在教育活动全程中，载体是各要素相互联系的纽带，是各要素相互作用的主要形式，缺乏载体，各要素无法连接和相互作用，教育就无法成为实现的运动过程。由此，在研究具体的思想政治教育活动中，必须高度重视其教育载体。

运用现代思想政治教育载体理论审视陕甘宁边区社会教育，在当时特定的条件下，其对思想政治教育载体运用的广度和深度达到了完备和完善的地步。就载体形态看，与现代思想政治教育比较，除电视、网络载体之外，社会教育运用了当时能够使用、现在仍在使用的各种载体。同时，其对教材、新秧歌载体的深度发掘、巧妙运用，既能让我们深入认知和理解

---

① 张耀灿等主编：《现代思想政治教育学》，人民出版社2006年版，第392页。

社会教育为什么会取得成功，也给我们当下开展群众思想政治教育以深刻的启示与思考。

第一节　教材

在教育活动中，教材是连接教育者和受教育者的重要载体。教材直接承载了教育者的教育内容，表达了其教育诉求；同时，教材也是受教育者学习的重要诱因，教材是否符合受教育者的接受特点和现实需要，是决定教学效果的重要因素。

教材作为陕甘宁边区社会教育的重要载体，受到高度重视，1937 年，边区教育厅成立编审科，具体负责边区各类教材的编写、审定、规划和组织领导。编审科长辛安亭[1]记述道，"延安时期的教材编写工作是受中央领导和有关部门重视的，我在延安的十一年，一直在教育厅编写教材，先后共写了小学教材、群众教材、干部文化课本共四十余本"[2]。以辛安亭为代表的教材组织编写者，根据受教育者的实践情况，不断调整教材内容和形式，使之适合教育对象的特点，受到受教育者的欢迎，激发了其学习的兴趣，为社会教育的成功提供了重要的保障。

一　抗战时期边区社会教育教材概况

（一）教材供给情况

社会教育中使用的教材由教育厅统一编写并免费提供，但是，边区经济落后、物质缺乏，加之国民党长期封锁，纸张稀少，教材的供给存在极大困难，这是边区各种教育都面临的困境。1939 年，在边区的正规学校中，有的学校"六七个学生合读一本书"，还有的"连一本也没有，全是教员抄的"，甚至"69 所学校算术课本竟然一本也没有"[3]。据此可以推想：处于相对从属地位的社会教育，教材的供给情况应该更为严峻。直到

---

① 辛安亭：著名的教育家，1938—1949 年任陕甘宁边区教育厅编审科长，具体负责边区教材的编写、审定、规划和组织领导，1951—1962 年，任人民教育出版社副社长兼副总编辑，组织编写了新中国第一套通用的中小学教材。

② 辛安亭：《安亭教育文选》，湖南教育出版社 1983 年版，第 77 页。

③ 陕西省档案馆、陕西省社会科学院编：《陕甘宁边区政府文件选编》第 3 辑，档案出版社 1987 年版，第 211 页。

1942 年，由于马兰草造纸试验成功，解决了纸张来源问题，教材的印制得到保障，才极大改善了社会教育的教材供给。

（二）教材编写情况

从教材编制主体来看，社会教育教材可以分为两类：一是教育厅组织编写的教材，二是教员和群众自编、自用教材。

1. 教育厅组织编写的教材

1936 年的冬学规定，以《看图识字》、《儿童读本》、《简单的写法》、《政治读本》为教材。1939 年，边区教育厅又组织编写了《新千字文》和《政治课本》供冬学适用，但不符合成青年特点，导致识字效率低下，群众意见很大，对此，1940 年，边区教育厅重新编写教材，辛安亭利用《三字经》、杂字书等旧形式编写了《边区民众读本》，《读本》又分为《抗日三字经》、《实用四言常识》、《新五言杂字》三部分，并附有一些散文和日常应用文，约有 1000 字，一冬便可学完。在内容上注意联系群众生活与生产，形式上将许多生字编排在一起，同类聚合，声韵和谐，词句简练，便于记忆，很受群众欢迎。1942 年再版时删除散文部分，改称《民众读本》第一册，流传较广。

1944—1945 年，整风运动后，辛安亭编出供农村冬学使用的《日用杂字》、《识字课本》、《农村应用文》等教材，董纯才编写了《庄稼杂字》，教材的编写者特别注重研究教学对象及其需要，使教材内容贴切地符合群众的需要，受到广大群众、教员的欢迎，以后年年再版，却经常供不应求。如《日用杂字》在形式上采用四字一句的韵语编写，在内容上以边区民众实际需要为基，分为生产、生活、文化、卫生、自然和政治六个部分，既是识字课本，也是常识课本。全书 1800 多字，生字约有七八百个。《识字课本》是用简练精辟的长短句韵文编写的，全书共 52 课，约有生字 500 个，内容包括生产、生活和学习等各方面。篇幅简短，内容丰富，贴近群众实际生活，满足了群众费时少、识字多的要求，鼓舞他们学习和生产的兴趣和热情。《农村应用文》包括字据、契约、书信、请帖、总结、报告、对联等内容，既编写了范文，也简单明了地指明了写法，语言通俗，非常适合认识 1000 字左右的农村干部学习，为他们开展工作起到良好作用。

这里提及的教材只是边区社会教育中具有代表性的教材，实际上边区社会教育中使用的教材众多。以辛安亭编制的教材为例，"对国家图书馆、陕西省档案馆、甘肃省博物馆、台湾图书联合目录中现存辛安亭编写陕甘宁边区教材和通俗读物的情况进行了统计，共有辛安亭先生所编教材和通俗读物 35 本"。① 在《我国著名教育家辛安亭先生著作目录》中，1951 年前出版的就多达 44 本，其中供社会教育使用的有《边区民众读本》、《农村应用文》、《民众课本》（一册）、《民众课本》（二册）、《绘图日用杂字》、《冬学文化课本》、《识字课本》、《新三字经》、《日用杂字》，② 还有一些教材没有正式出版。

2. 教员和群众自编教材

教育厅编写的教材主要在冬学、识字组、半日校、夜校中使用，同时，社教对象主体为成青年，他们从事的行业各异，对学习内容要求不同，统编教材在面上能够满足广大学员需求，但落实到具体的个人，其直接需要满足度呈现差异，为此，社教教员在教育活动中摆脱书本教材的使用定式，根据学员实际需要灵活编制了各种教材。主要情况如下。

一是根据群众生活实际就地取材。延市杨家湾冬学教员陶端予就根据群众不同情况灵活运用教材。"丈夫来了信，就是婆姨的教材，同时也教她学着写信。看报告和写报告就是治安组长的教材。收条就是抗灾委员的教材等。"③ 以对生活事实的文字叙述为教材，如庆阳市二乡女冬学教员记下学员的话以作为教材。如"'今天下雪了，娃娃哭起来，你啥时回娘家？'念起来生动活泼，意懂易记，不费解释"④。白原村夜校"课程有识字、珠算、常识、政府工作和读报，教的东西是按照群众每天做啥活就教啥。像识字，在春耕时就教'生产''开荒''运粪'等类字。有时配合政府法令，教识字，如政府不准粮出境、包藏坏人，就教'盘查放哨挡粮食'、'清查户口捉坏人'。在村中开展卫生清洁运动时，就教'刷洗窑洞开烟筒'，'牛人分开住'等字"。⑤

① 周银霞：《关于延安时期辛安亭编写教材和通俗读物的研究》，《延安大学学报》（社会科学版）2004 年第 6 期。

② 《我国著名教育家辛安亭先生著作目录》，《吕梁高等专科学校学报》2003 年第 6 期。

③ 陕西师范大学教育研究所编辑：《陕甘宁边区教育资料·社会教育部分》（下），教育科学出版社 1981 年版，第 252 页。

④ 同上。

⑤ 陕西师范大学教育研究所编辑：《陕甘宁边区教育资料·社会教育部分》（上），教育科学出版社 1981 年版，第 189 页。

二是依据学员所从事行业的特点，编制与其工作生活紧密相关的教材。华池温台冬学根据实际需要为学员编教材，如驮盐组常去三边驮盐，就为他们编了"驮盐歌"："吆上毛驴走三边，去驮盐，驮回盐来赚了钱，全家老少有吃穿。"他们学了以后，在路上边走、边唱、边识字，回来检查考问，再继续编教新的。① 新正马街冬学中，对放牛娃，开始教"放牛"，再教"放八个牛"，"我十四岁，放八个牛"等；对打卖面条子的，教"年月日，石斗合升，斤两"等，再教记账；卖零食的，教"梨、枣、核桃、芝麻糖"等。其编法是由浅到深，再到周围有关事物，适合学生学习进度。② 延市旧城冬学根据学生的具体业务编写教材，采用韵文形式，便于学生记忆朗读，如"你姓王，你卖烧鸡我杀羊，他做豆腐又开面粉汤"③。学员学习兴趣很高。

三是运用生活事实作为教材进行社会教育。如赤水强家嘴迷信盛行，常常送神送鬼，有一次，一个外村的巫神，穿着单衣来到村里，人们都说他有神护身，不怕寒冷。教员准备用事实来打破人们对于巫神的迷信。隔了几天，狂风大雪，冷得厉害，教员当众约着巫神同去凤川，走了一段路，巫神冻得支持不住了，飞快跑回来坐在热炕上，还抖抖打战。教员因穿了棉袄、棉裤，抵住了寒冷。相形之下，村人大笑，此后，该村送神送鬼之事大为减少。④

四是编制曲子作为教材。通过群众编制曲子，将曲子内容记录下来作为识字教材，如关中中心区老庄子冬学文盲青年张金喜所编的"四季歌"：

春季里来哟地气阳　开荒下籽真正忙　你有牛车我有人　大家变工有力量　哎咳哎咳哎咳哟　大家变工有力量

夏季里来哟庄稼青　唐将班子锄地增　大家锄地来竞赛　看谁争先当英雄　（末句重）

秋季里来哟庄稼黄　大家变工收获忙　收回担回赶快碾　装在囤里心才安　（末句重）

①　陕西师范大学教育研究所编辑：《陕甘宁边区教育资料·社会教育部分》（下），教育科学出版社1981年版，第251页。

②　同上。

③　同上。

④　同上书，第253页。

冬季里来呦农事闲　延安政府派教员　冬学到处大家办　男女老少把书念　（末句重）①

教员将之录写成文，寓教于乐，受到群众欢迎，推动了识字工作。

五是以报纸为教材。读报是社会教育的重要形式，报纸是教育的重要教材，边区发行的大大小小的报纸多达几十种，教员以报纸上登载的与群众生产生活密切相关的内容为教材，取得很好的效果，"麒县太乐一乡，通过读报给群众介绍治牛瘟，牲口肚胀，驴驹拉稀，治羊病等的方法"，"读后西里村任有时的牛、任具全的羊，照着办法治好了，不几天老百姓照样医好了七、八条牛。大家一宣传，来要求听报的挤满了一间大屋子，群众要求把那张报存起来"。在读报过程中，群众认识到识字的重要性，自愿成了识字组。②

二　教材的思想政治教育功能体现

（一）促进思想政治教育主客体相互作用、良性互动的中介功能

思想政治教育是教育者和受教育者交互作用的活动过程，不仅要考虑教育信息的有效传递，更要考量信息被传递后受教育者对信息的反应，教育载体就是这种信息反应的催化剂，适宜的载体能促进主客体良性互动，还能促进客体向主体转化。它可以帮助教育者更好地传达思政政治教育信息，促使受教育者乐于接受信息，并在载体所能达到的作用空间内不断强化，内化融入受教育者的思想和行动中，有效实现教育目标。

在社会教育中，教员和群众自编、自用的教材，军事政治色彩淡化，群众学习的是与其生活密切相关的知识，学习的文字、生产生活知识如纺织、珠算、记账、牲畜治病、卫生常识等，与自己的生产生活直接关联和对应，学习和掌握这些知识，能够有效地改善自己生活状况，自然受到群众欢迎。

教育厅在社会教育教材的编制上努力探索，不断提高教材的实用性与针对性。一是在内容上高度重视、精心规划，在 1942 年《今年的冬学》

---

①　陕西师范大学教育研究所编辑：《陕甘宁边区教育资料·社会教育部分》（下），教育科学出版社 1981 年版，第 248 页。

②　陕西师范大学教育研究所编辑：《陕甘宁边区教育资料·社会教育部分》（上），教育科学出版社 1981 年版，第 217 页。

中要求"我们希望冬学教员同志们，在实际教学中间，随时注意学生对于教材内容的反映，哪些东西是他们最喜欢的，哪些东西是他们不容易接受的。把这些情形收集起来，便是我们将来改变课本时的最好依据"①。如识字是社教的主体内容，以辛安亭为代表的教材编写者对群众急需学习的字就进行了艰苦细致的探索。辛安亭在《群众急需字研究》中指出，有些群众费了宝贵的时间，学下许多不实用的字，对生活并没有多大帮助。为此，辛安亭以延大教育学同学对《群众报》常用字的统计，参考了11种边区初小课本与成青年识字课本，一部分故事、秧歌等通俗小册子、百家姓、人名与一部分中小学生名册，认真斟酌研究，以自然、动物、植物、生理、心理、食、衣、住、用、生产、家族、社会、军事、政治、文化、形色数量、性质形态、时间方位、连介助叹为类分，选出1440个成青年文盲和半文盲急需学习的字。② 通过编排，这些群众急需字进入社教教材。

之后，尤其是整风运动取得成效后，编写的教材在内容上更加注重群众的需要，1944—1945年，辛安亭编出供农村冬学使用的《日用杂字》、《识字课本》、《农村应用文》等教材，董纯才编写了《庄稼杂字》，教材的编写者特别注重研究教学对象及其需要，使教材内容贴切地符合群众的需要，受到广大群众、教员和干部的欢迎，以后年年再版，却经常供不应求。辛安亭在《回顾在延安十一年的教材编写生活》谈道：对《日用杂字》、《识字课本》、《农村应用文》三本书的编写就是首先做调查研究，如访问农村，了解农民生活及群众要求，收集农村流行的各种杂字书与应用文，然后再根据党的路线、政策对收集的材料加以研究和整理。③

如《日用杂字》在内容上以边区民众实际需要为基础，分为生产、生活、文化、卫生、自然和政治六个部分，既是识字课本，也是常识课本。其中生活部分关于吃食和穿衣两段内容如下：

　　　　吃食东西，主要是粮，大米小米，玉米高粱。

---

① 陕西师范大学教育研究所编辑：《陕甘宁边区教育资料·社会教育部分》（下），教育科学出版社1981年版，第183页。

② 陕西师范大学教育研究所编辑：《陕甘宁边区教育资料·社会教育部分》（上），教育科学出版社1981年版，第266—272页。

③ 《辛安亭教育文选》，湖南教育出版社1985年版，第136页。

麦分冬春，豆有绿黄，洋芋红薯，也能顶粮。
洋葱洋柿，豆腐豆芽，油盐酱醋，酸甜咸辣。
菜有多种，葫芦豆荚，白菜菠菜，茄子黄瓜。

主要衣料，用布用棉，绸缎呢绒，日常少穿。
春秋夹衣，夏季单衫，棉衣棉裤，冬季才穿。
衣帽鞋袜，人人都穿，围巾手套，大家喜欢。
有新有旧，能洗能换，干净整洁，穿上好看。

衣食是民之根本，这两段内容中涉及的各种食物和衣物，是民众现实生活中能直接使用、可见可感的物品，文字承载表达的内容和学员实际生活完全对应，显得通俗易懂，群众在学习过程中，依据自己的生活常识，是完全能够接受这些教育内容的。对民众来讲，文字所表达的实际内容他们完全理解，文字成为他们对现实生活表达的另一种形式，他们或许会感慨，生活中熟悉的物品用文字表达原来是这样，陌生的文字在学员的眼中和心里变得亲切而可爱，这在相当程度上消解了文字和受教育者的距离，教材成为教育者和受教育者良好的互动载体，这就能够有效地激发民众的学习兴趣，让教育活动顺利进行并能较好地达成教学目的。

二是在教材编写形式上力求符合受教育者的特点。1939 年的冬学教材《新千字文》每课生字力求反复出现，内容单调，出现一些娃娃话，导致识字效率低下，成青年学生不感兴趣。如第一课是："一二三四，四三二一。三四五六。四五六七。七八九十，十九八七。"第二课是："一石十斗，一斗十升；一升十合，千合一石。"1940 年，教育厅召开社教指导员会议时，大家建议第一课写成"一二三四五，六七八九十"，第二课改为"石斗升合"，这样直截了当。对此，辛安亭在《关于识字课本的编法问题》中认为这一观点是正确的，他谈到，学习识字课本的一般都是成青年，成青年与儿童不同，他们生活经验丰富，"一石十斗"他们早已知道，勉强凑成四句是多余的。"机械的采用小学课本的编法，把字句的多次重复当成天经地义的教条，于是，结果不得失败。"① 他认为"生活

---

① 当为"不得不失败"，原文如此。

经验丰富而文字知识缺乏，这一特点，对编写识字课本是一个重要的问题。应该是一方面依照旧杂字的编法，把许多日用字排列在一起，只要声韵调谐，便于阅读，同类相聚，便于翻查就行，不必勉强凑成内容空虚的课文，同时采用经典式、格言式、谚语式的编法，以简练精粹的词句，表发丰富而深刻的内容，使学的，既无太多生字的困扰，也不感到内容的浅薄"①。

在此理论与实践认识基础上，1940 年，辛安亭利用《三字经》、杂字书等旧形式编写了《边区民众读本》，《读本》又分为《抗日三字经》、《实用四言常识》、《新五言杂字》三部分。并附有一些散文和日常应用文，约有 1000 字，一冬便可学完。在内容上注意联系群众生活与生产，形式上将许多生字编排在一起，同类聚合，声韵和谐，词句简练，便于记忆，很受群众欢迎。1942 年再版时删除散文部分，改称《民众读本》第一册，该课本"广泛的流传于边区，为一般群众所欢迎，为县、区、乡许多干部所称赞"②。之后的《日用杂字》、《识字课本》、《农村应用文》、《庄稼杂字》更加注重形式，如《识字课本》全书共 52 课，约有生字 500个，内容包括生产、生活和学习等各方面。以其中第十六课为例：

> 第十六课　山药蛋
> 山药蛋，好东西，
> 三斤能顶一斤米。
> 一亩能挖一千三，
> 折合小米三石几。
> 当饭吃，省小米，
> 当菜吃，也可以。

山药蛋即马铃薯，是边区广泛栽种，随处可见的农作物，教材用山药蛋为名，本身体现出对受教育者的了解和尊重。在形式上使用了简练精辟的长短句韵文，篇幅的简短和长短句形式能较好消除文化基础差的群众对

---

① 陕西师范大学教育研究所编辑：《陕甘宁边区教育资料·社会教育部分》（上），教育科学出版社 1981 年版，第 247 页。

② 同上书，第 248 页。

学习的畏惧，韵文让全文读起来朗朗上口，符合受教育者接受的心理和习惯。民众在实际学习过程中，这样的教材在内容上群众完全理解，在形式上群众喜欢，内容和形式和谐统一，满足了群众实际需要，最大限度地降低了群众学习的难度，充分体现、实现和发挥了教育载体在教育者和受教育者之间的良性互动的中介功能，为教育目标的实现提供了可靠的保障，奠定了坚实的基础。

（二）承载和传导思想政治教育的教育内容功能

思想政治教育是以载体为基本渠道，以承载和传导教育信息为中心的过程，承载教育信息是传导教育信息的前提和基础，二者并行作用，向受教育者传导教育者要求的政治观点、道德规范、价值观念等，这是思想政治教育载体的目的和主要功能。

在边区社会教育的教材中，全方位地涵盖了社会教育组织领导者渴望传达的教育信息，也全面立体地反映了受教育者自身想要获取的教育信息。实现了教育者和受教育者教育内容需要的双重满足，充分实现了载体对思想政治教育内容的承载和传导功能。以《抗日三字经》为例进行分析。

《抗日三字经》

四万万	中国人	大多数	是工农	喜劳动	爱和平	想自由	要平等
日军阀	好战争	抢土地	杀人民	九一八	动刀兵	抢去了	东三省
东三省	好地方	有大豆	有高粱	森林茂	石油良	煤铁富	铁路长
敌占后	大变样	我同胞	遭了秧	有人口	被杀伤	有财产	被抢光
死的死	亡的亡	夫离妻	儿别娘	走外村	到他乡	饿肚子	没衣裳
日军阀	不放松	七月七	又来攻	芦沟桥	大炮轰	占天津	夺北平
我中国	再难忍	总动员	打日本	各军队	各政党	大联合	把日抗
共产党	有主张	打到底	不投降	八路军	最英勇	平型关	显本领
毛主席	真英明	讲政治	论战争	想得到	说得通	句句话	有证明
中国大	出产丰	多人口	多士兵	日本小	出产穷	少人口	少士兵
我抗战	是进步	全世界	多帮助	敌侵略	是野蛮	求帮助	难又难
看事实	讲道理	打到底	我胜利	讲缺点	我也有	敌发达	我落后
飞机少	大炮旧	枪不足	弹不够	我落后	多困难	要胜利	持久战
持久战	三阶段	求进步	克困难	一阶段	敌进攻	抢我地	夺我城

我中国 大觉醒 兵和民 齐斗争　二阶段 相持中 敌想进 无力攻
我中国 大振兴 又建设 又练兵　三阶段 我反攻 好消息 天天听
收失地 除奸凶 驱日寇 回东京　战到今 三年整 强相持 困难生
求胜利 克困难 要做到 三条件　要抗战 反妥协 要团结 反分裂
要进步 反倒退 定胜利 不失败　汪精卫 卖国家 顽固派 遭摩擦
对汉奸 不留情 杀头目 惩随从　顽固派 也不怕 你要摩 我就擦
人不犯 我不侵 人犯我 我犯人　保边区 要扩军 送子弟 去当兵
抗属地 要代耕 担柴火 送家中　自卫军 保平安 查路条 捉汉奸
多打井 多开荒 耕种勤 锄草忙　收割后 好保藏 家道好 出公粮
一件件 都要紧 请大家 记在心　不光记 还要行 认真干 不放松

《抗日三字经》出自辛安亭于 1940 年编写的《边区民众读本》，在边区和各革命根据地广为流传。从内容上看，它介绍了中国的概况，中国人民的优秀品质和对自由平等的追求。描绘了日本发动九一八事变，占领了美丽富饶的东北，在日本暴虐统治下，东北人民家破人亡、妻离子散的悲惨情景。介绍了七七事变后，中国形成联合抗日的局面，共产党坚持抗日、反对投降的政治主张，八路军平型关大捷的史实。重点介绍了毛泽东"论持久战"的观点，基于敌我力量的暂时对比，驳斥了"速胜论"，基于国力、战争正义性质，反对"亡国投降论"，宣传了中日战争是一场三阶段的持久战过程，最终日本必将失败，中国必将胜利，坚定民众抗战信心。指出当时处于抗战相持阶段，党的抗战政治策略是坚持抗战，反对投降；坚持团结，反对分裂；坚持进步，反对倒退。揭露了汪精卫叛国投敌的事实。指明了我党对待国民党顽固派军事摩擦的斗争策略；阐释了边区的各项政策：鼓励边区人民积极参军救国；要求优待抗属，为其代耕，给予物质帮助；自卫军的工作任务；要求民众积极从事生产，踊跃上交公粮。最后要求知行合一，认真做到。

结合社会教育的教育内容和目标，可以清楚地看到，《抗日三字经》基本覆盖了这一特定时期政治教育、军事教育的全部内容，表达了社教工作者迫切想要向民众传达的革命要义。全文沿用了在传统启蒙教育中的《三字经》形式，语言通俗易懂，读起来朗朗上口，便于阅读和记忆，符合学习者的学习习惯，降低了学习的难度。通过教育者对内容的讲解，受教育者会很好地认知和掌握这些教育内容。以之为载体，通过学习活动的开展，教育内容能够从教育者角度传导到受教育者的思想意识中。同时，《抗日三字经》在边区民众中广为流传，已成为普通民众的常识，在群体化的网络中，对这些内容不了解，没有认识，在某种程度上会成为落后者的标志，就可能被集体场域变相地边缘化，这是个体难以接受的生活现状，无形之中也迫使个体进行学习和掌握。这样，通过民众之间的各种信息交流，教育内容不断地被传导和强化，抗日救国、响应和执行边区各种政策逐渐成为边区民众的心理共识和行为范式，从而有效达成教育目标。

从《抗日三字经》可以窥见社会教育教材承载和传导的政治军事等方面的思想政治教育内容。事实上，社会教育教材更大部分承载的是关于识字、生产生活常识、新的风俗习惯等切合民众现实的内容，有效地满足了受教育者的需要。

社教教材中有许多科学种田、喂养牲口等民众急需的知识，如《冬学课本》中编写了"锄草"、"棉花打卡法"、"植树"、"怎样养牲口"、"两种治牲畜病的良药"、"研究农谚"、"十二月忙"、"防旱备荒"等内容。《新五言杂字》中用质朴的语言宣传学文化识字的好处，"识字好处多，写信写便条，记账写对联，样样要写好。务农并读书，能写又能算，富足懂道理，才是真模范"。边区巫神盛行，民众极其迷信，为驳斥这些落后观点，在教材中编写事例进行教育，如《冬学识字课本》第35课《抬神楼》写道："民国三十四年，天旱不雨，安塞古塔村和马家沟有四十来个群众，抬起神楼去求雨，区乡干部劝也劝不动。一连闹了五天，神说第二天下雨，可是第二天太阳晒得更红了。区乡干部召开了一个群众大会，这下可把大家说醒了，群众自动把龙王爷扔掉，大家商量防旱备荒的办法。"对于党在边区的具体政策，教材也有全面生动的体现，如《冬学文化课本》的第12课是《多生产》："好劳动，多生产，糜子谷子长满山；又种棉花又种树，还养牲口还驮盐。你织布，我纺线，新袄新裤做两件；要想冬天不受冻，只有趁早动手干。一年四季勤生产，吃不尽来穿不完；暖窑热炕真快活，男女老小都喜欢。"以简明的语言，对大生产运动提倡的"自己动手、丰衣足食"的精神进行了高度概括，为群众描绘了丰衣足食的生活美景。如此等等，不一而足。

教材体现出的对民众直接关注，满足其直接需要、保障其直接利益的内容是全面的，成体系的。有人概括道：教材体现了关心群众利益，促进生产，改善群众的物质生活；重视教育和发展文化娱乐活动，讲究卫生，提高人民的基本健康生活水平，提高和丰富人民的文化生活；提倡劳动模范、革命英雄和普通群众的和谐发展共同进步；反对迷信，提倡科学；保护自然，植树造林，热爱边区山水；提倡和谐的干群关系，提倡干部好的工作作风，反对官僚作风、反对自由主义。①

从社会教育的教材内容可以看出，社会教育承载和满足了教育者和受教育者的双重需要，是教育者革命要义和受教育者的生活要务的和谐统一，在形式上受到群众喜爱和接受，最大限度地降低了学习的难度，有效地促进教育过程的开展。通过教育活动的实施，教育信息从教育者传导至受教育者，这样的活动反复开展，教育内容表达的价值观念、行为规范逐渐成为民众的思想指示器和行为导向仪，思想政治教育目标自然也水到渠成地得到有效实现。

第二节　新秧歌

秧歌是陕甘宁边区民众喜闻乐见的文艺形式，在广大文艺工作者和群众的辛勤努力下，对旧秧歌在形式和内容上进行全新的改造，融入时代的主题，创作和演出了大量的优秀秧歌剧目，在边区掀起了声势浩大的"新秧歌运动"，成为文艺史和边区史中浓墨重彩的一笔。新秧歌在形式和内容上通俗易懂，有效反映了边区政治、经济和文化的方方面面，受到了民众的热烈欢迎和衷心支持。新秧歌作为社会教育的载体和形式，与社会教育紧密结合，有效推动了社教工作，体现了秧歌的思想政治教育载体的功能与效果。

一　抗战时期边区新秧歌概述

（一）边区旧秧歌简述

秧歌是汉民族具有代表性的民间文艺形式，据传始于春秋时期，有迎神驱邪的意义。秧歌在华夏大地广泛流传，种类众多，如东北秧歌、华北秧歌、河南秧歌 、高平秧歌、西北秧歌、伞头秧歌、陕西秧歌、湖北秧歌，还有其他一些变种。2006 年 5 月 20 日，秧歌经国务院批准列入第一

---

① 周银霞：《陕甘宁边区对建设和谐性社会的探索——以延安时期教材资料为中心》，《中国延安干部学院学报》2009 年第 2 期。

批国家级非物质文化遗产名录。

在陕甘宁边区，秧歌俗称"红火"、"社火"、"阳歌"等，历史久远，流传广泛。秧歌在过去被认为是不登大雅之堂的，是民众在祭祀娱神、婚丧嫁娶或自娱时使用的一种传统民俗文化形式。旧秧歌在内容上主要有反映田园乡村生活的秧歌，诙谐风趣、引人逗乐的秧歌，表现爱情生活的秧歌，反映了民众质朴火辣的浓郁生活。其中，也夹杂着大量封建、迷信、色情和庸俗化的成分，周扬在当时就指出，"恋爱是旧的秧歌最普遍主题，调情几乎是它本质的特色"。① 群众也称其为"骚情秧歌"。

边区旧秧歌在形式上的主要特点是"扭"、"舞"和"唱"，在秧歌表演时，人们所穿的服装色彩对比强烈，红蓝黄绿，五彩缤纷，在锣鼓的伴奏声中，边歌边舞，以此抒发愉悦的心情，看秧歌的人也心花怒放，豪情倍增。因而在历史上就深受边区人民的欢迎，在广大群众中颇有影响力，特别是每年春节的"闹秧歌"，更成为人们普遍喜爱的娱乐活动。

（二）边区新秧歌的发展过程

边区广大文艺工作者和群众，在形式和内容上对旧秧歌进行改造，"旧瓶装新酒"，创作和演出了大量秧歌作品，在内容上抛弃了旧秧歌的糟粕，全面深刻反映了边区政治、经济、文化的现实情况，受到人民的欢迎和赞扬，在边区掀起了轰轰烈烈的"新秧歌运动"。新秧歌以其本身有无情节而分为"秧歌舞"与"秧歌剧"，抗战时期新秧歌在边区的发展大致可以分为四个时期。

1. 萌芽时期（1936—1942 年）

在 1942 年之前，秧歌几乎没有进入广大文艺工作者的视野，当时许多重大庆祝活动以及日常演出都是一些国内外有名的剧作，如曹禺的《北京人》、果戈理的《钦差大臣》等。但是，早在 1936 年，一些革命的文艺工作者就敏锐地发现了秧歌在发动教育民众中的积极作用，创作出了反映革命主题的秧歌。如 1936 年，人民抗日剧社就采用民间秧歌小调编排了《上前线》和《亡国恨》，1937 年西北战地服务团把民间流行的秧歌改为《打倒日本升平舞》，并在舞台和广场上演出，但这只是文艺工作者的个案行为，秧歌表演都在小范围内进行，从未登上过重大庆祝的主流舞台，影响甚微。

① 《周扬文集》第 1 卷，人民文学出版社 1984 年版，第 441 页。

2. 渐进时期（1942—1944 年）

1942 年，毛泽东《在延安文艺座谈会上的讲话》强调文艺为工农兵服务，要求广大文艺工作者实地调研，深入群众，创作反映民众真实生活，为民众喜闻乐见的文艺作品。文艺工作者积极响应和践行《讲话》精神，创作出了大量的新秧歌，从根本上推动了新秧歌的发展。其中，最具代表性的当为鲁迅艺术学院的师生，1943 年 2 月 9 日，鲁艺组成 150 人的庞大秧歌队，在杨家岭、中央党校、文化沟、联防司令部及附近的农村进行巡回表演，演出了《拥军花鼓》、《七枝花》、《运盐》、《刘立起家》、《推小车》、《挑花篮》等许多新秧歌。同时演出了由路由编剧、安波作曲、王大化和李波主演的秧歌剧《兄妹开荒》，《兄妹开荒》创作和演出的成功，标志着新秧歌剧的正式诞生。该剧的演出轰动了整个延安城。群众纷纷奔走相告："鲁艺家的秧歌来了。"观看的群众成千上万。当打花鼓的演员唱道"猪呀、羊呀，送到哪里去"时，周围观看的群众齐声接唱道："送给那英勇的八路军。"其情其境，十分感人。毛泽东、朱德、周恩来、任弼时、陈云等中央领导看后也都对此予以高度评价。毛泽东赞扬道："这还像个为工农兵服务的样子。"朱德也高兴地说："不错，今年的节目和往年不同了。革命的文艺创作，就是要密切结合政治运动和生产斗争啊！"①

1943 年 3 月 10 日，为进一步贯彻《讲话》精神，中共中央召开"党的文艺工作者会议"，号召文艺工作者深入实际、深入群众、深入工农兵。会后，延安的众多文艺团体分赴各地，如鲁艺文工团赴绥德分区、西北文工团赴陇东分区、民众剧团赴关中分区、青年艺术剧院和部艺剧团赴三边分区、延安平剧院赴延属各县等，新秧歌运动便从延安迅速地扩展到了整个陕甘宁边区。

3. 发展时期（1944 年）

1944 年，新秧歌呈现良好的发展态势。秧歌进入了文教领导者和最高决策层的视野，并得到高度重视，周扬在观看了 1944 年春节的秧歌演出后，在《解放日报》发表了《表现新的群众的时代——看了春节秧歌以后》一文，指出："延安春节秧歌把新年变成群众的艺术节了，真是闹得'热火朝天'。"其"节目都是新的内容，反映了新边区的实际生活，

---

① 陈晨：《延安时期的新秧歌运动》，《文史精华》2003 年第 1 期。

反映了生产和战斗，劳动的主题取得了它在新艺术中应有的地位"。这"都是实践了毛主席的文艺方针的初步成果"。① 1944 年 3 月 22 日，毛泽东在中共中央宣传委员会召开的宣传工作会议上发表了《关于陕甘宁边区的文化教育问题》的讲话，重点谈及了秧歌，"延安今年看秧歌看腻了，但全边区的老百姓还没有看够，一个秧歌剧他们要求演三次。所以我看秧歌队可以多组织一些。这个新秧歌队一个乡可以搞他一个，搞新的内容，一个区搞一个、两个、三个、四个，不加限制"②。在 5 月 24 日的《在延安大学开学典礼上的讲话》中，要求延大学生"文化上你们还要学会演戏，扭秧歌……"③ 在 1944 年的文教大会期间，14—16 日，有 9 位代表登台在大会上介绍开展群众秧歌运动的先进典型经验。10 月 30 日，毛泽东亲临大会并作了题为《文化工作中的统一战线》的重要报告，指出："在艺术工作方面，不但要有话剧，而且要有秦腔和秧歌。不但要有新秦腔、新秧歌，而且要利用旧戏班，利用在秧歌队总数中占百分之九十的旧秧歌队，逐步地加以改造。"④

在此之下，秧歌得到了党和政府的高度重视和全力支持，秧歌在边区蓬勃发展。一是秧歌队众多，当时，秧歌得到了党和政府的高度重视和全力支持，几乎所有的机关单位、驻军部队、文艺团体、各种学校、群众组织、厂矿、乡镇都建立起了自己的秧歌队，"据统计，当时全边区有各类秧歌队 949 个，平均每 1500 人左右就有一个"⑤。二是秧歌曲目众多，1944 年春节期间，在延安上演的达 150 余种之多。三是演出场次多，受众面极广，几乎达到边区全员参与的程度，并受到群众热烈欢迎，如在绥德地区，鲁艺文工团从 3 月 20 日起，3 个月时间走遍了全区 5 个县，演出秧歌 73 场，观众达 10 万人之多。四是新秧歌和党的政策方针密切联系，在娱乐群众的同时起到了教育群众的良好效果，如鲁艺文工团的秧歌演出就直接与绥德县的减租工作、子洲县的劳模大会、米脂县的春节联欢、佳县的移民运动和吴堡县的春耕大生产运动等相结合，有力地配合了

① 周扬：《表现新的群众的时代——看了春节秧歌以后》，《解放日报》1944 年 3 月 21 日第 1 版。
② 《毛泽东文集》第 3 卷，人民出版社 1996 年版，第 117—118 页。
③ 同上书，第 154 页。
④ 《毛泽东选集》第 3 卷，人民出版社 1991 年版，第 1012 页。
⑤ 陈晨：《延安时期的新秧歌运动》，《文史精华》2003 年第 1 期。

当地各项工作。

4. 高潮时期（1945 年）

到了 1945 年，边区秧歌发展到顶峰阶段。这一时期，秧歌成为边区文艺运动的主角，各文化领导部门如边区文教委员会、宣传部、西北局文委、留守兵团政治部、一些文化协会和文艺社团都将秧歌作为工作重点，认真总结经验，保障了秧歌健康有序发展。优秀的秧歌得到了很好的推广和普及，《解放日报》及时登载优秀的秧歌剧本，延安的书店相继出版发行了《秧歌集》、《新秧歌集》、《秧歌剧初集》、《秧歌小丛书》、《秧歌曲选》、《秧歌论文选》等系列图书。同时，理论界对秧歌艺术也进行了认真的研究，为秧歌的发展奠定了坚实的理论基础。

较之以往，1945 年的新秧歌创作和演出的阵容、声势、规模特别是思想和艺术水平，都呈现出了新的风貌。特别是秧歌的演出呈现极其繁盛的态势，在边区各种节日、庆典和群众集会上，在城市、乡镇和偏僻的农村，各种秧歌都以空前规模上演。秧歌表演已经成为边区不可或缺的独特风景，缺少了它，模范民主的边区将失去最为亮丽的色彩，边区人民将失去最为快乐的生活。1945 年大年初一，延安三大群众秧歌队——市民秧歌队、桥镇秧歌队和北郊秧歌队在延安东关专署广场举行会演，春节期间，各秧歌队在延安举行了欢庆秧歌、拜年秧歌、乡下秧歌、斗争秧歌、翻身秧歌、祝寿秧歌、生产秧歌、工人秧歌、广场秧歌等主题专场演出。因为秧歌，延安万人空巷，成为欢乐的海洋。其他地方亦是如此，如由劳动英雄杨步浩等带领的，由农民、小手工业者、商人、组成的川口六乡秧歌队，正月间走遍六乡各村，表演秧歌给群众拜年、祈福、慰劳。

为提高秧歌创作和表演水平，边区还举行了秧歌比赛，如关中分区秧歌比赛中，马栏乡就有 9 支秧歌队参赛，演出自己编创的新节目 20 多个，其中《抗日英雄洋铁桶》、《陈委员逼粮》、《血债》等受到群众好评。靖边县镇靖区 8 个秧歌队在张家畔举行比赛大会，选出了最受群众喜爱的秧歌剧《吃了不识字的害》、《二流子转变》和《识字好》。解县（今富县）举行全县元宵节秧歌比赛，有 4 个区的 11 个队约 400 人参加，其中有女秧歌队员 46 名。延川县推出的秧歌对唱擂台赛尤为精彩，比如城区秧歌队和东阳区秧歌队对垒的一场，先是城区秧歌队伞头唱道："天上有个什么星？"东阳区秧歌队唱答道："北斗星"，接着又唱问："地下有个什么城？"唱答道："延安城"，最后又唱问："什么人领导闹革命？什么人领

导工农兵?"秧歌队员们齐声唱答道:"毛泽东。"于是乎全场掌声雷动,接着便又是锣鼓喧天,彩旗飘扬,秧歌狂舞……①

8月15日,当日本宣布无条件投降的消息传到延安后,当晚,延安市举行了盛大的火炬秧歌大游行,当十多支秧歌队在熊熊火炬的照耀下从东、南、北拥向新市场十字街口时,震天的歌唱声、口号声、锣鼓声、鞭炮声伴随着翩翩起舞的陕北大秧歌,汇成了一片欢腾的海洋。9月5日,延安市各界群众两万余人又一次地聚集在南门外广场,举行了隆重的庆祝大会,庆祝日本投降。会后,朱德、刘少奇、林伯渠、彭德怀、李鼎铭等中央和边区的领导人及在延安的国际友人都融入人群,同延安的老百姓一道扭起了陕北大秧歌。

二　新秧歌的思想政治教育成效分析

在边区,新秧歌自身扮演着多重角色,它既是一种文艺形式,又是一种民众娱乐方式;既是教育形式,也是教育载体。新秧歌受众为边区全体人民,而非独特面向社会教育的教育者和受教育者。但是,随着秧歌运动的发展,民众的广泛参与,为社会教育营造了良好的外部环境,以及促进了秧歌和社会教育的有机结合,秧歌充分发挥了其思想政治教育载体的功能与效应,推动了社会教育的实效开展。

党对秧歌在群众教育中的作用是有明确认识的,1940年3月,中央《关于开展抗日民主地区的国民教育的指示》中提出,要"大大发展农村中戏剧歌咏运动。但应注意于戏剧歌咏的通俗化,大众化,民族化,地方化。特别注意于利用旧形式,改造旧形式"②。1941年7月,中共中央宣传部在《各抗日根据地群众鼓动工作的指示》中提出,"各种民间的通俗的文艺形式,特别是地方性的歌谣、戏剧、图画、说书等,对于鼓动工作作用很大,应尽量利用之"③。

新秧歌对社会教育的承载与推动是实然存在的事实,随着新秧歌运动的发展,新秧歌在社会教育中的作用得到了重视并落实,毛泽东在1944年3月《关于陕甘宁边区的文化教育问题》中要求"今年冬天,延安学

---

① 陈晨:《延安时期的新秧歌运动》,《文史精华》2003年第1期。

② 李德芳等:《中国共产党思想政治教育史料选编》,武汉大学出版社2009年版,第11页。

③ 同上书,第118页。

校里的知识分子都下去，做群众工作，帮助群众演秧歌、办冬学、办训练班、订按户计划等等，做三个月工作，真正学习本领"①。同年，边区教育厅明确指示："冬学运动，要和冬季训练及闹秧歌、医药、卫生、组织妇织、植树等取得有机联系，这样使得冬学更有内容，人民可在冬学内学到更多、更有用的实际知识，并用以进行边区各种长期建设。"② 由此，新秧歌和社会教育就紧密结合起来，新秧歌作为社会教育的载体发挥了无可替代的良好效果。

（一）新秧歌承载了社会教育的教育内容

在思想政治教育要素系统中，全面承载思想政治教育的教育内容是载体的基本功能，也是衡量载体质量的基本标准。秧歌作为社会教育的载体，全面系统地承载了社会教育的内容。

艾青曾总结过，秧歌在内容上，"它歌颂人民，歌颂劳动，歌颂革命战争。它以军政民团结，对敌斗争；组织劳动力，改造二流子，增加生产；破除迷信，提倡卫生为主题"③。张孝芳认为："在新秧歌剧中，生产、教育、抗战是其创作和表演的三大主题。"④ 依据社会教育的主体内容：识字教育、政治军事教育、生产生活教育。我们可以清楚地看到：秧歌完全表达和涵盖了社会教育的各项内容。

1. 识字教育

教习民众识字，提高民众文化水平是社会教育贯穿始终的主线。在新秧歌中，出现了大量以识字为主题的秧歌剧：《夫妻识字》、《读书识字》、《参加识字班》、《妇女识字组》、《夫妻竞赛》、《吃了不识字的害》、《识字好》等。如影响广远的《夫妻识字》，通过一对农村青年夫妇积极参加生产劳动、纺线织布的同时，在识字问题上严格要求、互相考问、互相学习、互相促进，学习和生产都取得优异成绩。这些秧歌，表达了没有文化、不识字给生产生活带来的不便与害处，也介绍了识字后的好处，还

① 《毛泽东文集》第 3 卷，人民出版社 1996 年版，第 117 页。

② 陕西师范大学教育研究所编辑：《陕甘宁边区教育资料·社会教育部分》（下），教育科学出版社 1981 年版，第 206 页。

③ 甘肃省社会科学院历史研究室编：《陕甘宁革命根据地史料选辑》第 5 辑，甘肃人民出版社 1986 年版，第 369 页。

④ 张孝芳：《延安的"新文艺"与党的政治动员——以新秧歌运动为例》，《中共四川省委省级机关党校学报》2013 年第 2 期。

介绍了各种识字运动的典型模范，有力地调动了群众识字的积极性。1945年2月20日，在靖边县镇靖区秧歌比赛大会中，最受群众喜爱的秧歌剧是《吃了不识字的害》、《二流子转变》和《识字好》。

2. 政治军事教育

这一教育内容的主题是让民众了解国际国内形势，坚定民众抗战信心和决心，拥护党的领导，理解和贯彻执行党和政府制定的各项政策方针。对此，新秧歌全面涵盖了这些内容，如反映抗日战争题材的就有《欢庆平型关大捷》、《新阶段》、《打击法西斯》、《保卫边区》、《百团大战》、《血债》、《抗日英雄洋铁桶》等；体现边区人民拥护党的领导的有《边区好政府》、《新十绣》等；在表现边区各项政策秧歌中，有表现对敌斗争的《反特务》等；反映大生产运动的有《生产运动》、《兄妹开荒》、《开荒前后》、《黑牛开荒》、《夫妻开荒》等，这是秧歌最为集中的主题；表现军民关系的有《牛永贵挂彩》、《刘顺清》、《拥军花鼓》、《十二把镰刀》、《边区军民》、《拥军爱民》、《军民拜年》、《军民联欢》；表现拥军、优待抗属的有《军爱民、民拥军》、《劳军去》、《拥军花鼓》、《拥军小车》、《优抗归队》、《模范抗属》等；表现减租减息政策的有《减租减息》、《减租》、《陈委员逼粮》等；表现变工的有《变工好》；表现政治政策的有《选举法》等。

3. 生产生活教育

秧歌在表达这部分教育内容时的要点有二。一是直接反映各行各业群众生产实际，如《种棉花》、《模范纺织》、《雷老汉种棉花》、《孙老汉拾粪》、《种棉秧歌》、《小放牛》、《运盐》、《货郎担》、《喂鸡》等；二是揭露鞭挞迷信、不卫生、缠足、二流子等各种丑陋习俗，倡导男女平等、家庭和睦、相信科学等新的生产生活方式与价值观念。如反映改造二流子的有《动员起来》、《刘海生转变》、《一朵红花》、《钟万财起家》、《文二起家》、《二流子转变》等；反映迷信危害，主张破除迷信的《破除迷信》、《神虫》、《算卦》、《反巫神》、《算命》、《求神不可靠》等；主张妇女解放，提倡男女平等有《买卖婚姻》、《放脚》、《小媳妇》、《三巧出嫁》等；提倡建立和睦家庭关系的有《模范妯娌》、《回娘家》、《儿媳妇纺线》、《模范夫妻》等。

（二）新秧歌优化了社会教育的教育方式，具有隐形思想政治教育的特质

1. 新秧歌的创作

在秧歌为工农兵服务的理念下，新秧歌的创作在形式和内容上都力求

满足群众需要，激发群众兴趣，或为社会教育营造良好的外部条件，或直接体现教育效果。

第一，新秧歌创作在形式上具有鲜明的通俗化、大众化和地方化的特点。其一，秧歌"吸收了民歌、民谚、旧秧歌剧、地方剧、话剧的成分"①，秧歌的这一特点在语言上体现得尤为鲜明。文艺工作者向民众学习语言，陕北方言"干大、尔刻、一满、哪搭、二疙瘩、麻达、一满解不下、婆姨、疙蹴、怎价、尔后"等进入了其创作的秧歌之中。值得注意的是，秧歌还融入了体现革命意识形态的语言，如民众、政府、共产党、政府、观念、文化、政策等，这些枯燥抽象的语言与秧歌故事情节融合，让民众直观地感知这些语言含义，从而使政治话语通俗化、生活化。民间方言和政治语言之间的交融和对话，成为教育者与受教育者，官方与民间互动的象征，体现了直接的思想政治教育意蕴。其二，在配曲方面，力求符合民众的习惯，在这点上，群众自己创制的秧歌堪称模范，如群众新秧歌的代表人物刘志仁，他不是照搬革命剧团的唱腔和曲调，而是把革命秧歌的曲调改变为农民较熟悉、喜欢的"珍珠倒卷帘"、"张生戏鸳鸯"、"绣荷包"和"骑白马、挂洋枪"等民间曲调。如《新开荒》中，"日本是个小地方"、"中国是个好地方"，他则根据民间曲调，把唱词改为："日本是个地方小"、"中国是个地方好"。对此，文艺工作者朱平撰文指出："他会十几种秧歌调子……'公家'编的新秧歌，有些调子群众不爱唱，他把它改为当地的调子，便很快的流行起来。"此外，新秧歌借鉴和继承了旧秧歌音乐明快、悠扬、悦耳的地方特点，剧情短小集中，具有谐趣幽默、生动活泼的艺术风格。这就保证了新秧歌在形式上受到群众的喜爱和欢迎，为秧歌发挥思想政治教育功能做了良好的铺垫，"喜闻乐见的民族形式适应了人民群众的接受力，为新秧歌运动实现思想政治教育功能开辟了广阔的道路"。②

第二，新秧歌在创作内容上，直接承载了思想政治教育内容，全面体现了社会教育的教育内容和目标。对此，参加中外记者团到达边区访问的赵超构指出：新秧歌带给观众的，主要是"应当怎样"，和"不应当那

---

① 甘肃省社会科学院历史研究室：《陕甘宁革命根据地史料选辑》第5辑，甘肃人民出版社1986年版，第368页。

② 张欣、王东维：《思想政治教育视阈下的新秧歌运动》，《延安大学学报》（社会科学版）2012年第6期，第46页。

样"，把共产党所要求的事情化为故事，再加上艺术的糖衣。① 以《刘二起家》片段为例进行分析：

> 刘二（快板）：……来了乡长和李书记，都说我刘二真能行，可算是一个好兄弟。往年你是个二流子，今年生产有成绩。刘二的婆姨也能行……只要明年咱更努力，英雄也有咱当的。……
>
> 刘二（快板）：娃子他妈，你莫看不起，刘二说话是真的，你不信，咱就比一比。
>
> 刘妻（快板）：你要比，咱就比，比起生产不服气。往年女人受男人气，尔刻女人有志气。

《刘二起家》是反映二流子改造的秧歌，从这一小片段中，我们可以获取众多的社会教育信息。一是体现和传达了党和政府对待二流子的政策，"往年你是个二流子，今年生产有成绩"，"可算是一个好兄弟"，只要二流子接受改造，认真劳动生产，转变以后仍然是党和政府心目中的"好兄弟"，能得到官方认同。二是二流子由丑到好的转变根源在于以"乡长和李书记"为代表的政府和党，是党的政策和措施让他们走向了良性的人生轨迹。三是二流子对待党和政府的态度，乡长和书记"都说我刘二真能行"，为二流子注入了强大的精神动力，对此，二流子的态度是"只要明年咱更努力，英雄也有咱当的"，刘二对劳动英雄的憧憬与追求，成为其认同党和政府的最好注释。四是二流子曾是边区公害，对人民群众的正常生活带来巨大的危害，二流子的改造保护了群众利益，对二流子的改造成效让民众深刻直观认识到党和政府是在真正代表维护他们的利益，这自然让民众在心理上产生对党和边区政府的认同。五是注入了新的价值观念，生产和劳动是决定个人价值和社会认同的标准。刘二渴望通过努力生产成为劳动英雄，是因为劳动英雄能够得到乡邻和政府的认可，在认可中感受到自己存在的尊严和价值，二流子尚且如此设想和安排自己的人生生活，普通民众更当如此，在民众对人的价值判断中，认真劳动的人是好人，是值得尊重和敬佩的人，反之，则是让人唾弃和鄙视的坏人。六是体现了妇女解放、男女平等的新型社会关系和家庭关系，在传统习俗中，妇

---

① 赵超构：《延安一月》，上海书店 1992 年版，第 109 页。

女被天然地戴上"夫权"的枷锁，成为丈夫的附属品，但是，在边区新的社会中，作为丈夫的刘二对妻子说出了软话"娃子他妈，你莫看不起"，依据封建社会价值观念，这是有损丈夫尊严的话语，更重要的是刘二的妻子直接表达了妇女摆脱"夫权"后的心声"往年女人受男人气，尔刻女人有志气"，刘妻志气的底气来自"比起生产不服气"，来自新型夫妻关系的决定标准是生产，是劳动和生产决定了夫妻在家庭中的地位，废除了丈夫具有的对妻子的支配权。这样，女人作为一个农业生产主要人力资源直接隶属于代表全社会成员共同利益的社会，不再通过家族、家长和丈夫的允许而隶属于社会。只要妻子认真劳动，就可以不受"男人气"，夫妻双方的对话体现了对劳动价值观念的高度认可与接受，并各自重新评估自己在夫妻中的定位，新的平等、勤劳、和睦的家庭关系已然建构。

第三，新秧歌的思想政治教育功能的表达也集中体现在群众自编秧歌之中，群众自编秧歌具有自我教育的实质。群众创作秧歌的前提是必须对党和政府的政策有明确的了解，必须认知群众的现实需要，否则，在当时的政治社会环境中，就要承担可怕的政治风险，或者得不到群众的认可。庆阳三十里铺的社火头黄润"他今春组织了一个老百姓的新社火，他们不但自己排演，并且用集体创作的办法，编写了好几个剧本。在他们的剧本中，描写了减租斗争、防奸斗争、识字运动，合作社方针等新事物，生动的反映了老百姓在新政权下的现实生活，正确的宣传了政府各项重要政策。同时，演出的效果也很良好，受到了广大群众的欢迎"。[①] 这些内容归属于社会教育之中，秧歌是集体创作的成果，表明在乡村中，有相当部分群众已经认知、了解的社会教育的内容，因为接受认可这些内容，采用秧歌的形式表达，体现了社会教育的成效。

刘志仁集体创作的秧歌体现了教育内容的全面，具有与时俱进的特质。从1939年到1944年，他们就创作和演出了《新阶段》、《新小放牛》、《救国公粮》、《放脚》、《新十绣》、《自卫军训练》、《反对摩擦》、《保卫边区》、《交公粮》、《生产运动》、《四季歌》、《百团大战》、《读书识字》、《反特务》、《新三恨》、《边区好政府》、《十二月

①　陕西师范大学教育研究所编辑：《陕甘宁边区教育资料·社会教育部分》（上），教育科学出版社1981年版，第156页。

忙 》、《二流子》等新秧歌。这些秧歌既涉及抗战的宏观局势，也宣传了党在边区的各项政策和民众的现实生产生活，体现了刘志仁集体广阔的视野，也体现了边区局势、政策、人民生活的变化发展进程，表明了刘志仁集体认真学习、领悟、执行社会教育内容的态度与成效。在自我教育的同时教育他人，让新秧歌成为向民众推行社会教育的有效载体和形式，更是社会教育效果的直接展现。

2. 新秧歌的演出

新秧歌在形式上切合群众的欣赏和观看习惯，在内容上真实反映了民众的现实生活，群众说："我们不愿意看旧戏班子演的戏，你们新戏，又好看又能劝解人，演的是咱们自己的戏，容易解下。"① 他们认为新秧歌"都是劝人好，叫人好好生产，多打粮食，光景就过得美啦！""你们能根据实在的事情演，老百姓能看懂，又是新的，老百姓喜欢看。"同时，边区民众生活较为单一，观看秧歌成为民众娱乐休闲最为重要的形式，边区秧歌队和剧目众多，采用上门表演的方式，受到群众的热烈欢迎，群众百看不厌。随着新秧歌在边区城市、乡村的大量上演，民众的积极参与，在秧歌的演出和观看过程中，新秧歌承载的思想政治教育内容潜移默化地进入民众的心中、脑中，取得了良好的效果。

第一，在秧歌演出中，演员和群众不单扮演表演者和观看者角色，而是以秧歌为载体，双方在演出过程中完成了教育信息的接触、交流、碰撞、接受、践行全流程。到达边区的西方记者这样描述，在秧歌演出中"人人的脸儿都是全神贯注的，舞台上活动的演员和长凳上的观众之间，情感的维系是正像梵哑铃和它的乐弓一样密切。这些演员始终合着听众的情感而演戏。他们不是和观众分离，给予外人的娱乐，却是代表群众做一种表演"②，"观众不时哄堂大笑，或者对日本人表示厌恶和仇恨的咒骂，他们情绪很激动"③。在《变工好》演出中，主人公陈二最初不愿意参加变工队，独个儿持着牛耕地，忙得不亦乐乎。顾了抓粪、撒种，顾不了赶牛，顾了赶牛，又顾不上撒种。一会儿牛跑了，一会儿牛吃种子了……当

---

① 陕西师范大学教育研究所编辑：《陕甘宁边区教育资料·社会教育部分》（上），教育科学出版社 1981 年版，第 146 页。

② ［美］尼姆·威尔斯：《续西行漫记》，陶宜等译，解放军文艺出版社 2002 年版，第 77 页。

③ ［美］埃德加·斯诺：《西行漫记》，董乐山译，东方出版社 2005 年版，第 106 页。

剧演到"牛套歪了"的时候，竟有农民自动上场准备帮助修理。当陈二忙得狼狈不堪的时候，观众焦急地、规劝似地对陈二喊："快变工吧，快变工吧。"①

1944 年《解放日报》对军法处秧歌队表演《钟万财起家》的报道，真实形象生动全面描绘了群众与秧歌融合共鸣的情况。《钟万财起家》以小砭沟二流子钟万财转变之真实过程做题材。

> 剧开场是：钟妻高桂兰自怨悲凄地唱着"……抽洋烟、不生产……挨饥受冻实在受熬煎。"这曲调立使观众收敛了欢愉的笑容，当钟因被斗争带着愤人与自愤的神情，骂着"开会斗争我……活下半辈子挣下个二流子名"回家时，冷寂的场上发出一阵哄然大笑，这是观众们对懒汉轻视的嘲笑。其后，钟受杨村长感化，上山开荒，但不久他挖地的动作渐渐缓慢，哈欠喷嚏接连而来，观众又嘲笑他烟瘾发作了，当钟说着"回去吧！"想回家时，大家替他的内心矛盾与动摇担心起来。在××圆操场演出时，一个姓石的老乡说："这下可打塌咧！"在边府演出时，另一老乡如此讲："这可球事咧！"可是经过杨村长多方教育后钟万财终于毅然吐出了："干……男儿汉大丈夫甚事干不成！"摄头有力地舞起来了，观众们为其勇气鼓舞着："啊！这才像话嘛！""这下可真转变结实咧！"初二日演出时，几个老乡互语着。第三场中转变后的钟万财日子完全变了样，有吃有穿，还缴三斗公粮，当了自卫军排长。"脸上红×××的！"这是杨村长指着钟的脸夸耀他的话。赢得了全场兴奋的微笑。侯家沟二流子李满堂被一位同村青年以指头刺其背，嘲笑地语李："看人家，你怎么办！"李经过羞悔后，当即表示决心："咱今年要好好干，咱一个劳动要种地十二三垧……还敢同他钟万财比赛！"该村侯洪凡也向人说："这宣传好嘛！那些皮皮溜溜的二流子看啦。"

从这则报道可以看出，在观看秧歌时，群众随着剧情的变化，动作、表情和语言表达出其真正融入剧情之中，仿佛秧歌表演就是现实的生活场景，观看者进入此场景，人与事都和其自然关联，秧歌营造的场景与现实

---

① 刘建勋：《陕甘宁边区的新秧歌运动和新秧歌剧作》，《人文杂志》1984 年第 4 期。

生活浑然一体。"收敛了欢愉的笑容"、"对懒汉轻视的嘲笑"、二流子想要放弃时的"担心"、二流子转变后的"鼓舞"与"兴奋"的微笑，对身边二流子的"指头刺其背"的"嘲笑"，群众语言的评价与感叹："这下可打塌咧！""这可球事咧！""啊！这才像话嘛！""这下可真转变结实咧！"群众的语言与动作表达出对生活中人与事的判断，判断之下展现了民众意识中的价值观念，而这些价值观念正是社会教育想要和实现的教育目标。

二流子李满堂被当场教育，只能是羞悔，表示决心改过，甚至还要和钟万财比赛，秧歌的教育作用与效果得到直观的体现。更为重要的是，对李满堂的教育来自同村的年轻人，以前，二流子是难惹的泼皮，民众对之敬而远之，哪敢这样嘲笑与批评。追寻普通民众批评的权力来源与正当性可以看出，以劳动为标准的价值判断成为大家的共识，这一价值标准成为话语权的直接承担者，二流子的表态与诚恳接受，表明其无法与已经形成的主流舆论相抗衡，在鞭挞否定原有陈规陋习的基础上，以劳动为核心价值的观念对乡村社会进行了有力的重塑，表明社会教育追求的农村新人际关系和价值观念的建构已取得相当成效。

第二，在秧歌的演出中，党的政治话语与革命观念潜移默化地进行表达，民众对话语体系和故事情节传递的教育内容得到有效吸收与接收，逐渐实现了对党的政治认同。在《动员起来》中有这样一段：

> 村长：对呀，毛主席就是咱老百姓的福星。咱们跟他指的路走，日子就更美气。庄稼汉人人都能做状元，做模范，口外劳动英雄大会人多哩。有绥德的，有志丹的，有安塞的，三边的，陇东的，关中的。啊，边区的地方一满都有人，一百多个呢！还有二流子转变了做状元咧，讨论怎价种庄稼，还要比赛咧，咱们劳动状元要把咱乡创造成模范呢。

在以村长为代表的民众眼中，"毛主席"这一党和政府的象征成为了他们的"福星"，"福星"的美誉不是抽象的，而在于民众相信"跟着他指的路走，日子就更美气"。在秧歌中，"路"被具体化为党的各项政策主张，按照党的政策办事，就会生活美满，体现民众对党和政府的认同。同时，乡民的视野不再局限于家庭和村落之中，能在全边区范围内审视自已的行为，要通过比赛把"咱乡创造成模范"，这样的集体荣誉感的萌发在相当程度上体现出民众已具有现代意识。

1944 年，中疗秧歌队在乡村演出《赵富贵自新》时，观众用同情的眼光凝望着赵富贵夫妇，女的像在说"赵富贵上当了，你瞧，他的婆姨多难过"，但是对主犯特务头子大掌柜则用仇恨的眼光瞪着他："晦，妈的，他的心真狠！"观众恨透了特务头子大掌柜，甚至忘记了他只是一个戏剧演员。有个村的老乡请秧歌队吃饭时，当时一个老乡说："不要给大掌柜吃饭，他心太狠了！"特务是政治的附属品，与民众关联不大，民众对特务掌柜和赵富贵夫妇的爱恨情仇，既是朴素的是非观念的判断，也是其革命立场的情感表达。

刘志仁在演出《十绣》时，该秧歌最后所叙述的八路军到后，人民安居乐业的情形，每当演出时，皆激发起群众对八路军称赞和拥护的无数言辞，这个歌子五区南仓村周围各村中的青年群众多半都会唱，也最爱唱。群众对八路军称赞与拥护，成为政治认同的直接展现，群众的会唱与爱唱，表达作为载体的秧歌丰富的、实效的教育效能。

在众多的秧歌中，识字生产、缴纳公粮、拥军优属等群众现实行为，被有效推演，上升到保家卫国的高度，这样，民众在观看秧歌的过程中，明白了自己生产劳动、识字交粮的重大意义，民众意识到：原来卑微的自己还可以承担并实际承担了保家卫国的历史重任，自己存在的价值在秧歌中得到表现，这在民众心中产生一种前所未有的自豪感，这种自豪感会演变为强大的内驱力，驱使群众认真践行党和政府"指的路"，秧歌反复演出，群众反复观看，这样的教育信息被有效地强化和积淀，逐渐成为民众自然的价值观念，这些观念通过民众的日常交往等形式播撒与传播，在乡村中成为新的、权威的话语和观念系统，遵循它，就会得到认可，违背它，在乡土社会的强大的舆论场中，不仅自己被唾弃，甚至自己的亲人也抬不起头来，这样的后果是个体无法承受的。农民开始了在新的社会下尝试和体会着新的社会地位和身份，传统的人际层级关系被重新界定。乡村民众能够直观地感受到他们的生活发生着如此巨大的变化，尤其是自身地位和自身价值得到了提高和体现。随着新的生活状态的进行和延续，这种感受会一步步变成生活现实，而这样的改变来自"跟着共产党闹革命"，民众是朴实的，他们会在心理和行动上表达对共产党的追随与认可，社会教育中最难传递和取得成效的教育目标被秧歌隐形地实现了。

值得一提的是，随着民众对秧歌创作与演出的广泛深入参与，民众在秧歌中得到娱乐的同时，还有效地消除了乡村中的一些不良习俗。南仓社火在老刘的领导下，几年来由 40 余人发展到 60 多人，南仓全村 50 余户，成年和青年人大半参加了耍社火，娃娃们很多都会敲锣打鼓，妇女们也学会了新秧歌，不分男女老幼，都有他们的正当娱乐，所以几年间消灭了抽烟、酗酒、赌博、打捶等不良现象。

秧歌的教育成效在当时得到高度的认可。曾在边区生活过的冈瑟·斯坦这样评价秧歌，秧歌"成为乡村和市镇的男女老幼大感兴趣的东西，成为推广新民主主义各种政策的最有效方法"①，"与任何别的感受相比，秧歌更使我深刻地感受到，它具有延安人一直都在提起的多样化群众运动的意义——包括为正确行使人民新的民主权利和义务所进行的群众运动，以及为了增加生产、为了军支民和民支军，为了教育、现代卫生及其他许多实现新民主主义实际目标而进行的群众运动"②。1945 年，黄炎培在延安曾由毛泽东主席和朱德总司令陪同观看秧歌表演，事后他评价道："使我最欣赏赞美的是一出《兄妹开荒》的秧歌剧。表演得特别绵密而生动。据说表演者不是北方人，而方言、言调和姿态，十足道地地表现了北方农村，表现了边区人民活跃而愉快的民主自由生活，表现出他们对生活的热情。这真是'向老百姓学习'了。"③

现代学者这样评价道："把中共的抗日主张与减租减息、大生产运动以及其他社会政策融入剧目中去，寓教于乐，对于多数目不识丁的贫苦民众来说，起到了其他教育方式难以起到的教育作用与动员作用。这些活动与其他教育活动一起，全面地、深刻地改造着人们的思想观念，民众开始以全新的眼光来看待这些史无前例的新生事物。"④"在这种大众化狂欢中，党的各项工作通过这里得以宣传、组织和推动，党的政策法令、制度

①　[美] 冈瑟·斯坦：《红色中国的挑战》，马飞海等译，上海译文出版社 1999 年版，第 206 页。

②　同上书，第 209 页。

③　黄炎培：《延安归来》，转引自刘建勋《陕甘宁边区的新秧歌运动和新秧歌剧作》，《人文杂志》1984 年第 4 期。

④　崔玉婷：《邹平教育模式与延安教育模式比较研究》，博士学位论文，华东师范大学，2006 年，第 132 页。

规范得到传播和渗透。集体的、热闹的秧歌舞参与到党的革命工作和中心任务中来，成为革命发动、进程、胜利等环节中的仪式象征。"①"新秧歌运动破除了政治动员过程中的观念障碍，提供了符合新秩序要求的替代性认知框架。在新秧歌剧中……通过表现农民最直接体验来教育他们、说服他们，打破他们保守、封闭的迷信的思想，在看戏中改进民众的生活方式，废除不良习惯，打破旧有的观念信仰和价值体系，并按党的目标，使广大的边区民众向着'生理上与心理上的解放'迈进。"②

---

① 张孝芳：《延安的"新文艺"与党的政治动员——以新秧歌运动为例》，《中共四川省委省级机关党校学报》2013 年第 2 期。

② 同上。

第五章

抗战时期陕甘宁边区社会教育的效能

依据边区社会教育的识字教育、抗战动员、移风易俗和政治认同四大教育目标，可以看到，社会教育较好地实现了这些目标。到抗战结束时，边区群众文化水平得到提高，为抗战提供人财物的全力支持，积极贯彻党的方针政策，拥护党的领导，改良陈规陋习。边区人民的思想觉悟、社会地位和生存状态发生显著变化，由处于社会边缘的封闭落后愚昧的受压迫者，成长和发展为思想先进、充满生活激情，富有民族意识和自主意识的革命主体。这一凤凰涅槃的重生是系统工程合力作用的结果，但毫无疑问的是，社会教育是完成边区群众这一转变的直接催化剂和有效的路径与平台。社会教育对个体的政治方向引领、思想意识变化、个体人格的塑造、行为规范的调控，为边区社会发展、革命事业前进提供了最可宝贵的精神动力，彰显出社会教育的思想政治教育价值和效能。

社会教育每一目标的实现，都面临重重阻碍与困难，深入分析和认知这些因素，能够切实感受这些成效取之不易，进一步体会社会教育的效果。同时，也可以看出教育者和受教育者之间本身内含着党的革命要务和群众的生活要务的对立与矛盾，这是社会教育出现各种问题的根源之一。而社会教育对矛盾的消解，让革命要务和生活要务在群众意识和行动中相互交融，浑然一体，是其取得成功的缘由。认真分析、梳理和探究这一问题，能从本质上认识到社会教育成功的原因，也会对现代思想政治教育予以深深的思考并获得有益的启迪。

第一节　边区群众文化水平显著提高

抗战时期，组织动员群众识字，提高群众文化水平是社会教育的直接目的，也是贯彻社会教育显性的、主体性的内容。诚如列宁所言，"文盲是处在政治之外的，必须先教他们识字，不识字就不可能有政治，不识字只能有流言蜚语，谎话偏见，而没有政治"①。但是，实现这一目标困难重重。

一　识字教育面临重重困难

（一）识字教育表达了教育者的诉求，经验的缺乏会导致社教组织领导者在工作中不可避免地出现各种失误

抗战期间，动员各种力量战胜日本侵略者是边区一切工作的中心和出发点，边区之所以下大力气开展民众识字教育，是因为高层领导者深刻认识到文化与政治的关系，群众缺乏文化，就会直接或间接影响抗日大局，因为"文盲众多，文化状况的落后必然直接影响他们对党的方针、政策的正确理解和贯彻执行，就不能很好地掌握斗争的策略和方向，更不可能用科学的方法发展农业生产，并且影响人民群众的政治参与能力和参与边区建设的能力"②。

因此，直白地讲，通过社会教育教习民众识字、提高文化水平带有强烈的政治功利色彩，同时，基层社教工作实施者不一定真正领会提高群众文化水平的重要意义，更多的是作为任务来完成，而且他们开展社会教育的经验不足，在此情况之下，从教育者角度观察，识字教育组织实施就不可避免地会出现种种问题。

一是在思想上对社教工作重视不够，如 1940 年边区教育厅指示信中指出，"过去各县三科，对于学校教育尚知努力，对于社会教育工作往往关心不够"③。在边区《一九四〇年社教工作的总结》强调"要打破轻视社会教育的观点……我们对它要多费点心，研究些办法，我们不能让社会教育停滞在现在的阶段上"④。1941 年《解放日报》发表社论指出："必须纠正'认为冬学工作不是政治工作，无足重视'，或是'冬学工作是捎带工作不是本身任务'等错误的认识；同时教育行政机关也要抓紧主持，

① 《列宁全集》第 42 卷，人民出版社 1987 年版，第 200 页。

② 李祥兴、程晓敏：《抗战时期陕甘宁边区的社会教育与政治社会化》，《山西师范大学学报》（社会科学版）2011 年第 1 期。

③ 陕西师范大学教育研究所编辑：《陕甘宁边区教育资料·社会教育部分》（上），教育科学出版社 1981 年版，第 123 页。

④ 同上书，第 131 页。

不能说有了冬委自己便可推诿责任。陕甘宁边区去年冬学期间，有几个县的三科长去做了征粮组长，冬委工作无人主持，以致冬学工作完全垮台，这是应该引以为戒的。"①

二是社教工作者在工作实践中方法粗糙，1945 年的《根据去年经验教育厅发出冬学指示》批评道："有的地方以强迫、命令、固定、抄名册、捎口信等方式代替宣传解释。同时有些干部好耍私情，不特自己的子弟不去上冬学，并且庇护亲戚朋友的子弟也不去上冬学。"②

三是社教工作把社会教育作为任务来完成，社教工作成为其负担，形式主义盛行。1946 年，边区教育厅在《三年来边区社教工作总结》中指出，社会教育"存在形式主义，如曲子县识字组号称四十九处，实际起作用的只有五处"③。"佳县报告中说：'社教工作在文教大会后一时搞得很起劲，以后就慢慢消沉了。大部分是有组织不进行识字。'"④ "米脂说：'干部对社教烦恼起来，情绪降得很低，甚至根本不关心，只要不谈社教工作，他们就觉得轻松了许多。'"⑤ 这是对成熟时期社教工作的总结，可以推论，在前期的社教工作中，这样的情况应该更加严重和突出。

（二）边区群众文化基础极其薄弱，文盲人数众多，识字教育工作繁重而艰巨

边区 150 万人口中，民众文化水平极低，绝大多数为文盲，曾任边区政府秘书长的李维汉回忆边区时指出："知识分子缺乏，文盲达 99%……人民不仅备受封建的经济压迫，而且吃尽了文盲、迷信、不卫生的苦头……"⑥

在关中岭底村"历年来全村人是饱尝了不识字的苦处，开了店不会记账，人给了店钱，不会识票子，过路的军队借了粮草不会开条子，上边

---

① 《开展冬学运动》，《解放日报》1941 年 10 月 24 日第 1 版。

② 陕西师范大学教育研究所编辑：《陕甘宁边区教育资料·社会教育部分》（下），教育科学出版社 1981 年版，第 173 页。

③ 陕西师范大学教育研究所编辑：《陕甘宁边区教育资料·社会教育部分》（上），教育科学出版社 1981 年版，第 195 页。

④ 同上书，第 208—209 页。

⑤ 同上书，第 209 页。

⑥ 李维汉：《回忆与研究》（下），中共党史资料出版社 1986 年版，第 566 页。

来了公事要拿到几里路外请人看"①。在高家沟村 243 人中，仅有高怀山识字，还有两个半文盲，高怀山不在就要闹笑话。有一次，乡上来条要牲口，高连儒错认为县上要牲口，把东西驮到子洲皇卯，来回 200 余里，误工花钱还误了乡上的差事。另一次，乡上来了条给自卫军连长杜修发，叫他把自卫军的花名册带去，他却集合了一排自卫军到乡上来，引得大家说笑了一阵。②

可见，群众文化基础极差，这给识字教育带来巨大的困难，当然，这也似乎表明民众饱受文盲之苦，有识字、学习文化的迫切需要，有利于扫盲工作的推行，但实际情况并非如此。

（三）识字并非民众直接的生活要务，对识字并无现实紧迫需要

边区地处西北的黄土高原地带，雨量稀少、沟壑纵横、土地贫瘠、交通闭塞，基本没有现代工业，农业生产力极低，"三分之一的农民没有耕牛和农具，农业耕作粗放，劳动力缺乏，农民终年劳动难得温饱"③。人民生活极其困苦，是当时中国最落后的地区之一。在这种情况下，如何维持生存是民众思考的中心问题，这就要求家庭成员全员分工劳作。对民众而言，文化知识只是其心目中的可望而不可即的装饰品与奢侈品。

（四）识字加重了民众的负担

有学者根据史料进行计算，在负担最重的抗日战争时期，边区一个劳动力每年的平均负担折合成时间，加上接受社会教育所用时间，一个农民需要 420—440 天才能完成一年的各项工作。在此之下，民众辛苦劳作之后，还要参加各种形式的识字活动，自然，识字在其心目中就成了一种令人厌恶的负担。④

（五）群众对识字不适应，缺乏信心，充满怀疑和恐惧，以各种形式逃避学习

一是群众在劳动之后，参加夜校、冬学等集中形式的学习，这是对其原有生活方式的巨大改变。同时文化基础差，识字感到头昏脑涨，认为识字比劳动还辛苦，群众在初期极难适应。二是对识字缺乏自信，"很多群

---

① 陕西师范大学教育研究所编辑：《陕甘宁边区教育资料·社会教育部分》（上），教育科学出版社 1981 年版，第 157 页。

② 同上书，第 167 页。

③ 刘宪曾等主编：《陕甘宁边区教育史》，陕西人民出版社 1994 年版，第 2 页。

④ 黄正林：《陕甘宁边区乡村的经济与社会》，人民出版社 2006 年版，第 318 页。

众不愿念书，还在于他们认为念冬学书不顶事。一冬三个月，认上三几百字，在间隔半年多的劳动时间内又忘光了，还不如干脆不念"①。三是对识字持怀疑和恐惧态度，在1942年的《根据去年经验教育厅发出冬学指示》中指出："在每期冬学中……课本的内容和功课的配备上，政治分量太重，门类也很繁多……学校组织和生活也有点太军事化了，军事管理、军事行动，俨然像一个军事政治学校。这样不仅与民众平素生活习惯距离太远，反而引起某些民众的怀疑，他们以为冬学就是练兵和训练公家人，这种怀疑虽然已被事实证实不对，但某些民众，总还不放心。"② 故此，"个别家长送子弟入学时痛哭流涕"③，"发生雇人代替，应名不到、经常流动、装病不起、隐匿逃避等现象"④。

同时，开展社会教育的基本条件严重缺乏：教师匮乏，素质不高；经费极其紧张；教学场所稀少；教学用具如黑板、粉笔极少；教材缺乏，且初期教材与教学对象严重脱节。这些因素的合力，使识字教育面临诸多挑战，实现这一目标极其困难。

二 识字教育成效明显，群众文化水平显著提高

虽然识字教育面临各种困难，但随着教育方针政策的完善与优化，在教育外部条件不断改善的条件下，在社教工作者的努力下，以及群众的支持配合下，识字教育取得了丰硕的成果。

（一）参加识字教育的群众规模庞大

各种组织形式的社会教育的开展，吸纳了众多群众参加学习识字。遗憾的是当时并未全面准确地统计，就统计资料看，具体的数据存在缺失、差异和矛盾的地方，但也在概貌上共同反映出边区参加识字教育的群众数量是庞大的。据1944年的《陕甘宁边区的社会教育》中的资料（见本书第29页表2-1），1946年边区教育厅《三年来边区社教工作总结》（见表5-1）可知，1937—1941年，参加识字教育的群众呈明显上升趋势，1939年以后每年识字的人数达到6万—7万人。1944年参加读报识字组、

---

① 陕西师范大学教育研究所编辑：《陕甘宁边区教育资料·社会教育部分》（下），教育科学出版社1981年版，第343页。

② 同上书，第174页。

③ 同上书，第280页。

④ 同上书，第174页。

夜校、冬校、半日校的人数近 3 万人，就在表 5－1 资料所在文章中又指出"米脂县四四年全县有识字读报组 830 处，参加者 9298 人"①，这就是说，米脂县参加识字读报组人数占据了全边区的 1/3 强，这显然是让人怀疑的，也说明边区教育厅统计不够全面和准确。另有资料指出"1944 年办冬学 3470 所，入学农民达 5 万。读报组、识字组几乎村村都有，最高达 5 万—6 万人"②，鉴于 1944 年是社教工作繁盛时期，笔者认为这一资料是可信的，也就是说 1944 年至少有 10 万人参加识字教育。1945 年参加识字教育的人数锐减。1942—1943 年笔者未找到统计数据，但依据情况推算，应该每年有不低于 4 万人参加识字教育。有些地方识字教育工作成效很好，如"延安县创造了光荣的模范，全县发展了 7450 个组员，占全县人口 1/4，这种奇迹在中国教育史上是不容易找到的"。

需要特别指出的是，在笔者所见的各种资料中，关于社会教育参加人数的统计资料少，不齐全，且相互之间多有抵牾。事实上，还原到当时的历史场域，这也能够理解。在当时特定的环境中，各种事务繁杂，部分基层社会教育工作者对开展社会教育工作认识不足，在心理上将社会教育当作一项不得不完成的任务，而完成任务的主要方式就是上报数据，因此，一些社会教育工作者上报的统计数据就不够全面和真实。而边区教育厅限于人力物力，也不能对各地上报数据进行全面有效的核查，这就导致我们现在看到的数据存在各种问题。但是，笔者认为，纠结于数据的精准大可不必，因为这些数据已经为我们勾勒了社会教育吸纳广大群众参与的概貌。

依据这些资料和推算，笔者认为，抗战期间，大约有 40 万人次参加了识字教育，边区大约有 150 万人，除去军队、党政人员、知识分子、在校学生，以及不适宜参加识字教育的人如傻子、老人，以及重复参加学习者等，保守估计，至少有 15% 的群众参加识字教育，社会教育以成青年为主要对象，成青年参加识字教育的人至少有 80%。结合当时实际，这样的识字人数是惊人的。

① 陕西师范大学教育研究所编辑：《陕甘宁边区教育资料·社会教育部分》（上），教育科学出版社 1981 年版，第 196 页。

② 中央档案馆编：《陕甘宁边区抗日民主根据地·回忆录卷》，中共党史资料出版社 1990 年版，第 335 页。

表 5 – 1　　　　　　1944 年至 1945 年边区群众参加识字教育的情况统计

		1944 年	1945 年
读报识字组	组数	2608	903
	人数	26952	7727
夜校	校数	313	169
	人数	2339	2075
午校、半日校	校数	86	25
	人数	822	315

资料来源:《陕甘宁边区教育资料·社会教育部分》(上),教育科学出版社 1981 年版。该表位于 196 页与 197 页之间,未标注页码,本表根据该页内容重新制表,只采用了 1944、1945 年数据。

同时,通过社会教育,在边区形成了识字的浓厚氛围,给到达边区的外国记者留下深刻的印象,予以高度的赞扬,在美国著名记者冈瑟·斯坦眼中:"边区像个巨大的小学校,其中几乎每个人,老老小小都急切地要学习——如果可能的话,还要教别人。"[1] 王安娜描述和评价道:"在'边区',几乎所有的村子都设有'识字班',这是供成人和孩子们学习的一种学校。在识字班里,先生比学生年轻并非罕见。教给学生的字数,限定在数百字左右。这样做的结果,文盲的人数逐渐减少,许多人从无知的黑暗中被解放出来,效果显著。"[2]

(二) 摆脱文盲的群众人数众多

边区教育厅统计数据只是表明了参加识字教育的人数,而在通过社会教育消灭文盲方面缺乏准确的统计数据,只能通过散碎资料进行合理推论。

1940 年的冬学工作总结中,指出边区 12 个县"百分之十二的学生毕业了,留下没有毕业的学生,也均能认到八、九十个到二、三百个字"。[3] 据三边分区 1944 冬学年工作总结指出,上年冬各县冬学成绩除靖边外均未统计,靖边县 37 处冬学 571 名学员中识字 1000 字以上(当时规定识字

---

① [美] 冈瑟·斯坦:《红色中国的挑战》,马飞海等译,上海译文出版社 1999 年版,第 247 页。

② [西德] 王安娜:《中国——我的第二故乡》,李良健等译,生活·读书·新知三联书店 1980 年版,第 157 页。

③ 陕西师范大学教育研究所编辑:《陕甘宁边区教育资料·社会教育部分》(下),教育科学出版社 1981 年版,第 155 页。

1000 字以上为脱盲标准）40 人，19 个夜校 143 名学员中脱盲 2 人，12 个识字组 96 名学员中脱盲 3 人。① 由此概算，每年的扫盲比例为参与人数的 10% 左右。在《陕甘宁边区的社会教育》中指出，到 1941 年，随着社会教育的开展，"边区比从前减少了百分之五的文盲"②，1944 年边区第二届参议会的一份提案估计：全边区 13 岁以上 50 岁以下的文盲人数降低了 7%。③ "到抗战胜利前夕，边区内的识字组、夜校、午校、半日校和轮学等发展到 3007 处，除冬学外，学员达到 30113 人。边区农村识字的人数从 1% 提高到 10%，在短短八年间能取得这样的成绩是很不容易的。它对边区人民文化素质和文盲程度的提高，具有历史意义。"④ "全边区接受学校教育和社会教育的人数，占总人口 150 万的 10%。边区原来识字的人数仅占 1%，个别地区如华池县四、五百人中还难找到一个识字的，跟边区本身的这种情况相比，识字人数增加了 10 倍至 40 倍。"⑤

　　依据这些资料，综合各方面因素考量，抗战期间，边区社会教育总体消灭了 10% 左右的文盲是可能和可信的。与现在相比，这一成就似乎不足为道，但用历史的眼光审视，在当时文盲遍地的中国，考虑到边区的实际教育条件，实在是很了不起的，甚至是令人难以置信的教育成就，况且还有数量更加庞大的认识了几十个、几百个字的民众。"社会教育成效如此巨大，不仅旧中国不能比拟，就是建国后相当长时间有些经济不发达地区也显逊色，在那里，文盲或半文盲还普遍存在。"⑥

　　更为重要的是，通过识字，不仅提高了民众的文化素养，还优化了民众的生活状况，也为实现其他教育目标奠定了基础。"许多不识字的青年或成年，经过几年的学习，不仅识字，而且能看路条，写简单的信。当时根据地的群众绝大多数都能讲一通'抗日'的道理，都知道为什么要'抗日'和这样'抗日'等。不少教育家和社会进步人士，一到根据地，

　　① 陕西师范大学教育研究所编辑：《陕甘宁边区教育资料·社会教育部分》（下），教育科学出版社 1981 年版，第 269—270 页。

　　② 陕西师范大学教育研究所编辑：《陕甘宁边区教育资料·社会教育部分》（上），教育科学出版社 1981 年版，第 144 页。

　　③ 同上书，第 268 页。

　　④ 宋金寿主编：《抗战时期的陕甘宁边区》，北京出版社 1995 年版，第 641—642 页。

　　⑤ 吴志渊：《西北根据地的历史地位》，湖南出版社 1991 年版，第 273 页。

　　⑥ 董纯才等主编：《中国革命根据地教育史》第 2 卷，教育科学出版社 1991 年版，第 625 页。

无不称赞根据地社会教育的成功，群众思想觉悟的提高。"①

第二节　边区移风易俗成效明显

边区原有的社会生态是封闭、落后与愚昧的，李维汉曾任边区政府秘书长，他对边区农村有一段描述："反映在文化教育上，就是封建、文盲、迷信和不卫生。知识分子缺乏，文盲达99％，学校教育，除城镇外，在分散的农村方圆几十里找不到一所学校，穷人子弟入学无门；文化设施很缺，人民十分缺乏文化生活；卫生条件极差，缺医少药，人畜死亡率很高，婴儿死亡率达60％，成人达3％；全区巫神多达两千人，招摇撞骗，为害甚烈。人民不仅备受封建的经济压迫，而且吃尽了文盲、迷信、不卫生的苦头，人民的健康和生命得不到保障。"② 李维汉这段描述揭示了边区群众卫生习惯和意识差，迷信巫神两个突出问题，实际上，边区鸦片泛滥，二流子横行，妇女地位低下，备受压迫，缠足、招夫养婿、抢婚、包办婚、贩卖妇女、童养媳、转房婚等各种陈规陋习盛行，传统的习俗主宰群众的生活，百姓深受其害而无力改变，在不自觉中成为愚昧习俗的维护者和害人的帮凶。

边区这样的社会生态，不仅让民众饱受其苦，也严重阻碍了党的革命事业发展。边区政府通过各种措施和手段变革民众的观念，进行移风易俗，社会教育是其中重要的环节和纽带。在党和政府主导的社会教育中，变革陈规陋习，建构与党的价值形态匹配的风俗习惯，是社教工作的有机部分。边区要求"冬学运动，要和冬季训练及闹秧歌、医药、卫生、组织妇织、植树等取得有机联系，这样使得冬学会更有内容，人民可在冬学内学到更多、更有用的实际知识，并用以进行边区各种长期建设"③。

1940年边区政府颁布的《陕甘宁边区民众教育观组织规程》规定："民教馆为进行社教之机关，其任务是为消灭文盲，宣传政治常识、科学

---

① 董纯才等主编：《中国革命根据地教育史》第2卷，教育科学出版社1991年版，第625页。

② 李维汉：《回忆与研究》（下），中共党史资料出版社1986年版，第566页。

③ 陕西师范大学教育研究所编辑：《陕甘宁边区教育资料·社会教育部分》（下），教育科学出版社1981年版，第206页。

常识，发展经济建设，提倡卫生，破除迷信，组织与提高群众文化娱乐工作。"① 民教馆认真履行了这一任务，如在边区政府社教工作总结中指出："庆阳民教馆四四年创造了'文化棚'新的庙会宣传形式，历年来赶庙会成了民教馆的中心工作之一。庆阳县每年大小庙会有七八十次，比较大的有四月四的菩萨山、三月一的太和山，赶会的群众总在万人以上。民教馆在这些庙会上，都进行了棉花打卡、发展纺织、卫生、时事等宣传工作。采取文化棚、散分②宣传画报（棉花打卡图、卫生画报）、讲解漫画，用说书、唱小调的形式，带着各种表情讲解国家大事、生产、卫生常识，并实地教给群众棉花打卡、纺织，群众很感兴趣。"③"子长民教馆去年至今年搞了五处庙会宣传活动，有秧歌、文化棚、施药问病处、新式拉洋片等，施药问病是医务机关协同，由他们派去医生免费给群众看病，经治疗的病人有 245 人，并配合进行反迷信宣传。"④

　　社会教育的广泛深入开展，深刻揭示了陈规陋习的危害，宣传新的社会习俗与行为，为边区移风易俗发挥了不可替代的作用，到 1945 年，边区社会焕然一新，秩序安定，社会风气良好。二流子改造、妇女解放、破除迷信和卫生状况改善是其中的亮点，也是社会教育取得成效的有力佐证。

一　全面完成二流子改造

　　陕甘宁边区时期所指的二流子与现代意义上的概念有所不同，特指那些不务正业、不事生产，以种植鸦片、赌博、偷盗等非法活动为生，及从事阴阳、巫神、土娼等不正当职业，经常搬弄是非、装神弄鬼、为非作歹的各种人的统称。他们和土匪、鸦片构成边区三大祸害。二流子们好吃懒做，游手好闲，惹是生非，欺凌百姓，还和敌特勾结，破坏边区，危害甚大，群众对之敢怒不敢言。边区二流子众多，据当时的调查，1937 年前人口不到 3000 人的延安市，二流子就有 500 人，占人口总数的 16%。延

---

① 陕西师范大学教育研究所编辑：《陕甘宁边区教育资料·社会教育部分》（上），教育科学出版社 1981 年版，第 279 页。

② 当为"分发"，原文如此。

③ 陕西师范大学教育研究所编辑：《陕甘宁边区教育资料·社会教育部分》（上），教育科学出版社 1981 年版，第 206 页。

④ 同上书，第 207 页。

安县人口约 3 万人，有二流子 1692 人，占总数的 5.6%。陕甘宁边区 140 万人口中，二流子大约占 7.8 万人。

在社会教育中，用各种方式对二流子进行了有力的揭露，发动群众对其做坚决的斗争，对二流子形成强有力的震慑，既教育了群众，也改造了二流子。在第四章中可以看出，秧歌是改造二流子的有效方式。同时，社会教育还充分利用其他教育组织形式和方法对二流子进行改造和教育。如用黑板报揭露二流子，"在安塞真武洞，李彦明的婆姨吸大烟，不务正业，家里经常留很多闲人。今年三月间，有次夜晚被检查站查出，民教馆的黑板报就写了'二流子婆姨半夜不睡觉'的一篇稿子，准备在黑板报上登出，怕得她到处乱跑，请求乡政府、检查站、编委会的人说：'我宁愿背地里受任何处罚，请你不论怎样不要登报。'后经劝说批评，现在已转变了"①。社会教育中的小先生也是二流子转变的教育者和监督者，在绥德六区，有个安家婆姨不讲卫生，懒得不愿生产，小先生坤元整天给她讲二流子变英雄等实际例子，现在安家婆姨家里常打扫好让坤元检查。②八区识字班的小先生雷骡骡帮助区上纠正二流子，连区干部都说："小同学真给我们政府帮忙不少。"③

通过社会教育的舆论宣传，让广大群众了解改造二流子的重要作用和意义，形成人人反对二流子的社会氛围，二流子身处其中，被迫改造，改造的效果是非常良好的。一是二流子全部被改造，社会秩序安定，"1937年，在边区 140 万人中，二流子约占 7 万左右，经过教育改造二流子，到1943 年初，全边区仅有二流子 9554 名，这一年中 5000 多名二流子又得到改造自新"④。在 1943—1944 年短短一年时间里，陕甘宁边区共改造二流子 6400 余人，占原划定二流子总数的 2/3，并逐渐达到 100% 的改造率。⑤ 二流子全部接受改造，从社会的不安定因素成为边区的建设者，边区的社会秩序更加安定和有序。二是改造质量高，一些二流子改造后爆发

---

①　陕西师范大学教育研究所编辑：《陕甘宁边区教育资料·社会教育部分》（上），教育科学出版社 1981 年版，第 208 页。

②　同上书，第 215 页。

③　同上。

④　刘宪曾等主编：《陕甘宁边区教育史》，陕西人民出版社 1994 年版，第 364 页。

⑤　朱鸿召：《延安日常生活中的历史（1937—1947）》，广西师范大学出版社 2007 年版，第 65 页。

出强大的生产热情，许多群众说："二流子生产得美了，咱要不好好劳动，就要被二流子赶过去了。"①

二　妇女得到极大解放

毛泽东曾指出，政权、族权、神权和夫权是束缚中国女子的四条极大的绳索②，妇女"是男子经济的（封建经济以至初期资本主义经济）的附属品。男子虽已脱离了农奴地位，女子却仍然是男子的农奴或半农奴。没有政治地位，没有人身自由，她们的痛苦比一切人大"③。以前，边区的妇女就处于这样的生存状态，深受各种陈规陋习如婚姻包办、童养媳、缠足的压制和迫害；家庭地位低下，"过去作媳妇，须等公婆丈夫吃完饭，才能吃其残余，常被打骂，不能过问家里的事"④。妇女被局限在家庭和村落之内，"再孬的汉子走州县，再好的女子锅边转"；在"女子无才便是德"的观念下，基本没有识字的女子。1939年的《陕西省委妇女部关于妇女工作报告》这样描述边区妇女的状况："陕西一向因交通不便，封建势力非常强大，农村妇女生活非常痛苦，整日在家务中忙碌着，只有回娘家的时候比较自由些。大部分的妇女只是在家做饭、洗衣、抱小孩、做草帽等工作……有些偏僻的地方，如礼泉、富平等地女孩还要缠脚，青年妇女轻易不能出门，不能与外人谈话。"⑤

社教工作重视妇女的识字教育，在《社会教育概论》中要求"社会教育的对象应特别注意到妇女教育……妇女教育特别落后，现在一般的妇女还不肯同男子在一起上课，我们可以把她暂时分开，另设女班。如果没有女教员，可利用小先生教。因为小先生年级小，容易接近妇女"⑥。1940年出现了妇女冬学，"延安县办了六个冬学，延安市办了三个冬学，

---

① 陕甘宁边区财政经济史编写组：《抗日战争时期陕甘宁边区财政经济史料摘编·农业》第2编，陕西人民出版社1981年版，第691页。

② 《毛泽东选集》第1卷，人民出版社1991年版，第31页。

③ 《毛泽东农村调查文集》，人民出版社1982年版，第177—178页。

④ 陕西省档案馆、陕西省社会科学院编：《陕甘宁边区政府文件选编》第3辑，档案出版社1987年版，第193页。

⑤ 中央档案馆、陕西省档案馆：《陕西革命历史文件汇集（1939.2）》，中共陕西省委党校，1994年，第149页。

⑥ 陕西师范大学教育研究所编辑：《陕甘宁边区教育资料·社会教育部分》（上），教育科学出版社1981年版，第27页。

其他如延长、固林、志丹等县，也都开办了妇女冬学，这在过去也是没有的"①。妇女也积极学习文字，"婆姨们把院里酱盆上的盖子都拿黑色刷出作练字用，院墙上、炕沿上、灶台上尽是画的字"，"她们在桌上擀面时往面上写，或用木炭在门上、墙上写，随时、随地画"。妇女通过社会教育识字，掌握文化的成效是极为明显的，早在"1939 年边区冬学共 619 处，学员为 10317 人，女生占 1/7，即为 1470 名；夜校 581 组，女生人数 418 名；半日学校数目 186 所，男生人数是 668 名，女生是 2340 名；识字组数目 5513，女生人数 10053 名"②。"陕甘宁边区 1939 年春能识 200 字的妇女已经占全边区妇女的 10%"③，妇女识字、文化水平的提高，既是边区社会教育的亮点和成就，也是妇女解放的重要标志。

社会教育赋予了妇女新的技能，如土佛寺妇女冬学特点是与纺织结合，教员李素本发现妇女不会纺织，她们最迫切的需要是学习纺织、"村长的婆姨说：'而今，惟穿的困难，布贵，自己又不会纺织'；劳动英雄的女儿也说：'我大做了一架纺车，谁也纺不了，纺车还闲放着哩！'有的婆姨们又说：'想学纺线，就是怕学不会。'娃娃一个个在冷冬寒天里，还穿着破旧的单裤。教员教授妇女纺织，二十一个妇女学会了纺线，识字最多达到三百多字，最少的也识了五十多字"④。边区妇女学会纺织后，仅 1944 年，边区纺织妇女就达到 2645 人，占边区劳动能力妇女的 60%；织布 114507 大匹，占全边区军用布的 1/3，从 1938 年到 1945 年，近 20 万妇女共纺纱约 600 万斤，织布 46 万大匹。⑤ 为边区做出了巨大的贡献，这是妇女价值的体现，也是其得到解放的有力印证。

更重要的是，通过社会教育，妇女文化水平和主体意识得到极大提高，她们积极参政、议政、执政。在庆阳市第六乡选举大会中，妇女占其

---

① 陕西师范大学教育研究所编辑：《陕甘宁边区教育资料·社会教育部分》（下），教育科学出版社 1981 年版，第 155—156 页。

② 陕西省妇联编：《陕甘宁边区妇女运动文献资料》续集，陕西省妇联 1985 年版，第 111 页。

③ 陕西省地方志编纂委员会编：《陕西省志·妇女志》，陕西人民出版社 2001 年版，第 274 页。

④ 陕西师范大学教育研究所编辑：《陕甘宁边区教育资料·社会教育部分》（下），教育科学出版社 1981 年版，第 338—341 页。

⑤ 中央档案馆编：《陕甘宁边区抗日民主根据地·回忆录卷》，中共党史资料出版社 1990 年版，第 462 页。

总人数一半还多，她们提出了许多意见，如反对买卖婚姻、公婆虐待媳妇、男人打骂婆姨、男人吸烟赌博，反对童养媳。据统计：1937 年，全边区 70% 的选民中妇女占 15%，1941 年边区第二次民主选举时，清涧、安塞等地的女选民达 50% 左右……农妇刘云生担任了延安县一区区长。①在第二届参议会选举中，妇女被选为乡参议员的 2005 人，县参议会议员的 167 人，边区参议会议员的 17 人。在各县乡的参议员中，妇女都占有一定的比例，如绥德县女参议员占 22%，赤水县女参议员占 14%，子长县妇女当选者占 20%。② 她们自豪地说道："现在打骂取消了，妇女管家里事，衣服制得比男子多，过去买卖婚姻，现在婚姻自由，这是我们妇女出了头的世界。"③

三　破除迷信效果明显

边区迷信之风盛行，凡是生病或婚丧嫁娶、逢年过节，都要求神问卦，甚至出门、修房、打院墙，也要看日子和看风水。巫神乘机聚敛钱财，经常酿成逼死人的悲剧。更为可悲的是，群众也成为其帮凶。芦子沟彭文彩的表妹病了，巫神说："用老麻子油涂擦全身，并选有力的庄稼汉拿着饭碗，在病人的胸部用力摩擦就会好。"但是，半小时后病人就死了。"延安市白家坪居白氏因头腹俱痛，请巫神杨汉珠治病，该巫神在白氏两虎及鼻子孔下连扎下三根钢针，结果无效，反而使病情加重。巫神扬言想治好白氏的病，非打鬼不可，于是将白氏全身衣服脱光，除用桃条驴蹄抽打外，并用绱鞋用的细绳将病人两个中指紧紧缚住，中间用筷子绞紧，直使细绳入肉见骨，血流不止，同时又强以驴马粪灌入病人口中。最骇人听闻的是该巫神硬说鬼在病人鼻中，竟将通条烧红，对病人加以残酷的烫烙。白氏经此折磨，遍体鳞伤，当场即死亡。"④ 巫神残忍的、泯灭

---

① 陕西省地方志编纂委员会：《陕西省志·妇女志》，中国妇女出版社 1995 年版，第 246 页。

② 转引自黄正林《抗战时期陕甘宁边区的乡村妇女》，《抗日战争研究》2004 年第 2 期，第 96 页。

③ 陕西省档案馆、陕西省社会科学院编：《陕甘宁边区政府文件选编》第 3 辑，档案出版社 1987 年版，第 193 页。

④ 赵崑坡、俞建平：《中国革命根据地案例选》，山西人民出版社 1984 年版，第 112—114 页。

人性的治病手段是在病人亲人的注视和帮助下完成的，民众的愚昧令人叹惋。

社会教育宣传科学知识，揭露巫神危害，如在秧歌中，让原来的巫神登台表演，自己叙说骗人的勾当，对民众起到良好的教育作用。在社教工作中，运用各种方式进行反迷信教育宣传，如赤水强家嘴迷信盛行，常常送神送鬼，"有一次，一个外村的巫神，穿着单衣来到村里，人们都说他有神护身，不怕寒冷。教员即计划从这件事情上用事实来打破人们对于巫神的崇拜。隔了几天，狂风大雪，冷得厉害，教员当众约着巫神同去凤川，走了一段路，巫神冻得支持不住了，飞快跑回来坐在热炕上，还抖抖打战。教员因棉袄、棉裤，抵住了寒冷。相形之下，村人大笑，此后，该村送神送鬼之事大为减少"①。在白原村决定实行牛人分开住的时候，"有些群众还要看一个好日子才搬地方，为了破除迷信，就把《群众报》上延安白家坪巫神害死常家媳妇的消息给大家读了一下，大家热烈讨论后，决定第二天就动手收拾地方，不再相信迷信了"②。

四　卫生意识和习惯改观

边区民众卫生意识和习惯极差，一年四季吃冷水、常不洗脸不洗手，做饭不洗米，上炕不脱鞋。不良的卫生习惯带来的后果是严重的，一位中年妇女在生孩子时，她婆婆用一块碎瓦片将脐带割裂，结果导致孩子死亡。还有的产妇产后在炕上撒些土或草木灰，产妇三天三夜不能躺下，只能坐在灰袋上，喝些稀米汤，三天后也不吃有营养的东西，说怕产妇吃了肚子疼③，"在共产党进入陕北以前，边区一些地方成人的死亡率是3%，而婴儿的死亡率高达60%"④。

宣传卫生知识、劝诫民众改良卫生习惯、建设卫生设施是社会教育的有机组成部分。提倡卫生是民教馆的任务之一，在曲子民教馆，五六月

---

① 陕西师范大学教育研究所编辑：《陕甘宁边区教育资料·社会教育部分》（下），教育科学出版社1981年版，第253页。

② 同上书，第189页。

③ 中央档案馆编：《陕甘宁边区抗日民主根据地·回忆录卷》，中共党史资料出版社1990年版，第462页。

④ 房成详、黄兆安主编：《陕甘宁边区革命史》，陕西师范大学出版社1991年版，第311页。

间，民教馆领导市民搞了一个卫生运动，当时他们看见天热，病多起来，就发出防疫警号，通过黑板报、开会、挨户劝说等种种方式，在政府帮助动员之下，发动全市商人天天打扫街道，劝居民把猪圈住不让出来，领导群众把街道修平加宽，领导民众盖了两所公共厕所，掏了一口井。特别是掏井，群众非常热心，在民教馆召集的居民会上，一向不到会的马老汉也来了，还说："掏井是好事，你们商定了，出钱出人我都来。"经过这次运动，曲子市容得到很大改善，有商人说："人在街上走，头脑也清醒。"得到群众的高度评价。[①]

在绥德八区，识字班把男娃分两组检查街上卫生，猪狗不准出圈上街；女娃分两组检查家庭卫生。女小的雷坤元住的王家院子，过去是全区最臭的院子，现在她给王家划分了地区，天天扫得净净的，每天她都去检查，她领导的妇女识字组，亦都变得很干净。大部分的识字组都在星期天全体动员打扫街巷。[②]

在岭底村一揽子学校里，卫生是重要的学习内容，该村被称为"二流子村"，满街是牛粪，房里脏得去了生人没处坐。通过社会教育学习以后，"街道一天打扫一次，牲口圈常常垫，大多数房子里是用黄土或白土刷得光光的，房子里的家俱也搞得有条有理，人们穿的衣服是洗的净净的，上山提开水，回家洗脸洗脚"，这种现象，使以前到过该村的人都感到惊奇。[③]

卫生还成为冬学主题，刘家城冬学就被称为卫生冬学，这一冬学，能够直观地看到边区群众的卫生观念，缺乏卫生知识的危害，社会教育宣传讲解卫生知识，群众接受卫生观念的具体情形和过程，是社会教育促进卫生工作直接而良好的佐证。

镇原县政府决定在刘家城试办妇女冬学，老百姓听到消息忐忑不安，说："哎呀，咱们从来没办过的事情，您刻要'屋内人识字'，看像个啥？"组织者也没有信心。延大同学李冰珠作为冬学教员来到此地，通过调查她发现，刘家城能生育的 39 名妇女中，共生过 194 个娃，其中只养活了 88 个，儿童死亡率超过 54%。苏铁匠的婆姨生了十三个娃，死了 10

---

① 陕西师范大学教育研究所编辑：《陕甘宁边区教育资料·社会教育部分》（上），教育科学出版社 1981 年版，第 288 页。

② 同上书，第 215 页。

③ 同上书，第 160 页。

个，当教员动员她参加冬学时，她就很痛心地说："我的心事不在这上头哩！"在教员努力下，召开了村校董教员联席会，决定将冬学转变为卫生冬学，确立了"卫生第一，识字第二"方针，坚持以"妇女卫生为主，一般卫生为辅"。学员情况不同，教学内容也不同，"八岁至十五岁的女子，以识字为主，卫生为辅，十六岁至三十五岁的妇女以卫生为主，识字为辅，年纪大些的则专讲卫生"。家人支持，妇女自愿参加冬学，人数很快达到70人。讲生育卫生，不仅要给产妇讲，也要给产妇的婆婆讲，因为婆婆就是接生婆，她不信工作就不好做；还要给丈夫讲，因为"男人不同意，生娃用的吃的不给买，还是没办法"。刘太置媳妇接受生育卫生的过程是曲折的，她怀孕后，教员给她讲新的接生方法，说剪刀上有小虫虫，剪了脐带会得"四六风"，她不信，拿出剪刀问哪里有小虫虫，教员说虫太小看不到，她不信。教员用当地老年妇女的话"生剪子有毒，剪了脐带灰的风气"对她解释，她才信服。教员给她讲生娃后不要坐土三天，要睡下，她则认为这是"土脉"传下的，睡下会得"血迷"，并举例说五年前刘四海和刘左帮婆姨就是得"血迷"死了。教员到那两家调查发现，所谓"血迷"正是因为坐土而昏倒死了。教员对她讲"血和水一样往下流，血流多了就要死人"，她半信半疑，教员从县里请了两位女同志，以她们的亲身经历教育她，一次又一次地说服和帮助，她才慢慢转变过来。"在其生娃时，用消毒剪刀剪脐带，后用干净布包起来。她身垫的是灰袋，吃面条多，又吃了十五个鸡蛋，一只鸡，到满月时，大人娃娃长的胖胖的。"这是一件大事情，在群众间很快传开了，其余六位孕妇，有三人也做了准备，另三人还早，也答应以后一定按新方法接生。卫生冬学开办后，群众对教员更加尊重和爱戴，"讲卫生以后可热火了，有说有笑的，每次都要留教员吃饭。为什么会这样？请听听积极分子冯玉海的反映吧！'识字好，卫生更重要，旧法接生，生一个死一个，不讲卫生，将来还有谁来念书呢？'"①

到抗战结束，边区卫生设施得到明显改善，据1944年上半年统计，延安市共挖厕所783个，平均每户挖1个；挖垃圾坑76个；添修猪圈100个，畜生棚130个，水井19个，食品商店、食品摊子有纱窗防护设备。

---

① 陕西师范大学教育研究所编辑：《陕甘宁边区教育资料·社会教育部分》（下），教育科学出版社1981年版，第214—220页。

民众的卫生意识和习惯明显增强，群众也能常洗澡、洗衣和不喝生水，经常打扫房前屋后的卫生，生病主动求医，不再请巫神治病。在乡村普遍制定了卫生公约或卫生计划。如华池县城壕村文化卫生委员会，制订了包括每户建一个茅厕，吃水的上游不倒垃圾、不大小便，不吃死气饭，隔十天半月全村大扫除一次等详细的群众卫生计划，并监督落实，实现了全村无一家人畜同居，人人都能讲基本卫生的模范卫生村的目标。白马庙村开展群众卫生竞赛，村民还订了几条自己的卫生公约：20 天剃头一次，两天扫院子一次，半年洗被子一次，两天晒被子一次等。

对此，有人评价道："社会教育推动着边区社会移风易俗，为边区建设创造了和谐的民生环境。……通过广泛的社会教育，群众掌握了同封建迷信、赌博、抽大烟等社会陋习作斗争的武器，开始自觉抵制各种不良风气，移风易俗，变革生活方式，废除陈规陋习，文化开始植根于广大人民群众中，使边区呈现出崭新气象：原来封闭狭隘、自由散漫的生活被守纪律、讲团结、有组织的生活所取代；吸食鸦片、赌博、游手好闲的恶习被识字、读报等高尚活动所取代；充斥封建迷信的旧戏、西洋景被宣传抗战、文明开化的晚会、戏剧所取代，民众的精神面貌和社会风气焕然一新，整个边区社会呈现出相对和谐发展的崭新局面。"[1] "抗战时期，中国共产党在陕甘宁边区开展了大规模的社会教育运动，包括消灭文盲、改良卫生、反对巫术、劳动教育与'二流子'改造等内容。这一教育实践不仅改变了乡村社会的关系网络，而且改变了人们的认知、情感和意识。农民生活的中心由此从自家的场院转移到党所期望的集体行动框架中，从而为党的政治动员奠定了最广泛的社会基础。"[2]

第三节　边区民众积极支持抗日战争

在抗战时期，中日民族矛盾是一切矛盾中最主要的矛盾，动员一切力量，运用一切手段战胜日本侵略者，挽救民族危亡，成为党和政府边区一切工作的中心、出发点和落脚点。要完成此伟大历史任务，中国共产党深

---

① 杨洪：《陕甘宁边区的文化教育建设及历史作用》，《西北大学学报》2006 年第 5 期。
② 张孝芳：《抗战时期陕甘宁边区的社会教育运动与乡村社会变迁》，《山东社会科学》2008 年第 8 期。

刻地认识到，培育民众民族意识，激发民众爱国热情，让民众用实际行动参与到抗战洪流之中，成为必不可少的充要条件。抗日战争缺乏民众的支持和参与，注定是败亡的结局。对此，毛泽东同志在抗战初期反复强调动员民众参与抗战的重要性和必要性。

早在1937年7月23日，毛泽东就指出："民族战争而不依靠人民大众，毫无疑问将不能取得胜利。"① 1938年5月，毛泽东在《论持久战》中指出了动员民众抗战能够弥补我方弱点，是抗战取得胜利的保障，"动员了全国的老百姓，就造成了陷敌于灭顶之灾的汪洋大海，造成了弥补武器等等缺陷的补救条件，造成了克服一切战争困难的前提。要胜利，就要坚持抗战，坚持统一战线，坚持持久战。然而一切这些，离不开动员老百姓。要胜利又忽视政治动员，叫做'南其辕而北其辙'，结果必然取消了胜利……把战争的政治动员，变成经常的运动。这是一件绝大的事，战争首先要靠它取得胜利"②。他批评了强迫动员的方法，指出民众被动员后能够为抗战提供人财物的有力支持，"我们方面，军队须有源源不绝的补充，现在下面胡干的'捉兵法'、'买兵法'，亟须禁止，改为广泛的热烈的政治动员，这样，要几百万人当兵都是容易的。抗日的财源十分难，动员了民众，则财政也不成问题，岂有如此广土众民的国家而患财穷之理？军队须和民众打成一片，使军队在民众眼睛中看成是自己的军队，这个军队便无敌于天下，个把日本帝国主义是不够打的"③。他感叹地强调道，"这个政治上动员军民的问题，实在太重要了。我们之所以不惜反反复复地说道这一点，实在是没有这一点就没有胜利"④。

政治上动员民众如此重要，且不能"捉兵法"、"买兵法"式的强制动员，那该如何动员呢？1938年，毛泽东指出："在一切为着抗战的原则下，一切文化教育事业均应使之适合战争的需要，因此，全民族的第十个任务，在于实行如下各项的文化教育政策：……第三，广泛发动民众教育，组织各种补习学校、识字运动、戏剧运动、歌咏运动、体育运动，创办敌前敌后各种地方通俗报纸，提高人民的民族文化与民族觉悟……一切这些，也必须拿政治上动员民力与政府的法令相配合。主要的在于发动人

---

① 《毛泽东选集》第2卷，人民出版社1991年版，第347页。

② 同上书，第480—481页。

③ 同上书，第512页。

④ 同上书，第513页。

民自己教育自己，而政府给以恰当的指导与调整，给以可能的物质帮助，单靠政府用有限的财力办的几个学校、报纸等等，是不足以完成提高民族文化与民族觉悟之伟大任务的。"① 可见，政治动员民众，通过文化教育的途径是最为有效的方式。

认识到政治动员民众的重要性，以及教育是动员的最为有效的路径，就能也方能深刻地认知边区为什么开展社会教育，为什么抗战动员成为社会教育的中心内容。

1938 年，吕良在《边区的社会教育》指出："尤其是抗战紧张的目前，文化教育动员（消灭文盲，普及国防教育，激发救国热忱，训练抗战知能），为目前抗战动员工作中重要紧迫的工作之一。"② 在教育厅指导下开办社会教育的《社会教育概论》中强调："在形势紧张，抗日战争更剧烈开展的目前，宣传组织团结民众最有力量的工具（教育）应该更紧急地动员起来——迅速普及国防教育，消灭文盲，提高民众政治水平及抗战必需智识技能。"③ 政治教育是社会教育的主要内容之一，政治教育就是要"提高群众政治水平，给群众民族意识，抗战知能，动员群众参加救国实际行动"④。"平时教育工作以学校为重心，但在战时就必须提高社教作用，以便发动广大成、青年直接或间接参加战争。"⑤ "社会教育不仅是教育民众识字，而主要的是给民众以民族革命意识、民族自卫战争中所必需的理论与技能，参加实际救国行动争取抗战胜利。"⑥

可见，边区社教工作领导者充分认识到：动员民众参加抗日战争是开展社会教育的重点，通过社会教育的开展提高民众抗战意识是社会教育的意义与价值的重要体现。从中我们也能强烈地感受到：抗战动员是党、边区政府和社教工作者开展社会教育强大的内动力。但是，这只是革命者单

---

① 《毛泽东同志论教育工作》，人民教育出版社 1958 年版，第 33 页。

② 陕西师范大学教育研究所编辑：《陕甘宁边区教育资料·社会教育部分》（上），教育科学出版社 1981 年版，第 8 页。

③ 同上书，第 26 页。

④ 同上书，第 28 页。

⑤ 延安地区教育局教研室编：《陕甘宁边区教育革命资料选编》，内部编印，1978 年，第 82 页。

⑥ 陕西师范大学教育研究所编辑：《陕甘宁边区教育资料·教育方针政策部分》（上），教育科学出版社 1981 年版，第 60 页。

向度的意愿表达，作为教育对象的民众，是否会自然接受这一动员呢？答案是否定的，实现此目标会遇到来自民众的层层阻力。

一 战争动员遭遇阻碍

抗日战争目标是保家卫国、挽救民族危亡，救民众于水火。对边区人民来讲，这是维护其切实利益的正义之战。从理论上讲，民众就应该自愿、主动地提供人财物的全力支持，战争动员应该是一件简单的事情。但这都是表层分析，并不符合当时民众具体情况，相反，战争动员是极其困难的事情。抗战动员就是要民众树立民族国家意识，在行动上或参军上前线，或为抗战提供人财物的支持，这样的意识和行动民众要么缺乏，要么拒斥。

（一）边区民众国家意识、社会责任意识极其淡漠

长期以来，边区民众被局限在封闭的狭小区域，游离于社会政治生活之外，思想狭隘，眼光聚焦于个人、家庭、家族、乡村构成的狭小生活区域。对此，曾到达边区的记者贝尔登描述道："不识字的、疑虑重重的、对外间世界有些害怕的农民，对思想、对人类、对文明并无兴趣，他关心的只是自己，只是自己那四面泥墙的小天地。"① 国家民族是一种现代意识，突然之间，要求民众改变原有的根深蒂固观念形态，树立国家观念和社会责任等现代意识，这是极其困难的。

（二）边区未受直接侵略，民众缺乏抗战保家的直接动力

抗战期间，日军未直接侵略边区，边区民众对日军的残暴、杀戮缺乏直观深刻的感受与印象，原有的封闭与无知，对民众来讲，日本侵略只是语言事实，而非其生活事实，他们无法将"保家"与"抗战"实实在在地联系起来，缺乏抗日的动力与热情。对此，毛泽东同志就指出："抗日以后，政治动员也非常之不普遍，更不说深入。人民的大多数，是从敌人的炮火和飞机炸弹那里听到消息的。这也是一种动员，但这是敌人替我们做的，不是我们自己做的。偏远地区听不到炮声的人们，至今还是静悄悄地在那里过活。"② 对边区民众而言，自己需要关注的是庄家收成，家人

---

① ［美］杰克·贝尔登：《中国震撼世界》，邱应觉等译，北京出版社1980年版，第140页。

② 《毛泽东选集》第2卷，人民出版社1991年版，第480页。

温饱等现实的东西，至于抗战，那不是自己该管的事情。

（三）边区民众对待自己和亲人生命的态度，决定了其对战争具有天然的恐惧与逃避心理

笔者在一篇拙文中阐释了"死亡观"，有助于我们理解边区民众对待子女生命、死亡的态度，这一态度能够让我们了解战争动员的困难。对死亡存有恐惧是人类的普遍心理态势，而对死亡的消解是个体强大的精神支柱。在中国文化传统中，普通民众对死亡的慰藉来自香火延续，肉体不死，即所谓的"传宗接代"，"绝后"成为最为恶毒的诅咒。子女不仅是自己生命的延续，更重要的是在自己死亡后，子女会通过丧葬的办理和祭祀活动来缅怀自己，"自己死后将不是一抔黄土掩埋，坟头杂草丛生，无人问津，也不是就此完全消逝，无人提及，自己的音容笑貌将定格在后代的记忆和缅怀之中"①。因此，儿子的生命在父母心目中是最宝贵的，抗战动员要求青年男子参军上前线，自然会受到来自其父母亲人的巨大阻力。

同时，在长期高压与思想控制中，边区民众养成了安于现状、安身存命、逆来顺受的思维惯性，但对自己的生命是格外关注的，"好死不如赖活"成为其心理定式，即便被逼到凄惨境地，也难揭竿而起。斯诺对20世纪20年代边区所处区域的群众发出这样的疑问，"那些饿死的人大多数是在不作任何抗议的情况下死去的。'他们为什么不造反？'我这样问我自己。'为什么他们不联成一股大军，攻打那些向他们征收苛捐杂税却不能让他们吃饱、抢占他们土地却不能修复灌溉的恶棍混蛋？为什么他们不打进城市里去抢那些把他们的妻女买去，那些急需摆三十六道菜的筵席而让诚实的人挨饿的流氓无赖？为什么？'"②

民众对自己和亲人生命的关注与重视，成为抗战动员难以逾越的障碍，对他们而言，生逢乱世，如何保全性命是大家关注的重点，而接受战争动员，可能参军上前线，意味着可能丧失生命，异乡埋骨，这样的命运抉择难以得到民众轻易认可。

（四）战争支援直接损害民众物质利益

民众对战争的支持具体体现在人财物上。青年男子参军，不仅可能

---

①　王玉珏：《孔子死亡观的构建理路与审美价值》，《中华文化论坛》2010年第2期。

②　[美]埃德加·斯诺：《西行漫记》，董乐山译，生活·读书·新知三联书店1979年版，第189—190页。

牺牲，也表明家庭失去一个主要的劳动力，这在生产力低下的当时，间接意味着物质财富受损；军队作战，需要民众缴纳税收，提供各种物需，如供给粮食、提供军鞋、制作军服、出工修路、制作担架、送慰劳品等；民众在参与各种支援行动的同时，也自然影响其正常的生产时间与生产收入。联系到当时民众温饱尚无保障的实情，动员的难度可想而知。

二　战争动员效果明显，为抗战胜利奠定坚实基础

（一）边区民众在思想上深刻认识、理解和掌握了抗日的道理

1940 年，延安的一名小商店的伙计认为就政治认识来说，"外面许多中学毕业的人不如我们延安的一个普通的老百姓"，并举例论证，他一位河南老乡乡学毕业后到延安考抗大，但老乡却"正义战和非正义战都弄不清楚"，伙计认为"至于叫他做实际的工作，他是没有什么办法的"。①民众创作的新对联也是很好的例子："过新年坚持抗战到底，除旧岁反对妥协投降"，"炮弹底下加强政治认识，炮火声中提高文化水平"②。边区政府主席林伯渠指出："抗战高于一切，一切服从抗战，抗战不胜利，大家都当亡国奴，什么都没有，这个真理，边区人民是早懂了的。"③

（二）边区民众倾其所有为抗战提供人财物的全力支持

1. 民众积极参加八路军和自卫军

1938 年，边区政府决定动员 3500 人参加八路军，提前超额完成计划，前后有 5000 名青年参加了八路军。④仅到 1938 年年底，"边区动员了三万壮丁，开赴前线，他们并非由强迫征兵而来"⑤。据 1941 年统计，边区参加自卫军人数达到 224325 人，其中 12% 是妇女。⑥

---

①　陕西师范大学教育研究所编辑：《陕甘宁边区教育资料·社会教育部分》（上），教育科学出版社 1981 年版，第 113—114 页。

②　同上书，第 114 页。

③　陕西省档案馆、陕西省社会科学院编：《陕甘宁边区政府文件选编》第 3 辑，档案出版社 1987 年版，第 185 页。

④　同上书，第 185—186 页。

⑤　陕西省档案馆、陕西省社会科学院编：《陕甘宁边区政府文件选编》第 1 辑，档案出版社 1986 年版，第 123 页。

⑥　陕西省档案馆、陕西省社会科学院编：《陕甘宁边区政府文件选编》第 3 辑，档案出版社 1987 年版，第 184 页。

2. 边区民众为抗战提供大量物力支持

边区所在地，粮食种植条件恶劣，干旱与洪涝等自然灾害时常发生，"1940 年旱灾有 11 个县，水与雹灾分别为 16 个县（68 个区）和 12 个县（35 个区）；1941 年旱灾 5 个县，雹灾 8 个县；1942 年水灾 15 个县，雹灾 7 个县；1943 年雹灾 7 个县（25 个区）。每年都有大面积良田和粮食因灾害受损，如 1939 年农田受灾 614965 亩，损失粮食 55884 石（每石 300 斤，每斤 16 两，下同）；1940 年受灾 4298312 亩，损失粮食 235850 石；1941 年受灾 603558 亩，损失粮食 47035 石；1942 年受灾 856185 亩，损失粮食 79720 石；1943 年受灾 736050 亩，损失粮食 109724 石；1944 年受灾 540537 亩，损失粮食 48905 石"[1]。加之土地贫瘠、生产技术低下，粮食产量极低，"小麦亩产量 45—90 斤，谷子 60—90 斤，糜子 60—105 斤，荞麦 30—75 斤"[2]。故此，群众终年辛勤劳作，自身口粮往往不能得到有效保障。

即便如此，随着群众组织觉悟的提高，他们积极缴纳抗战公粮"1937 年超额 4197 石，1938 年超额 5955 石，1939 年超额 2251 石，1940 年超额 7354 石。之所以能够超额完成任务……通过政治动员，农民把家中能够拿出的余粮都拿出来了"[3]。抗战八年，边区人民共缴纳公粮 101.39 万石，[4] 民众对缴纳公粮的意义认识明确，1940 年粮食歉收，9.7 万石公粮成为农民的沉重负担，一些农民却说："九万石公粮不算少，但八路军要吃，不吃饱怎好打仗？就是要更多些，我们也要办到。"[5] 边区妇女说："八路军在前线英勇抗战，我们宁肯吃稀一些，也不能饿着战士。"[6] 就连张国焘在回忆中也承认："以抗日名义来征收救国公粮，在当

---

① 陕甘宁边区财政经济史编写组、陕西省档案馆编：《抗日战争时期陕甘宁边区财政经济史料摘编·人民生活》第 9 编，陕西人民出版社 1981 年版，第 263—264 页。

② 陕甘宁边区财政经济史编写组、陕西省档案馆编：《抗日战争时期陕甘宁边区财政经济史料摘编·农业》第 2 编，陕西人民出版社 1981 年版，第 31 页。

③ 黄正林：《陕甘宁边区乡村的经济与社会》，人民出版社 2006 年版，第 239 页。

④ 中央档案馆编：《陕甘宁边区抗日民主根据地·回忆录卷》，中共党史资料出版社 1990 年版，第 273 页。

⑤ 陕西省档案馆、陕西省社会科学院编：《陕甘宁边区政府文件选编》第 3 辑，档案出版社 1987 年版，第 186 页。

⑥ 中央档案馆编：《陕甘宁边区抗日民主根据地·回忆录卷》，中共党史资料出版社 1990 年版，第 455 页。

时'有钱出钱，有力出力'的抗日口号感召之下，农民是特别踊跃缴纳这种公粮的。"① 对此，1942 年，毛泽东同志在《抗日时期的经济问题和财政问题》中深情谈道："我们不要忘记人民给我们帮助的重要性。人民给了我们粮食吃，一九四〇年的九万担，一九四一年的二十万担，一九四二年的十六万担，保证了军队和工作人员的粮食……陕甘宁边区只有一百五十万人口，供给这样多的粮食，是不容易的。老百姓为我们运公盐和出公盐代金，一九四一年还买了伍百万元公债，也是不小的负担。"②

此外，民众积极运送军队粮草、供给粮食、提供军鞋、制作军服、出工修路、制作担架、送慰劳品。在边区，"一提到军队需要，没有不把他当做头等事的"③。边区呈现出"队伍里、乡村里、城市里、机关里、男女老幼，讲的是抗日话，做的是抗日事，大家都晓得大祸临头，要'纾难'就顾不得'毁家'"的景象。④ 让边区成为抗日的坚实的大后方，为取得抗战胜利做出了巨大的贡献。

第四节　　边区民众高度认同党的领导

对党的政治认同主要体现为在心理和行动上拥护党的领导，坚决贯彻执行党的方针政策。在相关资料中，社会教育与党在边区各项具体政策进行联动，通过社会教育宣传和执行党的政策是社教工作的突出内容。而社会教育性资料中，未看到直接宣传"拥护党的领导"这类字眼，这是值得关注的一个现象。笔者认为，通过社会教育，实现边区民众对党的领导的认可与拥护是社教工作的最终目标，这种现象表明当时社会教育组织领导者充分认识到直接的政治灌输会适得其反，招致群众的抵触和反感。事实上，通过各项政策的执行，有效保障了群众的利益，群众切身感受和认识到共产党是他们利益的代表，自然生成拥护党的心理态势，并通过实际行动响应党的号召，从而全面完成对党的政治认同这一社教目标。因此，这既体现了社教工作的艺

① 张国焘：《我的回忆》第 3 册，东方出版社 1998 年版，第 398 页。

② 《毛泽东选集》第 3 卷，人民出版社 1991 年版，第 893 页。

③ 陕西省档案馆、陕西省社会科学院编：《陕甘宁边区政府文件选编》第 3 辑，档案出版社 1987 年版，第 186 页。

④ 甘肃省社会科学院历史研究室编：《陕甘宁抗日革命根据地史料选辑》第 2 辑，甘肃人民出版社 1983 年版，第 5 页。

术性，也为社会教育打上深深的隐形思想政治教育的烙印。但是，依据边区民众的现实情况，要实现政治认同这一目标是极为困难的。

一　政治认同挑战严峻

（一）党在边区政权基础薄弱

边区的基层社会长期被绅士阶层、乡村强人、哥老会和其他秘密会社的头目等乡村精英有效把持。"自近代社会以来，随着封建王朝权威的式微，乡村社会逐渐摆脱王朝权威的控制和影响为乡村精英所把持的状况。南京国民政府建立后，这种状况并没有多少改变。陕、甘边界的黄土高原地区，交通不便，沟壑纵横，山地崎岖，把民众聚落自然分开，组成一个个相对独立的乡村社区。其远离国家主要权力中心，久而久之，乡村权力为一些乡村精英所把持。旧乡村精英主要由三部分人构成：第一，绅士阶层。他们大多数是前清秀才或在私塾中受过旧式教育，有一定的文化知识。村民与文字有关的事务主要由他们来张罗，如订立契约文书、撰写各种节日对联、主持村庄的婚丧仪式以及对一些礼节的诠释等，因此在乡村有较高的威望，受到村民的尊重，他们是主要的乡村权威。如 1933 年对陕西农村调查所得到的结论：'一般来说，现在陕西乡村中握有政治权的，还是比较年老的乡村绅士们。'第二，乡村强人。他们原本身份是农民，或失去土地，或与官府、地主豪绅结仇，由此聚啸山林，随着势力的强大逐渐控制了部分乡村社区。他们有的打着'保境安民'的旗号，在抗击官府的苛捐杂税和外来势力方面得到了乡村民众的信赖和拥护，逐渐成为号令一方的乡村精英。其中有相当一部分首领投靠了国民党地方政权，做了地方民团的大小头目，和国民党地方政权保持着若即若离的关系，'司令庄庄有，副官满院走，官长多如狗'，就是这种乡村社会现状最真实的写照。第三，哥老会和其他秘密会社的头目。这些会社的头目被称之为'大爷'，其成分十分复杂，有的是缙绅；有的是团首。他们不仅在各自的会社里有号召力，而且在乡村社区内也有一定的影响力，甚至控制着乡村社区的一切权力。抗日战争时期，中共就面临着这些根深蒂固的旧乡村权威的挑战。"[1]

---

① 黄正林：《社会教育与抗日根据地的政治动员——以陕甘宁边区为中心》，《中共党史研究》2006 年第 2 期。

　　而社会教育之政治认同的诉求本身就是对乡村旧有权威的替代和颠覆，这不仅是对旧权威的挑战，更是对群众原有生活认知的全方位改变。就思想保守、眼光狭隘的群众而言，这样的改变是断崖式的根本变革，是旧有朴素世界观的彻底改变，这样的转化是极难实现的。有人认为，对社会教育，群众的冷漠和怀疑，绝非仅是干部们不注意工作方法所造成的，这种对运动本身的回避和抵制集中反映了基层权威对政治权威的激烈抗拒，体现了二者的强烈冲突。以政治权力为主开展的教育识字运动势必使权力自身下沉到基层乡村的场域，新力量的渗入势必会对乡村生活的长久惯性产生影响，从而引发基层秩序的变化，权威对权力的突然造访也必然要做出本能的、自卫反应，要以其独特形式来抵制权力的意图，这就表现为冷漠、怀疑、回避。同时，基层权威的强大惯性体现为其所维护的基层社会结构有着长时段的稳定性，它的惯例、习俗、规则早已深入人心，千百年来"皇权不下县"的铁律早已成为农民的潜意识，而政治权力永远是个遥远的存在，几乎不影响自己的生活节奏，而宗族的居住模式与规制，宗族结构的内部制度与宗族认同才是导致宗族延续的主要因素。[①]

　　随着党在边区建立了各级政权，边区群众在其实际生活中事实上接受党和乡村精英的双重领导，在乡村封闭的小社会里，群众依据其生活传统和经验，受制于地缘和血缘关系，他们在心理上更认可乡村精英的领导，对党及党领导的社会教育是抵制的。

　　1941 年发生的"环县事变"就是最好诠释。"环县事变"的主谋是土匪赵思忠，在一般民众的眼中是一个讲义气的土匪。在党的政权建立后，一些乡村干部依然投靠了赵思忠，甚至帮助赵思忠安插人进入党的基层政权，他们说："八路军来了，我们是共产党；赵老五来了，我们还是自己人。"1941 年 1 月，由于环县县政府征粮、征兵方法粗暴，17 个乡的民众、2000 多名自卫军随土匪赵思忠哗变。其中有 200 多个共产党员（占全县 1/4）、30 多个乡级干部以至个别区级干部直接参加与领导了这次叛乱。而早在 1936 年，中央红军西征就在环县建立了各级政权，李富春领导的陕甘宁省委就设在环县的一个叫河连湾的小村子。可见，并非在形式上建立政权和各种组织就可以实现对乡村社会的有效管控，党在边区的政权基础是薄

---

　　① 唐宇：《"知识下乡"：动员困境、策略转变与权力包抄——以陕甘宁边区教育识字运动为中心的考察》，《山东行政学院学报》2015 年第 3 期。

弱的，党的各项政策在社会基层的实施和贯彻面临严峻的挑战。

（二）民众缺乏政治参与意识与热情

在社会教育开展前，边区民众在思想上是封闭的，甚至可以说是愚昧的。在长期的宗法社会和乡土社会生活中，形成了安于现状、逆来顺受的心理模式，"陕北人倍受摧残、信心全无，便抛弃一切希望，退缩到远祖穴居的窑洞里去了"。① 既无政治参与的机会和实践，也没有政党、民主等政治意识。对他们而言，顺其自然，安身立命，保证家人的温饱是最适宜的生活现实选择。个体参与政治对他们来讲是全新的事物，既不了解，也胆怯退缩。因为参与政治，就要打破原有的政治格局，推翻绅士阶层、乡村强人、哥老会和其他秘密会社头目等的领导地位，而这些人在群众眼中，是高高在上、可望而不可即的强力人物，自己与其对抗是注定要失败的，他们很难做出这样的斗争决定。而党要巩固自己的政权基础，就必须改造旧有乡村格局，要动员群众参与和掌握基层政权。党的现实需要和民众的心理形成突出的矛盾，这决定了政治动员激发民众政治参与热情和行动注定是一条布满荆棘的漫漫长路。

（三）对党缺乏认识，保持警戒与怀疑

在边区群众的眼中，讲着外地话的党员、干部和军人是外地人，他们对之保持了天然的怀疑，他们到底要干什么？这是群众心中的巨大疑问，事实上他们也是不清楚的。虽然早在边区所在地的早期革命中，就有不少人参加了红军，但边区民众对红军、共产党缺乏认识，周锡瑞在《从农村调查看陕北早期革命史》中指出，他实地调查了米脂县参加红军的人的情况，"有的人是因为失去生母，受后母虐待，所以参军。也有一个人说他跟几个哥们儿参加红军是为了赶时髦，因为游击队常在他们村里路过，游击队的生活令村里的年轻人觉得很带劲，也很风光。还有人说，他们参加革命是因为觉得反正待在家里也是挨饿，倒不如参加游击队。游击队经常袭击地主，可以吃得很好，还能不时弄只羊吃。最后，也有人是因为具有一技之长而特别成为中共的发展对象。有一个人说，共产党也需要会说、会写、会枪的人"②。可见，跟着共产党只是一种生活选择，甚至

① ［美］詹姆·韦尔斯：《红色中国内幕》，马庆军等译，华文出版社1991年版，第72页。
② 周锡瑞：《从农村调查看陕北早期革命史》，转引自《中外学者论抗日根据地——南开大学第二届抗日根据地国际学术讨论会》，档案出版社1993年版，第543页。

是一种投机。在边区成立初期，民众对党的认识也大抵如此。

在群众眼中，他们看到的是党领导的军队，有枪有人，是不能也不敢招惹的，这些人和以前的军队一样吗？他们自问。对于党的政策，他们会理性分析，照着党的政策干，自己有什么利益，尤其是一些在他们看来是破坏性、对抗性的措施，如选举、入党、当党的干部，更要小心掂量，万一有一天这些外人走了，自己可能会成为牺牲品，这样的现象以前并不鲜见。因此，跟着共产党走充满了风险，普通群众在心理上对党充满了警惕和怀疑，这成为群众政治认同的巨大障碍。

二　政治认同感增强，党的政权基础得到巩固

实现党对边区基层政权的控制，民众对党的政治认同感的强化是要素合作作用的结果，但毫无疑问，社会教育在其中起到了至关重要的作用。通过社会教育，民众文化水平提高，思想意识发生变化，党的政策方针得到有效宣传，为基层培养了大量的"新农民"，社会教育的有效实施本身也让群众感受到党对其利益的关注与保障。正是这些原因，民众在心理上逐渐滋生了对党的政治认同。

（一）实现了对边区基层政权的控制

"社会教育实现目标的过程，就是对乡村政权实施控制的过程"①。

一是社会教育为党对乡村政权控制提供了人力资源。在社会教育中，一些群众通过认真学习，在成为优秀学员和积极分子的同时，也完成了自我觉醒，成为乡村新生力量的代表。他们通过选举进入到基层政权，成为新的乡村政权领导者，如"固临、延长、安定、曲子四县在第一届参议会选举中，乡级参议员贫农占71.4%，中农占17%，地主没有；区级参议员贫农占67%，中农占22%，地主占2%；县级贫农占65%，中农占25%，地主2%"②。这些乡村新精英，依托乡村各种政权组织、经济组织和军事组织，在党的支持下，拥有巨大的力量，颠覆了旧有乡村精英队对乡村的控制。这一新生力量拥护党的领导，贯彻党的政策，通过他们，实现了党对基层政权的牢固控制。有学者这样评价道："在边区开展大规模

---

① 乔楠：《甘肃革命文化史料选萃》，甘肃文化出版社2000年版，第95页。

② 陕西省档案馆、陕西省社会科学院编：《陕甘宁边区政府文件选编》第1辑，档案出版社1986年版，第133—134页。

的识字运动，开展普遍的民众教育和开办许多训练班，所有这些，都被用来加强群众自己的至上权威服务。这是一个新的群众时代。乡村社会民众在教育、文化等领域传统的边缘性地位的变化，是共产党对乡村社会农民的主体性建构的重要步骤之一。农民成为党所依靠的主要力量。在中国共产主义革命理论和实践中，马克思主义的主题已然变奏。瞿秋白、毛泽东等革命领袖一贯强调要建立一个革命的文化，因为中国是个缺乏现代无产阶级革命主体的落后农业国家，必须创造一个革命主体。社会教育运动在乡村社会的展开成功地实现了这一点。"[①] 还有学者认为"民众在接受社会教育的过程中，逐步接受了中共政权为他们设计的政治行为模式、生产组织模式、社会组织和生活模式等，民众也逐渐脱离了旧权威的势力范围。因此，社会教育提高了民众和中共政权之间的亲和力，使中共逐步实现了对根据地乡村社会资源的全面控制"[②]。

二是社会教育为民众传递和塑造了新的价值观和认同感。对民众而言，社会教育是一场启蒙运动，在这场教育活动中，党的革命理想、价值观念成功地在群众中宣传、实践和扎根。民众通过自己的生活实践，不一定理性，但至少是明显感性认知到共产党改变了自己的生活，与以前的生活相比，自己不再被压迫而无法反抗，自己也具有话语权。而且他们对新的社会标准是高度认可的，如劳动是光荣的，人民要当家做主，不劳而获的寄生虫是可耻的，这些新观念表达了群众的心声与利益诉求，他们认为共产党是真正的穷人的好带头人，自己应该支持这样的好党。"共产党不仅将许多新的事物、观念和制度引入乡村社会，还清除了常年积累在他们身上的旧习俗和风气。一套新的革命话语和价值观在边区乡村民众中逐渐传播和扩散，一种新的文化和哲学逐渐扎根于大众意识。当这些庄户人在党的宣传与号召下履行这些规范，当这些新的行为规范、道德标准日益渗透于乡村民众日常生活的时候，他们事实上已在接受共产党所传递的一套话语体系和价值观，接受共产党所宣导的理想和信仰。正是在这一过程中，党的权威体系在乡村社会中逐步得到确立与巩固。""共产党从思想、文化着手，使乡村社会经历着巨大的社会结构变迁，进而改变了乡村民众

---

① 张孝芳：《抗战时期陕甘宁边区的社会教育运动与乡村社会变迁》，《山东社会科学》2008 年第 8 期。

② 黄正林：《社会教育与抗日根据地的政治动员——以陕甘宁边区为中心》，《中共党史研究》2006 年第 2 期。

的世界观和价值体系，为新秩序的确立及巩固奠定了坚实的基础和力量。"①

三是通过社会教育开展，唤醒了群众在乡村中当家做主的意识。对于自己在乡村中的地位，群众理直气壮地说："民，就是咱一家；主，就是当家。民主就是由大家来当家。"② 美国作家安娜·路易斯·斯特朗写道："人们在经济上过着几乎是石器时代的原始简朴生活，自己种麻做鞋底，买不起煤油或蜡烛，用自己种的麻籽油点灯，却夸耀他们有权罢免自己的村长，听起来简直不可思议，就像我们当年在西雅图炫耀活跃的民主生活似的。"③ 杰克·贝尔登赞叹道："不管共产党距离完善的民主还有多么遥远，不管他们那些糊涂的朋友为他们捧场的话有多么夸张，但是共产党毕竟唤醒了千百万中国农民，从而向民主迈进了巨大的一步，如果一个五百人的村子由一个一百五十人的农民协会发号施令进行管理，而不是由一个有权势的地主任意统治，这当然应该看成一个很大的进步。不管对于解放区的农村社会流传着什么样的谣言，根据我所观察到的，那里政府的贤明，是国民党区的政府根本无法比拟的。"④

（二）民众积极参与边区政治

社教工作开设的文化课和政治课等，传授民众参与政治所需的政治知识、军事知识、文化知识；社会教育动员群众参与的各项政策的实践，让群众在实践中获得参政的机会和技能；社会教育群体化的学习活动，改变了群众原有的以个体、家庭为中心的生活习惯与认知方式，为政治参与提供了良好思维和行为方式。社会教育有效培育了群众政治参与意识，让群众认识到参与其中是在维护自己的切身利益，从而迸发出政治参与激情。

下面以选举和入党为例管窥边区民众政治参与情况。

与现在相比，当时边区对选举的认识、热情和参与毫不逊色。以现在

---

① 张孝芳：《抗战时期陕甘宁边区的社会教育运动与乡村社会变迁》，《山东社会科学》2008 年第 8 期。

② ［美］冈瑟·斯坦：《红色中国的挑战》，马飞海等译，上海译文出版社 1999 年版，第144 页。

③ ［美］安娜·路易斯·斯特朗：《中国人征服中国》，刘维宁等译，北京出版社 1984 年版，第 93 页。

④ ［美］杰克·贝尔登：《中国震撼世界》，邱应觉等译，北京出版社 1980 年版，第107—108 页。

的标准看，边区程序规范，民主氛围浓厚，在选举期间，"全边区不论大村小镇都贴起了红榜，榜上写着选民的名字。许多村镇都有黑板报、墙报登着选举的消息，秧歌队在街上唱歌跳舞，宣传选举，把候选人的履历写在彩排子上抬着游行"①。群众充分认识到选举就是要选出为大家办实事和好事的人，选举出好人、能人当带头人，这样才能改善自己的生活，促进边区的发展。子长县群众编的"乡选歌"唱道："边区要发展，选举要广泛，选举好人把事办，生活能改善。人口四万万，妇女占一半，国事家事全要管，事情才好办。道理说明了，妇女觉悟到，宝娃快把门照好，妈妈当代表。"② 在这样的认识下，他们积极参与选举，"选举议员时差不多百分之八十到九十的选民参加。如延安则一般的均是到了百分之八十以上，尤其北一区差不多全体参加了。小脚妇女、老太，都觉得更非到会不可"。③ 选举中，群众充分表达了自己的意愿，选举的结果群众是满意的，"每个乡村都热烈地参加讨论，有的批评某人对革命不积极，某人曾经反对过革命，某人曾经贪污过，某人曾经是流氓，某人曾吸食鸦片等等，至于那些平日对抗战工作努力的分子，在选举中都当选了"。④

就边区群众入党来看，据1944年统计，边区各地党员占人口比例，绥德分区为2.01%；三边分区为2.6%；陇东分区为2.3%；关中分区为2.48%；延属分区为4.26%。全边区党员已占到总人口的2.79%。据对绥德、关中两个分区乡村的调查，64.24%的村庄有了党员，98%的乡建立了党支部。⑤ 到1945年"七大"召开前，边区的党员共有42195名（不包括部队中的党员），其中：绥德分区10514名，关中分区3131名，延属分区16628名，陇东分区5051名，三边分区4021名，边区一级（机关、学校）2850名。其中党员的成分如下：出身于工人的952名，雇农的2598名，贫农的26632名，中农的7563名，富裕中农的77名，富农

---

① 南开大学历史系编：《中国抗日根据地史国际学术讨论会论文集》，档案出版社1984年版，第268页。

② 中央档案馆编：《陕甘宁边区抗日民主根据地·回忆录卷》，中共党史资料出版社1990年版，第468页。

③ 同上。

④ 陕西省档案馆、陕西省社会科学院编：《陕甘宁边区政府文件选编》第1辑，档案出版社1986年版，第134页。

⑤ 转引自周江平《抗日根据地冬学运动述评》，硕士学位论文，湘潭大学，2006年，第57页。

的 785 名，地主的 466 名，商人的 313 名，资产阶级的 39 名，小资产阶级的 373 名，其他 320 名，成分不清的 2077 名。工人、雇农、贫农和中农出身的加在一起为 37745 名，占 89.45%。① 这些党员，绝大部分都是边区建立以后的新党员，其中，党员主体为贫苦的农民。农民由封闭无知的个体成长为党员，既是其积极参与政治的具体体现，也是其思想意识、行为观念发生转变，对党认同的重要标志。

对此，有人评价道："在陕甘宁边区政府的努力下，边区乡村农民在进行社会教育的过程中……成功地将无产阶级的政治思想和道德准则传送到农民的头脑中，唤醒了乡村民众的民族主义和民主主义意识，从而，在乡村中掀起了政治参与的高潮。"② 目睹这一时代现实的冈瑟·斯坦描述道，"我见到愈多，就愈少怀疑延安的新民主主义之早期表现形式，我所见到的不仅仅是这些会议，而且还有边区的现实。在我看来，社会各阶层的老百姓似乎真正采取认真的态度，以愈来愈高的热忱，以及他们对权力与义务的惊人而明智的了解——这在以前是不了解的，对自己有新的机会参与自治政府工作，作出了反应。"他认为"这种群众运动的成功是无可怀疑的"③。

（三）积极执行党的各项政策

开展社会教育本身就是执行党在边区的政策，同时社会教育与党在边区政策的交互作用是社教工作的特点。边区政府明确要求"社会教育要和各县其他工作任务紧密配合，像生产运动、防奸自卫、拥军、拥政、爱民运动、减租减息等。在这些工作中，有计划的组织社教活动，对群众进行教育"④。通过社会教育的实践，党的政策逐渐得到群众的理解和执行，同时在社会教育中成长起来的新乡村精英，他们进入基础政权和各种组织，自己带头并发动群众执行党的政策，1942 年 12 月庆阳县五乡的减租会上，农会主任田勇很有勇气地说："只要佃权有保障，减租法令没有执

---

① 宋金寿主编：《抗战时期的陕甘宁边区》，北京出版社 1995 年版，第 673—674 页。

② 李转：《抗战时期陕甘宁边区农民政治参与研究》，硕士学位论文，西北大学，2011 年，第 29 页。

③ ［美］冈瑟·斯坦：《红色中国的挑战》，马飞海等译，上海译文出版社 1999 年版，第 125 页。

④ 陕西师范大学教育研究所编辑：《陕甘宁边区教育资料·社会教育部分》（上），教育科学出版社 1981 年版，第 145 页。

行不通的，我保证五乡不会有一家地主逃避减租，减租后，佃户也一定交租。"

以"发展生产"为例，发展生产是边区十大政策之一，毛泽东曾指出，在1940—1941年，"我们曾经弄到几乎没有衣穿，没有油吃，没有纸，没有菜，战士没有鞋袜，工作人员在冬天没有被盖。国民党用停发经费和经济封锁来对待我们，企图把我们困死，我们的困难真是大极了"[①]。为解决这一问题，边区全员动员，开展了轰轰烈烈的大生产运动。在社会教育中，动员民众生产是其中重要的内容，尤其是通过秧歌进行宣传，得到群众的热烈响应。如在绥德平里演出《订生产计划》秧歌时，农民们相互问着，你家生产计划订了没有。[②] 在这样的氛围下，边区民众积极开荒生产，1939—1944年边区历年开荒亩数分别为：100.27万亩、48.1万亩、35.48万亩、77万亩、105.47万亩、436.22万亩（此数目不包括机关和军队的垦荒数）。[③] 生产出大量物质，保障了边区军民需要，在"1943年，边区粮食产量达到了181万石，除满足当年消费，尚有21万石的余粮。棉花种植面积达150287亩，产棉173万斤，达到边区棉花需要量的一半以上，牛发展到220781头，驴达到167691头，羊发展到2033271只"[④]。"棉花产量从1940年至1944年，达到3000万担，可织布150万匹，已达到边区需要的三分之二。"粮食产量至1944年已基本实现"耕三余一"，"生活用品如毛巾、肥皂、火柴、袜子、陶瓷、纸烟、铁铣等已能全部自给或部分自给"[⑤]。

边区群众对党的政治认同是通过多种途径和措施来实现的，但毫无疑问，社会教育是重要而有效的路径，通过社会教育，党的革命理想、政策方针、价值观念成功地在边区群众中播撒、交流和吸纳，逐渐成为民众的行为规范和准则，让其摆脱了陈腐观念的藩篱。民众在社会教育中获得的

---

① 《毛泽东选集》第3卷，人民出版社1991年版，第892页。

② 陕西师范大学教育研究所编辑：《陕甘宁边区教育资料·社会教育部分》（上），教育科学出版社1981年版，第146页。

③ 陕甘宁边区财政经济史编写组：《抗日战争时期陕甘宁边区财政经济史料摘编——农业》第2编，陕西人民出版社1981年版，第573—574页。

④ 陕甘宁边区财政经济史编写组：《抗日战争时期陕甘宁边区财政经济史料摘编——人民生活》第2编，陕西人民出版社1981年版，第76页。

⑤ 张孝芳：《陕甘宁边区的民间启蒙和政治动员——由〈日用杂字〉说开去》，《晋阳学刊》2005年第4期。

新观念与实践结合，树立起革命主体的意识和现实地位，他们在思想意识形态和外在行为上与党保持高度一致。"集体的文化扫盲提供着一个全新的公共空间，超越着原有的家庭邻里与村落关系网络，扩展到去认知一个集体化的社区、一个新的政府权威角色。党的精英凭借新的知识优势获取这种认可，进入村庄，从而打破了由传统村落精英掌握的权力格局。人们通过'冬学'获得的不仅仅是知识与信息，更有对新权威的接纳及对新秩序的认同。"① 社会教育中的优秀学员通过选举成为乡村中新的精英，他们代表党管理基层政权，在民众积极的政治参与中，党和人民在政治上完成互动，彼此得到了解和认同，二者建立起相互依存，不可分割的血肉关系。

对此，当时的群众编写了《绣金匾》、《东方红》、《高楼万丈平地起》等歌颂共产党和领袖的革命歌曲。林伯渠指出，边区民众"改变了他们以往对政治冷淡、对国家政权仇视的态度。在全面抗战的今天，他们用最关心的态度来注意每一政治事件的发展和各级政府对于他们利益的维护。换句话说，边区人民已经认为政府是他们自己的政府。当政府每一政治动员和号召发出之后，他们总是以极大的热忱来回答的"②。

现代学者认为，通过社会教育"共产党已经成功地在根据地的农民心目中确立了自己牢不可破的正统感，等于是瓦解了当时还是正统国家政权的代表者国民党政府的权威，到了1945年抗战胜利时，在根据地农民心目中，蒋委员长的地位已经被毛主席完全取代了。更重要的是，落后、分散而且自治力很强的根据地农村，就此被注入了类现代的民族国家意识，甚至建立了对中国共产党和国家政权的某种崇拜，如果说在此之前，国家政权的强化与下移，乡村组织还可以而且能够组织抵制的话，那么从这以后，再也没有可能了"③。

在社会教育开展与实施过程中，各种教育组织形式与军事组织如自卫军、民兵、儿童团等，经济组织如农会、变工队、妇纺组、减租会、合作社、运输队等交织配合，充分发挥了教育功能。在落后的乡村建立了集体

---

① 中央档案馆：《陕甘宁边区抗日民主根据地·回忆录卷》，中共党史资料出版社1990年版，第270页。

② 《林伯渠文集》，华艺出版社1996年版，第64—65页。

③ 张鸣：《乡村社会权力和文化结构的变迁（1903—1953）》，陕西人民出版社2008年版，第223—224页。

化、组织化的生活场域，个体的群众被有效地纳入其中。在新的生活世界，党主导的价值形态得到有效的传播，最先认知接受这些观念的个体成为新的权威，通过选举进入基础政权，成为党在基层执政的忠实代表，巩固了党的政权基础。在他们的带动和号召下，在感知共产党为他们谋利益、自己生活状态得到明显改善的同时，民众逐渐觉醒，不自觉地成为新的革命主体。旧有的落后愚昧的观念得到无情的荡涤，不再局限于从个人的角度看待自己，而以在当时开阔的眼光审视自己生活的世界，"救国就是保家"，"穷人要翻身得解放"……这些激动人心的思想在他们心中荡漾。但他们明白，自己是不能实现这些目标的，必须依靠共产党带领，从而在心理上滋生对共产党的强烈认同，并用实际行动响应党的号召，贯彻执行党的政策方针。他们积极为抗日战争贡献人财物的有力支持，积极开荒生产，参政、议政、执政，与陈规陋习做坚决的斗争，如此等等。社会教育建构的集体生活关系网作用是巨大的，诚如毛泽东所言："这种生产团体，一经成为习惯，不但生产量大增，各种创造都出来了，政治也会提高，文化也会进步，卫生也会讲究，流氓也会改造，风俗也会改变。"①

　　以社会教育为纽带和平台，实现边区群众和共产党的良性互动，乡村民众的心理和意识按照党的意愿被重新有效塑造，党也加深了对群众的认识与了解，对执政规律的把握与认知，在双方的交流碰撞和理解中，各自的利益诉求得到最大限度的保障和实现。

　　1944 年的一则村民公约是社会教育成效的良好注释。该公约出自绥德县延家川二乡张家村，其内容为：

　　一、全村人，勤生产，丰衣足食，生活美满。

　　二、不吸烟，不赌钱，人人务正，没个懒汉。

　　三、不吵嘴，不撕斗，邻里和睦，互相亲善。

　　四、多上粪，仔细按，人畜变工，大家方便。

　　五、秋翻地，锄四遍，龙口夺食，抢收夏田。

　　六、婆姨们，多纺线，不买布匹，自织自穿。

　　七、多栽树，多植棉，禾苗树木，不许糟践。

　　八、识字班，好好办，不误生产，又把书念。

---

① 《毛泽东选集》第 3 卷，人民出版社 1991 年版，第 1017 页。

九、抗工属，优待遍，吃的又饱，穿的也暖。

十、公家事，认真干，公粮公款，交纳在先。

十一、生产事，议员管，服从检查，接受意见。

十二、好公约，要实现，谁不遵守，大家惩办。

　　村民自己制定的公约，语言朴实易懂，从内容上看，涉及对党认同、生产、社会教育、优待抗属、缴纳公粮、乡村政权运行、废除陈规陋习等方方面面，表明群众已经将社会教育所要传递的教育内容和想要实现的教育目标演变为自己的生活原则与规范，社会教育的效能得到最为直观和实效的表达与印证。边区民众由社会边缘进入中心，思想政治教育提供的强大精神动力已经显现，诚如有人评价："识字课本、冬学运动与夜校的开展，进行着扫除文盲，普及教育这一最原初的智识启蒙，把广大的一般民众纳入接受教育、文化陶冶的中心。同时，在抗战建国这一背景下，这一社教过程在很大程度上无疑也承担着超越文化启蒙而进行民众动员的特定功能。'教育与政治完全打成了一片'。事实上，在相互的交叉与叠合中，已然无法分清二者原本的目的，毋宁说在这一过程中，民众被动员着，尝试着一种训练，一种集中的、全民化的备战训练，包括文化的、政治的、军事的乃至日常生活本身的训练。在这一重新社会化的过程中，他们经历着许多新的生活样式、也被引领着走向某种状态——众志成城的状态。"①

---

① 李会先：《抗战时期陕甘宁边区民众动员研究》，博士学位论文，首都师范大学，2008年，第133页。

第六章

抗战时期陕甘宁边区社会教育给予当代群众思想政治教育的经验与启示

边区社会教育面临诸多困难，但最终有效地破解了难题，取得了良好的效果。其中的经验值得我们认真总结，并结合现实情况，有的放矢地借鉴和运用。就如江泽民指出的："加强和改进思想政治工作，过去行之有效的好传统、好办法要坚持，更重要的是要适应新情况，不断探索新的方式、方法、手段和机制。"①抗战时期边区社会教育与当代的群众思想政治教育在各方面发生了很大的变化。与延安时期相比，和平与发展成为时代的主题，不再处于战争的环境；党已成为在全国范围内的执政党，政权基础稳固；群众思想政治教育基础有了巨大的改善，如教育基础设施进一步健全，群众的文化水平得到了巨大的提高，物质文化得到巨大的满足。同时，也存在共性，群众思想政治教育都具有紧迫性和重要性；具有同质的教育目标，实现群众的政治认同，提高群众思想意识，为社会发展提供强大的精神动力和支持。

任何历史都是当代史，总结抗战时期边区社会教育的成功经验，并在现代群众思想政治教育工作中有效发挥其作用和价值，是对这一教育运动的最好缅怀，也必将推动现代群众思想政治教育工作，这也是本书研究的价值体现。

第一节　实现人的全面自由发展：群众思想政治教育的终极目的与价值取向

在边区社会教育中，出现了各种各样的问题，诸如暴力动员、群众反

---

① 《江泽民文选》第3卷，人民出版社2006年版，第93页。

抗、单一教条的组织形式、脱离群众实际的教育内容等，体现出教育者和受教育者之间的矛盾与对立，为什么会出现这些现象与问题，是缺乏教育实践经验吗？是教育者素质不高吗？抑或仅仅是没有满足群众需要吗？笔者认为：出现这些问题的根源在于社会教育的目标定位与价值取向存有偏误。

对于思想政治教育目的，现有研究有多种观点。闫艳等认为："人与社会的共赢，幸福生活作为人与社会共同的终极愿景，理应成为思想政治教育根本目的的指向，唯此，思想政治教育才能彰显其存在的本体价值，才能真正稳固自己的根基。"① 方旭光认为：通过思想政治教育活动，形成和巩固对党领导的中国特色社会主义建设的政治认同，是思想政治教育的目标。② 宋秀红等认为：实现人的全面发展是思想政治教育的目的和归宿，思想政治教育是实现人的全面发展的重要途径，思想政治教育与人的全面发展是辩证统一的。③ 倪洪章认为：思想政治教育的直接目的是实现理论对人的掌握，间接目的是引导社会共同体的生成，终极目的是促进人的全面而自由的发展。④ 张耀灿和曹清燕认为：人的全面自由发展是我国思想政治教育目的定位的价值取向，现实性原则是我国思想政治教育目的定位的基本原则，促进和谐的社会主体之生成是我国思想政治教育目的的现实定位。⑤

梳理这些研究成果，可以看出，人的全面自由发展是思想政治教育根本的、终极的教育目的已经成为学术界的主流观点，笔者也持此观点。对于"幸福论"、"政治认同论"，笔者认为这些观点弱化或者说是矮化了思想政治教育的终极目标，尤其是政治认同论笔者不敢苟同。同时，笔者也认为思想政治教育目的应该呈现层次性，自成系统。笔者认同倪洪章对思想政治教育目的的划分，也认可其对三目的关系的判断，即实现理论对人的掌握这一直接目的是基础，它为间接目的奠定基础，是终极目的的开

---

① 闫艳、王秀阁：《论现代思想政治教育目的观》，《求实》2011 年第 1 期。

② 方旭光：《政治认同：思想政治教育的目标取向》，《思想理论教育》2006 年第 1 期。

③ 宋秀红等：《论人的全面发展理论及其在思想政治教育中的运用》，《探索》2004 年第 3 期。

④ 倪洪章：《论思想政治教育的目的性》，《学校党建与思想教育》2012 年第 1 期。

⑤ 张耀灿、曹清燕：《论我国思想政治教育目的的定位——基于马克思主义人学的视角》，《江汉论坛》2008 年第 1 期。

端；引导社会共同体生成这一间接目的是核心，是对直接目的效果的巩固，对终极目的实现的保障；促进人的全面而自由发展这一终极目的是旨归，为直接目的与间接目的的发展指明方向。①

一　终极教育目的的缺失与践行不足：社会教育出现问题的根本原因

依据上述认识，我们审视抗战时期边区社会教育的教育目的就会发现问题，社会教育的目标是识字教育、移风易俗、抗战动员、政治认同。此四目标可以直观体现思想政治教育的直接目的和间接目的，在促进人的全面而自由发展的终极目的方面展现得严重不足。笔者认为，在社会教育中，缺乏"促进人的全面而自由的发展"的价值取向是其出现各种问题的根本原因所在。

人的全面而自由的发展有着丰富的内涵，现有研究认为它至少涵盖这样一些内容：人的体力和智力的充分自由发展；人的才能和能力的多方面发展；人的社会关系的全面丰富；人的个性的自由发展；人的主体性的全面发展。② 在社会教育中，群众文化水平得到提高，民族意识和国家意识得到觉醒，对党的革命理想和实践政策积极支持，封建落后的陈规陋习得到抑制与转变，尤其是群众自主意识得到提升，从社会边缘成为革命主体，应该说，是其发展的一个质的飞跃。但是，这一切变化都是在党和政府预设的路径下完成的，是在大规模群众运动的集体网络场域中完成的，个人不得自由，在无形中形成单质同构的社会，个人在遵循规则和要求下享有自由，违背则会受到各种处罚，在本质上是不够自由的，自然其发展也不是全面的。

更重要的是，从教育者角度观察，社会教育直接表达了教育者的利益诉求，从社会教育发起的直接动因来看，是党和政府在自身资源匮乏下，为完成自身目标，必须动员群众的现实的、必然的路径选择。这使社会教育本身带有强烈的功利色彩，前期教育中政治氛围浓厚，群众需求被遮蔽，各种违背群众利益的行为与现象都是其体现，后期改进的重要原因之一在于教育者和受教育者之间力量博弈的结果，是二者利益磨合妥协的结

---

① 倪洪章：《论思想政治教育的目的性》，《学校党建与思想教育》2012 年第 1 期。

② 宋秀红等：《论人的全面发展理论及其在思想政治教育中的运用》，《探索》2004 年第 3 期。

果，是教育者为达成目标而被迫改变了教育方式方法。因此，社会教育组织领导者本身缺乏对"促进人的全面自由发展"理念和价值的秉持，教育出现各种问题本质原因在此，取得成效根本缘由在于一定程度上自然地契合了这一教育终极目标。

思想政治教育秉承"促进人的全面自由发展"的终极目标和价值取向，是将人作为教育目的本身，而不是把人作为工具，尤其是作为政治工具。因为我们党的宗旨就是全心全意为人民服务，党的奋斗目标就是要建立马克思和恩格斯在《共产党宣言》描绘的"代替那存在着阶级和阶级对立的资产阶级旧社会的，将是这样一个联合体，在那里，每个人的自由发展是一切人自由发展的条件"① 的共产主义社会。缺乏这一思想政治教育目的的价值取向，就是对党的性质、宗旨和奋斗目标的否定与扬弃。抗战时期边区社会教育展现出的各种问题和功利色彩就是将群众作为政治工具的体现，但这无可厚非。必须考虑到当时处于民族危亡的战争时期，"皮之不存，毛将焉附"，国家利益高于个人利益，必须要动员群众，同心聚力，共赴国难。但是，群众思想政治教育活动缺乏"促进人的全面自由发展"的目标定位，群众陷入政治工具人而无力自拔，教育者陶醉于群众政治运动而沾沾自喜，其危害无穷。

二 新中国成立到"文革"：群众运动对思想政治教育终极目的的偏离与违背

笔者认为，从思想政治教育视角分析，对思想政治教育终极目标的偏离与遗弃是新中国成立后头 30 年群众思想政治教育运动不断，直至出现"文化大革命"，党的执政出现重大挫折的重要而根本的原因之一。

新中国成立以后到"文化大革命"结束，在中国这片广袤的土地上，群众运动此起彼伏，连绵不断，对此，有人总结和评价道：土地改革运动（1950—1953 年）、镇反运动（1950—1953 年）、抗美援朝运动（1950—1952 年，与抗美援朝战争区分）、知识分子改造运动（1951—1952 年）、"三反五反"运动（1951—1952 年）、扫盲运动（1952 年）、"新三反"运动（1953 年）、社会主义改造（1953—1956 年）、肃反运动（1954—1957 年）、鸣放运动（1956 年）、除"四害"（1956 年）、反"右派"斗

---

① 《马克思恩格斯选集》第 1 卷，人民出版社 1995 年版，第 294 页。

争（1957 年）、"大跃进"（1958—1960 年）、人民公社化（1958 年）、反
右倾机会主义运动（1959 年）、反瞒产私分运动（1960 年）、社教运动
（"四清"运动，1963—1966 年）、工业学大庆农业学大寨（1964 年）、文
艺批判（1965—1966 年）、"文化大革命"（1966—1976 年），十年内运动
连绵不断，计有 30 次左右。有学者统计，共和国的前 30 年，大大小小的
运动近 70 次。毫不夸张地说，中华人民共和国是在无间断的运动中迎来
"而立之年"的。[1] 群众运动的风起云涌，建构起那个年代的社会政治生
态，也成为党执政的特有范式与路径选择，这在世界史上也是极其少见的
独特图景。

　　为什么党在新中国成立前 30 年以发动群众运动的方式进行执政和开
展群众教育呢？现有研究认为，这有其深层次的内在逻辑必然。胡乔木在
《中国为什么犯二十年的"左"倾错误》中分析道："中国社会主义的过
早成功，特别是几亿农民以意想不到的速度参加了合作社，使连续成功地
领导中国革命二十年以上的毛泽东相信，社会主义制度加上群众运动将是
万能的武器。他认为，这样将使中国既能在不太长的时间内胜过西方国
家，也能胜过不那么重视由下而上地发动群众、依靠群众政治觉悟来发展
经济的苏联。"[2] 有学者认为"一是这时的群众运动成为'革命的遗产'，
是被革命历史证明为'管用'的法宝，当然不能舍弃不用；二是深层次
的认识和思维出现偏差的结果。首先表现为把群众运动当成'群众路线'
的同义词。其次，把群众运动等同于'人民民主'。三是新中国成立后体
制的一元化和高度集中提供了基础和保障"[3]。还有人认为新中国成立以
来群众运动不断生成的原因是历史惯性和危机状态下的功能需求与制度内
资源严重匮乏的无奈选择，"二者的合力，再加上高度集中的政治经济体
制、毛泽东对于主要矛盾及阶级斗争的判断与认识以及社会心理等诸方面
的综合作用，才导致了历史上运动不断局面的产生"[4]。

---

[1]　赵智、王兆良：《从"运动"到"活动"：中国共产党政治动员研究的新范式》，《山东
社会科学》2012 年第 6 期。

[2]　《胡乔木文集》第 2 卷，人民出版社 2012 年版，第 262 页。

[3]　赵智、王兆良：《从"运动"到"活动"：中国共产党政治动员研究的新范式》，《山东
社会科学》2012 年第 6 期。

[4]　佘湘：《建国以来群众运动不断生成的另一种解读》，《武汉理工大学学报》（社会科学
版）2010 年第 3 期。

　　的确，从延安时期开始考察，这一时期的各种群众运动，如社会教育活动、大生产运动、减租减息运动等，解放战争时期的农民运动、学生运动和工人运动，唤起了千千万万群众的觉醒，为党领导的新民主主义革命提供了可靠的人财物保障，是党能在各阶段完成历史使命、实现奋斗目标的重要缘由。新中国成立初期到1957年的反右派斗争之间，土地改革运动、镇反运动、抗美援朝运动、知识分子改造运动、"三反五反"运动、扫盲运动、"新三反"运动、社会主义改造运动、肃反运动等，为打击敌特破坏、凝聚人心、巩固党在全国政权的控制起到积极作用。

　　有人对群众运动的动员模式进行了系统总结："用群众运动贯彻政策目标的基本程序是：提出明确的近期目标，将这些目标作为压倒一切的优先项目，从整个政治系统中动员和训练大量的干部传达、贯彻这些目标，并组织、动员群众来参与和实现这些目标。从运作途径与方式上看，动员模式特征为：在思想上，通过革命理想主义、爱国主义等来激发广大群众的建设热情，通过大规模的教育、学习活动来提高人们的思想政治觉悟，通过英雄人物或其他模范典型的塑造、宣传，刺激普通民众的模仿。在声势浩大的思想教育工作中，形成并主导社会舆论，使主流价值观深入人心。在政治上，把政治动员与阶级斗争密切结合起来，阶级斗争成为政治动员的支点，每一次的政治动员往往都有阶级斗争方面的具体目的，以阶级立场和政治态度为原则的敌我分析方法成为政治动员的基础。政治动员的过程同时也成为阶级斗争的过程。在组织上，党的组织深入并主导社会生活的各个领域，大多数社会成员被吸纳到各种政治组织中来，高效的社会整合使得党通过层序性组织结构能够把自己的决策迅速贯彻到全社会，形成社会各群体协调一致的立场和行动。社会的高度组织化使得政治动员迅捷且极具声势。"①

　　从边区社会教育到新中国成立后的群众运动，都鲜明地、完整地展现了这些动员程序和特征，可以看出，新中国成立后群众运动与抗战时期边区社会教育的内在逻辑关联，可以说，新中国成立后群众运动是对社会教育的延续、继承与发展。从这一总结也可以看出，群众运动就是不折不扣的思想政治教育活动。在政党主导下的群众运动中，群众运动成了政党有

_____

　　① 龙太江：《从动员模式到依法治国：共产党执政方式转变的一个视角》，《探索》2003年第4期。

效的政治工具，群众个体则沦落为政治工具人，他们作为政治工具人的角色参与群众活动，个人完全依附国家和政党，这是对思想政治教育终极目的的消极反动。

工具性的教育目的之灾难性后果至1957年后开始显现，"大跃进"运动、人民公社化运动，群众开始掉入全民骚动、精神亢奋、生活凄惨的泥潭。随着而来的十年"文化大革命"，群众坠入了万劫不复的深渊。其中的"知识青年上山下乡运动"毁掉了那一代城市青年的美好青春，造成了中国知识人才的断层，是教育事业的悲剧。"红卫兵"运动，是一场人性泯灭、兽性肆掠的运动，夫妻告密、父子反目、群众斗群众、捏造罪状、私设公堂、严刑逼供、打砸抢抄、株连九族、人格污辱、心理摧残，置人于死地，社会经济严重倒退，一片萧条。更为可悲的是，在那群魔乱舞的年代，持这样违背基本人伦的行为是公开的，行为者本人往往也认为是正义的。作为思想政治教育方式的群众运动工具性的目标价值取向危害展露无遗：思想政治教育不以"人的全面而自由发展"为价值取向和终极目标，培养的教育对象、生成的社会共同体是变质且充满巨大危害的，教育主客体成为同体受害者，思想政治教育沦为政治的工具和帮凶，失去了其价值与归宿。

三 "文革"后至今：对思想政治教育终极目标的回归、拓展与践行

"文革"结束后，党果断地结束了大规模的群众运动。十一届三中全会明确指出：现在就应适应国内外形势的发展，及时地、果断地结束全国范围的大规模的揭批林彪"四人帮"的群众运动，把全党工作的着重点和全国人民的注意力转移到社会主义现代化建设上来。这一重大转变的完成，邓小平居功至伟，在《邓小平文选》中他多次提到群众运动，在1961年，邓小平就指出："群众运动只是群众路线的一种形式，不能一年到头全运动，不是一律地这里运动什么那里也运动什么能照搬，只能实事求是。如果一年到头搞运动就没有劲了，就变成浮夸、形式主义了，实际上违反了群众意志，脱离了群众。"① 限于当时的历史条件，这样的声音被淹没了。1980年接受法拉奇采访时，他精辟指出："人民需要一个安定

---

① 《邓小平文选》第1卷，人民出版社1994年版，第295页。

团结的政治局面，对大规模的运动厌烦了。凡是这样的运动都要伤害一批人，而且不是小量的。经常搞运动，实际上就安不下心来搞建设。"① 在《党和国家领导制度的改革》讲话中，他强调"历史经验证明，用大搞群众运动的办法，而不是用透彻说理、从容讨论的办法，去解决群众性的思想教育问题，而不是用扎扎实实、稳步前进的办法，去解决现行制度的改革和新制度的建立问题，从来都是不成功的。因为在社会主义社会中解决群众思想问题和具体的组织制度、工作制度问题，同革命时期对反革命分子的打击和对反动制度的破坏，本来是原则上根本不同的两回事"②。这一讲话表明，群众运动是思想政治教育活动，在和平时期，以群众运动来开展思想政治教育活动是不可取的。在邓小平的带领下，果断地抛弃群众运动的治国和执政模式，以改革开放、经济建设为中心的发展思路的确立和实践，使中国发生翻天覆地的变化，人民群众的物质文化需求得到巨大满足，这就是对人的全面自由发展的教育目标的实际践行。

其后，"促进人的全面自由发展"理念得到进一步发展与践行。党的第三代领导集体提出的"三个代表"重要思想，要求党始终代表中国先进生产力的发展要求，始终代表中国先进文化的前进方向，始终代表中国最广大人民的根本利益。人的全面自由发展就是人民的根本利益，先进生产力、先进文化是实现这一发展坚实的物质基础与精神支持。江泽民强调，"我们建设有中国特色社会主义的各项事业，我们进行的一切工作，既要着眼于人民现实的物质文化生活需要，同时又要着眼于促进人民素质的提高，也就是要努力促进人的全面发展。这是马克思主义关于建设社会主义新社会的本质要求"③。

胡锦涛提出的"科学发展观"中，"以人为本"是核心，坚持以人为本，就是要始终把实现好、维护好、发展好最广大人民的根本利益作为党和国家一切工作的出发点和落脚点，尊重人民主体地位，发挥人民首创精神，保障人民各项权益，走共同富裕道路，促进人的全面发展，做到发展为了人民、发展依靠人民、发展成果由人民共享。这是党执政理念的重大发展，人成为发展本身而不是工具。

① 《邓小平文选》第1卷，人民出版社1994年版，第348页。
② 《邓小平文选》第2卷，人民出版社1994年版，第336页。
③ 《十五大以来重要文献选编》（下），人民出版社2003年版，第1925页。

以习近平为代表的新一代领导集体执政以来，在短短几个月时间内，就在领导干部中掀起了"开展党的群众路线教育实践活动"，这一教育实践活动就是要把为民、务实、清廉的价值追求深深植根于全党同志的思想和行动中，主要任务聚焦到作风建设上，核心目标就是要通过教育实践活动集中解决形式主义、官僚主义、享乐主义和奢靡之风这"四风"问题，解决人民群众反映强烈的现实问题。是从对领导干部教育的角度体现出对人的尊重，是实实在在践行"促进人的全面自由发展"的价值取向。

这些内容虽然是几代领导集体对执政规律、治国方略和国家发展的宏观把握与理念的体现，但是，思想政治教育本身是党领导的教育活动，这些精神应该且必须引领思想政治教育理论建设与发展，并在实践活动中践行。因此，"文革"至今，"人的全面自由发展"作为思想政治教育终极目标和价值取向得以回归、发展、深化与践行。

从抗战时期的边区社会教育开始，以群众运动发展变化为对象，以思想政治教育目的为视角的分析与审读中可以看出，一部群众运动兴衰发展变化史，就是人的全面自由发展这一教育目的的印证历史，坚守这一理念，就会促进思想政治教育工作，反之，将人作为政治工具，思想政治教育失去最高目的和归宿，既是在理论上对思想政治教育的自我否定，也必然导致教育实践活动出现各种问题，制约和影响思想政治教育功能的发挥，教育成效大打折扣，甚至带来不可预料的危害。因此，在当下的群众思想政治教育活动中，教育工作者必须坚守"促进人的全面自由发展"的价值取向，将教育对象作为目的本身而不是工具，在社会发展、人民物质精神文化得到巨大满足的同时，用先进文化引领和影响广大群众，形成党、社会、群众利益共同体，最大限度发挥思想政治教育精神动力的功能支持，展现思想政治教育的价值。

第二节　必须切实加强和做好农民的思想政治教育工作

边区社会教育的对象是群众，农民在其中占绝对多数，从某种意义上说，社会教育就是一场农民思想政治教育运动。因此，总结其中的经验，对当下农民的思想政治教育具有重要的借鉴意义与价值。

一　当前农民思想政治教育现状

当前，对农民的思想政治教育具有必要性、紧迫性和重要性。首先是农民的思想现状存在大量的问题。随着群众运动的停止，家庭联产承包责任制的实行，市场经济的发展，农民摆脱了原有的集体生产和生活方式，得到了极大的自由。但是，也导致农民在思想上处于某种程度上放任自流的状态。"一些农民的思想观念、个人行为较大程度为个人的利益得失所左右，变化性大，随意性强，一些农民在市场经济大潮的冲击下，不管'主义'只管利益，社会不良风气有所抬头，精神生活并没有随着经济的发展和生活水平的提高而提升；一些农民在感受到我国与发达资本主义国家之间的差距后，动摇了社会主义信念，对资本主义制度产生向往；也有一些农民受腐朽落后思想道德观念影响，道德素质有所滑坡，社会公德、家庭道德、个人道德方面失范现象时有发生，对中国传统的优良道德观念日益淡化等等。"①

农民是社会主义建设的重要主体和力量，缺乏农民的体力和智力支持，社会建设与发展就会受到严重的阻碍。尤其是大量农民进城务工，使农民进入了社会的各个区域，这一庞大群体在思想上出现的各种问题，必然会以各种方式和行为反映在社会之中，成为影响和破坏社会的潜在不稳定因素。

从农民的思想政治教育现状来看，在理论和实践上都未得到高度重视。从理论研究看，在 CNKI 期刊全文库中，以"农民思想政治教育"为主题模糊搜索，得到 100 多篇文章，且大部分是对过往的历史研究。但以"高校思想政治教育"为主题搜索，就得到 16000 多篇文章，二者差异巨大，这说明理论界对农民思想政治教育研究是不足的。从实践看，没有农民思想政治教育的统一领导组织机构，原有的教育组织因各种原因处于瘫痪状态，对教育信息和内容的获取处于自发随意的状态。因此，农民思想政治教育就成为一个紧迫的现实课题。

二 边区社会教育中农民思想政治教育的经验

边区社会教育之所以能够成为一场成功的农民思想政治教育活动，原因是多方面的，但是至少以下几点经验是其成功的关键要素。一是党和边区政府高度重视，如毛泽东同志就反复强调教育农民，提高农民认识的重

---

① 何文毅：《关于农民思想政治教育实施策略的当代构建》，《学校党建与思想教育》2011年第 6 期。

要性；二是领导组织机构健全；三是开展了多种教育组织形式，分散和集中相结合，让农民随时随地都可以学习；四是教育组织和经济组织、政治组织和军事组织有效结合，全方位开展教育工作；五是构建常态化动态化的教育机制，抗战期间，每年都举办大规模的冬学运动，平时通过识字组、识字班、夜校进行社教工作；六是运用秧歌这一农民喜闻乐见的艺术形式，做到教育内容和形式有机结合；七是从解决农民生活问题和困难入手，加强思想政治教育；等等。这些经验，有的已经不再适应现在的具体情况，如通过大规模的冬学，集中开展教育活动。

三　当前农民思想政治教育的方法与路径

一是建立农民思想政治教育领导组织机构。在县级及以上部门由党委统一领导，宣传部具体负责，统一安排部署农民思想政治教育工作。在乡镇和村一级，要充分发挥农村基层党组织作用，村民自治委员会、治保会、共青团、妇联、民兵等组织积极参与，形成乡镇党委统一领导、村党支部主导、各方力量积极配合的农民思想政治教育立体体系。

二是将农民思想政治教育和农民技能培训工作结合，促进农村发展、农业增产、农民增收。当前农民群众最关心的是发展经济，最需要的是农业科技、市场信息和致富途径的引导，可以利用村委会、当地学校，结合农民农时季节需求，定期和不定期开展知识讲座和技能培训，结合当地主要、特色农业作物和经济作物以及各种产业，通过现场技术指导、基地示范、分发技术资料等形式，传授农民生产急需的科技知识。同时大力开展农村劳动力转移的就业技能培训工作，当前，农民工主要在家政、餐饮、建筑、修理等行业就业，要通过培训工作，让农民工对这些行业涉及的相关技能进行全面的了解和掌握，从而增强农民转移就业、稳定就业的能力和市场竞争力。

三是农民思想政治教育工作要和消解农村各种矛盾、保持农村稳定相结合。当前，农村中因土地引发的问题众多，有的还造成群体事件，如在土地征用、房屋拆迁补偿等问题上纠纷不断。客观地看，在这些问题上，相关的政策不够健全和完善，农民的利益受到了一定的损害。但不可否认的是，有少数的农民成为胡搅蛮缠的人物，并煽动不明真相的农民，引发群体事件。同时，在农村现实生活中，家庭成员之间、邻里之间常因小事产生矛盾，怀恨在心，常常导致激情犯罪。思想政治教育就应该着力化解这些矛盾，向农民宣传土地征收、征用的政策，调解农民之间的纠纷，营造安定和谐的农村社会环境。

四是加强农村公共文化基础设施建设。在社会教育中，民教馆为群众代笔，宣传卫生常识，揭露封建迷信危害等，满足了群众的需要，解决群众的现实问题，受到群众的欢迎。现在，在农村可以利用乡村文化站建立农民之家，作为农民思想政治教育平台，提供农民需要的科技书籍、法制书籍、三农政策、相关信息、娱乐设施，让民众有交流学习的良好场所，同时，可以设置专人管理，收集群众意见，帮助农民解决实际问题和困难。

五是制定符合法律法规、符合农村实际的村规民约，社会教育中的村规村约对宣传政策、规范农民行为、净化农村社会风气起到了极大的作用。现在制定村约，语言要通俗易懂，将党的大政方针、法制观念、农业政策、公民道德要求等内容包容其中。

六是加强农村精神文化建设，消除陈规陋习。要加强文化下乡活动，生产和出版农民喜闻乐见的影视作品和报刊书籍，丰富农民的精神生活，同时要用各种方式和渠道宣传赌博、迷信、毒品等的危害，让农民过上精神丰富、方式健康的生活。

七是创新和有效运用教育载体，运用在农村已经普及的手机、电视等传播工具，发挥手机报刊、短信平台、电子报纸、电子书等新兴传播载体的作用，宣传切合农民实际需要的思想政治教育内容。

第三节　需要与自愿：群众思想政治教育必须坚持的原则

在陕甘宁边区社会教育中，坚持需要与自愿的原则是其取得成功的根本原因。前期教育中，政治军事色彩浓厚，引发了群众的猜疑，认为社会教育就是变相的练兵和培养"公家人"，对群众生产生活需要的技能和知识涉及不多，群众对教育存在反感的情绪，认为学习无用。在教育组织形式等方面做具体要求和规定，不切合群众实际情况。后来，调整教育方式和内容，首先教授群众急需的知识和技能，对妇女，教她们卫生和纺织知识，尤其是针对生育死亡率高这一问题，建立卫生冬学，具体教授妇女生产的科学卫生知识，保障了母子生命安全，用事实教育和感化了群众。根据对象的具体情况，教授其急需的珠算、记账、牲畜治病等知识，有效地解决了群众现实生活的困难，增强和激发了群众的学习兴趣，在掌握这些知识的同时，积极自愿参加社会教育，通过了解和掌握党的方针政策，切实感受到共产党是为他们谋利益的，对党产生高度的政治认同，积极支持贯彻党的各项方针政策，全面地完成了教育目标，实现了教育者和受教育者的共赢。

社会教育正反经验启示我们，群众思想政治教育必须坚持需要与自愿的原则。要从群众的生产生活需要出发，解决其现实困难，保障群众的利益，让他们真正感受到教育的实用和有用。"在思想政治教育中坚持以人为本，必须充分重视并满足人的物质和精神需求这一支配人们思想行为的基本因素，把充分发挥人的能动作用与满足人的利益结合起来。"① 在此基础上，把教育者迫切需要传递的政治教育内容融入群众教育中，方能有效地完成教育过程，实现教育目标。

因此，当前群众思想政治教育，要以群众的现实需要为出发点，摆脱空洞的政治说教状态。当下，各类群众利益诉求不同，不能用一刀切的办法开展思想政治教育活动，要针对具体不同人群，实地实证调研，真正把握群众的现实需要，要如习近平同志在党的十八届一中全会上的讲话中强调的："及时准确理解群众所思、所盼、所忧、所急，把群众工作做实、做深、做细、做透。要正确处理最广大人民根本利益、现阶段群众共同利益、不同群体特殊利益，切实把人民利益维护好、实现好、发展好。"② 掌握群众需要之后，要具体研究分析，整合资源和力量，及时有效地解决群众的困难，满足群众的需要。

河北饶阳县在村级建立"1＋10"党员联系户制度就值得我们学习、借鉴和推广。该村按居民居住片区和从事产业划分党小组，每个党小组联系 10 名左右党员，每个党员联系 10 户群众。明确党员职责，一是办实事解难题，要做到"五必到"，联系户红白大事必到，生病住院必到，急难重活必到，代办事项必到，思想波动必到。二是帮助联系户致富，解决联系户土地、资金、技术和销售困难。三是化解纠纷促进乡村和谐，力争做

---

① 王树荫主编：《中国共产党思想政治教育史》，中国人民大学出版社 2010 年版，第 336 页。

② 中央党的群众路线教育实践活动领导小组办公室编：《党的群众路线教育实践活动学习文件选编》，党建读物出版社 2013 年版，第 8 页。

到小事不出户，大事不出村。四是搞宣讲听民意，做到"四到户"，即上级政策宣传到户，支部决议传达到户，公益活动发动到户，意见建议征求到户。这一制度的实施，农民收入大大提高，信访降低，未发生集体上访、越级上访事件，提出入党申请的青年农民超过 2000 名，村民都说，自打有了"1+10"党员联系户制度，村里的党员和过去大不一样了，大伙都觉得党和我们更亲了。[①] 这一制度和做法，就是需要和自愿原则在当前运用的范例，它做到了群众现实需要和长远需要的结合，实现了群众生活需要同教育诉求的结合与融合，值得推广。

第四节　有效利用教育载体：做好群众思想政治教育的路径选择

社会教育对教育载体的运用是其取得教育成功的重要原因，其对教材的探索、改进与优化，对教育功能的发挥起到了基础作用。尤其是对群众喜闻乐见的秧歌在内容和形式上进行改造，将社会教育的内容融入秧歌之中，群众在观看秧歌的过程中，联系自己的生活实际，做到了秧歌和生活的交融，群众潜移默化地接受了秧歌表达和传递的全方位的教育内容，充分体现了教育载体的功能和效果。

随着社会的发展，各种文艺载体要继续充分发挥作用，如报纸杂志、影视作品等。但是，现在的报纸杂志中，虚假广告随处可见，影视作品中，各种不健康的作品大行其道，在思想导向上混淆视听。如前段时间红极一时的《甄嬛传》，甄嬛进宫以后，受到以皇后为代表的势力的陷害，为了生存，甄嬛用尽各种手段，终于战胜皇后，她也由一个天真善良的姑娘变为恶毒凶狠的女人。其内含的价值观念是要战胜坏人，就要比坏人更坏。问题在于甄嬛也得到同情，认为她是无辜的、被迫的。这样的电视剧拥有相当规模的粉丝，其潜移默化的结果，会在无形中改变人们的观念，可能导致一些人在现实生活中遇到困难时，向甄嬛学习，为达目的而不择手段，并认为这是理所应当的事情。这样的观念和行为如果在社会中蔓延，尔虞我诈的事情就会层出不穷，给社会和个人带来极大的危害。此

---

① 中央党的群众路线教育实践活动领导小组办公室编：《各地联系服务群众经验做法选编》，党建读物出版社 2013 年版，第 9—12 页。

外，电视节目中充斥着各种庸俗低下的娱乐节目，如一些歌唱类节目，参赛者的目的就是为了出名，出名的目的就是为了快速暴富。而实际情况是一些参赛者出名后，就能够拍广告代言，参加商业演出，快速获得可观的经济收益，这些人成为年轻人的偶像，其带来的负面效应是显而易见的。因此，必须着力净化文化载体承载的内容，让其在丰富人们生活的同时渗透积极向上的思想观念，像边区新秧歌一样，有效发挥其教化功能。

同时，要充分开发和利用新的载体，尤其是网络。网络已成为当前群众获取信息的主要渠道，但是，互联网上充斥着大量的不良信息，色情暴力、虚假宣传、恶意诋毁随处可见。轰动一时的"秦火火"与"立二拆四"案值得我们深思，该团伙组成网络推手团队，伙同他人，通过微博、贴吧、论坛等网络平台，组织策划并制造传播谣言、蓄意炒作网络事件、恶意诋毁公众人物，以此达到公司牟利目的。同时，公司还一直以非法删帖替人消灾、联系查询 IP 地址等方式非法牟利。"秦火火"承认，他制造并传播的谣言多达 3000 余条。其中一些信息产生了重大的社会恶劣影响，如"7·23"动车事故发生后，他在网上编造、散布中国政府花 2 亿元天价赔偿外籍旅客的谣言，两个小时就被转发 1.2 万次，挑动了民众对政府的不满情绪。此外，他在网上捏造了所谓雷锋生活中的奢侈情节，全国残联主席张海迪拥有日本国籍，并对我国著名军事专家、资深媒体记者、社会名人和一些普通民众等多人进行无中生有的恶意中伤。

少数的几个人利用网络给社会带来巨大的危害，值得我们警惕和思考。网络监管部门应该切实履行法律规定，加大网络违法打击力度，净化网络空间，要让健康向上的内容占据网络，把网络打造为群众思想政治教育主阵地。

第五节　建设和谐社会环境：做好群众思想政治教育的必要条件

陕甘宁边区社会教育，对二流子进行全面改造，使其成为自食其力的劳动者，同时，揭露打击巫神，破除封建迷信，剿灭土匪，杜绝毒品，解放妇女，让边区形成了安定、和谐的民主示范区，群众生活其间，安居乐业，心情舒畅。前后生活的对比，让群众更加相信党和政府是他们的好带头人，为其对党的政治认同起到了重要的促进作用。

现在，要做好群众的思想政治教育工作，就必须努力打造和营建稳定安全、和谐的社会环境。当前，社会存在突出的问题，尤其是贪污腐败现象严重，个别领导干部的腐败行为严重地破坏了群众的思想政治教育效果。在信息公开并快速传播的社会，网络、报刊、电视等媒介中曝光的腐败行为，让民众看到了其中肮脏腐朽的内幕，在切齿痛恨之余，更多的是对党和政府公信力的削弱。群众会认为，思想政治教育倡导的价值观念被这些领导干部无情肆意地践踏，党员干部都做不到，却要我们做到，这就是愚弄老百姓，群众思想政治教育基础受到极大的破坏，成效自然难以实现。

同时，一些地方犯罪团伙活动猖獗，毒品、抢劫、诈骗、偷盗等各种犯罪活动频繁发生，严重影响群众的生命和财产安全。作为社会成员，对稳定、安全、和谐的社会都充满美好的愿景，如果个体处于社会之中，随时面临被诈骗、人身可能受到侵犯，这样的不安全感会成为个人挥之不去的阴影，这样的认知会导致个体对自己、家庭、亲人和朋友等构成的熟人社会产生认同，但对整个社会形成冷漠的心理。更重要的是，他们会对这样的社会环境进行归因，认为这是党和政府没有履行好自己的职责，因此，他们理所当然地会对党和政府的思想政治教育内容予以抵制和排斥，以各种方式开展的教育活动就得不到群众的认同，至少得不到群众发自内心的认可与接受，这就会使思想政治教育更多的是在形式上的开展，在实质上很难取得效果。

因此，在当前切实开展好群众思想政治教育活动，必须下大力气遏制和解决这些危害群众的现象和行为，要从制度上完善、预防贪污腐败的机制，将权力关进制度的笼子，要加大对各种犯罪活动的打击力度，营造安定团结和谐的社会，让群众在社会生活中感到幸福快乐，并从中认识到这是党和政府为人民谋利益、办实事的结果，这自然会让群众产生像边区时期一样对党和政府的认可与认同，群众思想政治教育的内容与目的也就会水到渠成地实现。

第六节　妥善解决民生问题：做好群众思想政治教育的物质基础

边区社会教育与大生产运动、减租减息运动等相结合，同时，宣传农业科学知识、卫生常识，有效地提高边区农业生产，保障人民生命健康，边区民众的民生问题得到妥善的解决，让群众切身感受和认识到自己受到重视，利益得到保障，追根溯源，自然会产生对党和政府的心理认同感，为教育目标的实现奠定良好的基础。

当前，民生问题以各种方式表现出来。生产力的发展水平不高，城乡、地区和行业之间的差异很大，群众的收入和生活水平出现明显的巨大差异。住房难、教育难、看病难成为压在群众身上的"新三座大山"，在食品方面也暴露了牛奶、地沟油等问题。这些问题的出现，严重地影响着群众生活，群众对党和政府的认识和评价就会出现重大的偏差。因此，要大力发展生产力，不断满足群众物质文化需要。同时，在当前中国，政府在民生问题的解决上具有主导地位，群众在解决自己现实生活问题时往往与政府不可避免地发生联系，政府的不作为、乱作为给群众带来巨大的困难。而这些困难群众自己无法解决，必须诉诸政府相关部门才能解决，当群众的问题不能通过正常渠道合法合理解决时，个体暴力报复、群体事件的发生也就不足为怪。更重要的是这些信息在群众间传播会对党和政府产生消极心理，会极大削弱思想政治教育的效果。

对此，我们要切实做到习近平同志的要求："一定要坚持从维护最广大人民根本利益的高度，多谋民生之利，多解民生之忧，在教有所学、劳有所得、病有所医、老有所养、住有所居上持续取得新进展。"①

第七节　命运共同体的构建：做好群众思想政治教育的根本保障

在抗战时期，通过社会教育，边区广大群众不仅掌握了一定的文化知识，提高了生产生活技能，有效地摆脱了丑陋习俗的影响，更重要的是逐渐树立了民族国家意识，认识到自己存在的价值和意义，成长为革命的主体。群众的革命意识和党的历史使命交织融合，打败日本侵略者，建设独立、自由、富强的新中国成为党和群众的共同追求，党需要群众支持和参与来实现这一革命任务，群众需要党的领导和指引来完成这一生活目标，

---

①　中央党的群众路线教育实践活动领导小组办公室编：《党的群众路线教育实践活动学习文件选编》，党建读物出版社 2013 年版，第 8 页。

党和群众在事实上成为命运共同体。共同的命运追求和奋斗目标从根本上消解了二者之间的矛盾与隔阂，更成为凝聚人心、同心协力、共赴时艰的强大精神动力。这既是社会教育的成效体现，也是开展群众思想政治教育活动的价值彰显与精神保障。

当前，有效开展群众思想政治教育工作的一大难题就在于缺乏一个能够得到广大群众真正认同的精神纽带。随着改革开放的不断深入发展，人民群众利益分化，各种社会思潮出现，人们思想活动的独立性、选择性、多变性和差异性不断增强，尤其是一些错误腐朽思潮泛滥，成为社会发展的严重阻碍，也为思想政治教育工作带来巨大的挑战。对此，党的十八大报告指出："用社会主义核心价值体系引领社会思潮、凝聚社会共识。"认为"社会主义核心价值体系是兴国之魂，决定着中国特色社会主义发展方向"。社会主义核心价值体系包括马克思主义指导思想、中国特色社会主义共同理想、以爱国主义为核心的民族精神和以改革创新为核心的时代精神、以"八荣八耻"为主要内容的社会主义荣辱观四个方面的内容。它体现了思想道德建设上的先进性和广泛性要求；既坚持了先进文化的前进方向，又兼顾了不同层次群众的思想状况；既体现了一致的愿望和追求，又涵盖了不同的群体和阶层，具有广泛的适用性和包容性，具有强大的整合力和引领力，是联结各民族、各阶层的精神纽带。

因此，做好当下的群众思想政治教育工作，就必须以社会主义核心价值体系引领社会思潮，要"增强社会主义核心价值体系的理论吸引力、扩大以社会主义核心价值体系为基础的理论共识、建构以社会主义核心价值体系为指导的思想观念整合机制、完善社会主义核心价值体系公民认同机制"。① 让社会主义价值体系成为群众共识，自觉把个人发展与民族复兴、社会发展联系起来，共建党、民族、社会和个人发展的命运共同体，为群众思想政治教育构建共同的思想基础，提供宝贵的精神动力。

抗战时期陕甘宁边区社会教育是一场群众思想政治教育运动，在此教育活动中，群众的利益和现实需求得到有效的保障和实现，边区民众从生活实际出发，前后对比之中对党和政府产生实实在在的认同感，社会教育的各项目标得到有效的实现。对新中国成立后前 30 年群众运动危害的反

① 陈秉公：《论用社会主义核心价值体系引领社会思潮的基本途径》，《政治学研究》2008年第6期。

思，对当前群众思想政治教育的分析与认识，这些经验教训告诉我们：群众思想政治教育必须以人的全面自由发展为终极目标和价值取向；不能用大规模的整齐划一的群众运动来开展群众思想政治教育工作；群众思想政治教育是一项伟大的系统工程，它需要着力解决民生问题，要营造和谐的社会环境，要让群众现实生活中真正地感到安全、幸福和快乐，这是群众思想政治教育的基础和保障；群众思想政治教育不仅是党、政府和思想政治教育理论与实践工作者的工作要义，也是全社会成员的共同职责，每个成员都是群众思想政治教育的参与者和践行者，既是教育者也是受教育者，是全体社会成员的合力决定了群众思想政治教育的走向与效果。因此，在以人的全面自由发展为目标的指领下，以社会主义核心价值体系为精神纽带，通过党、政府、思想政治教育理论与实践工作者、群众良性互动，实现政治、经济和文化力量密切配合，这是保证群众思想政治教育富有实效，彰显群众思想政治教育价值和功能的路径选择和根本保障。

第八节　教育主体以身作则：做好群众思想政治教育的重要节点

1941 年，延川县代县长李彩云不幸被雷击身亡，同天，一位农民养的一头驴也被雷电击死，这位农民逢人就说："老天爷不开眼，响雷把县长劈死了，为什么不劈死毛泽东。"保卫部门要逮捕这个农民，毛泽东同志阻止并说："群众发牢骚，有意见，说明我们的政策和工作有毛病，我们共产党人无论如何不要造成同群众对立的局面。"不久，农妇伍兰花的丈夫在耕地时不幸被雷电击死，伍兰花大骂"世道不好"，"毛泽东领导官僚横行"，中央社会调查部将伍兰花拘押到延安并由保卫部门建议判处死刑。毛泽东知道后，狠狠批评了社会调查部的人。当晚，毛泽东与伍兰花见面并了解她的实际情况，派专人送她回家，要求边区政府认真调研伍兰花反映的公粮负担重的问题，对公粮，该免的要免，该减的要减，我们决不能搞国民党反动派的那一套，不管老百姓的死活。伍兰花回村以后，对乡亲们讲了自己在延安的经历，长辈们听了以后说："古人讲，宰相肚里撑大船，将军头上跑快马，毛主席太了不起啦！"毛泽东同志从群众的民怨骂声中深刻反思，采取一系列措施改进工作，精兵简政，掀起大生产运动，实实在在减轻了人民的负担。

　　毛泽东同志是党的最高领导人，他的这些言行，对于党主导的思想政治教育具有惊人的良好效果，在当时的边区，以毛泽东同志为代表的党员干部工作廉洁自律，勤奋务实，形成"只见公仆不见官"的和谐场景，党政军民平等一致，党和群众事实上成为鱼水关系，陕甘宁边区成了国人心中的民主示范区。边区群众真切感受到这是关心他们，为他们谋利益的好党，自然，他们在心理上就会生成和强化对党的认同。从而，教育主体在社会教育中想要传递的教育内容得到群众的热切回应，教育目标得到有效实现，教育主体与教育效果的关联得以充分彰显。

　　与之对比，笔者认为，当前群众思想政治教育不尽如人意的一个关键因素在于教育主体的正面性弱化，尤其是一些党员干部、党政企事业工作人员"四风"问题突出，严重破坏和损害了党和政府在人民群众中的形象，导致群众对思想政治教育内容产生怀疑，甚至是拒斥，背道而驰，严重地削弱了思想政治教育的效能。

　　笔者认为，相当多的人对思想政治教育主体的认识存在误区，认为思想政治教育工作是党委、宣传部门、政工干部的事情，与自己无关，自己只是教育的受动者，参加单位政治学习就可以了。事实上，对领导干部而言，他们是思想政治教育的当然主体，对此，江泽民同志明确指出："思想政治工作是全党的工作，所有党员和领导干部都要做。"[1] "党的思想政治工作能否做好，很大程度上还取决于我们党的自身建设和各级领导干部的言行表现。"[2] 对普通党员、党政企事业单位工作人员而言，他们直接与群众打交道，办理事关群众切身利益的各种事务，其言行举止、工作效能直接为群众感知，群众通过他们会产生对党和政府的直接判断与认知，他们在一定程度上成为党和政府形象的代表，因此，他们也是党的思想政治教育的当然主体。

　　在现实中，一些党员干部、党政企事业工作人员思想政治教育主体意识淡漠，工作作风问题突出，尤其是腐败问题突出，致使群众思想政治教育面临严峻挑战，对此，习近平同志深刻指出："核心的问题是党要始终紧紧依靠人民，始终保持同人民群众的血肉关系，一刻也不脱离群众。要做到这一点，就必须坚定不移把党风廉政建设和反腐败斗争深入进行下

---

①　《江泽民文选》第3卷，人民出版社2006年版，第96页。

②　同上书，第98页。

去。人民群众最痛恨各种消极腐败现象，最痛恨各种特权现象，这些现象对党和人民群众的血肉联系最具杀伤力。一个政党，一个政权，其前途和命运最终取决于人心向背。我们必须下最大气力解决好消极腐败问题，确保党始终同人民心连心、同呼吸、共命运。"①

如被称为"虎蝇"的秦皇岛市城市管理局原副调研员、北戴河供水总公司原总经理马超群，不过是一名副处级官员，却在其家中搜出现金上亿元、黄金37公斤、房产手续68套。一位副处级官员通过非法手段拥有这样的财富是群众在心理上不能接受的，更可怕的是会产生共产党干部贪污腐败的认识，在此之下，我们提倡的遵纪守法、勤劳致富等价值观念要群众真正认同并践行岂非笑话！马超群是"水老虎"，他所在的自来水公司本来是为市民和当地企事业单位提供服务的单位，但马超群却将其变成自己源源不断的财路，将公权变为私权，借此疯狂敛财。"不给钱就不给你通水，给钱少了就给你断水。"马超群用手中掌握的权力和资源疯狂敛财，甚至在北戴河的一些中直部门要通水管，除去正常的工程费用，他都要伸手收钱，从几万元到几十万元、上百万元不等。2007年，秦皇岛龙腾长客北戴河长途汽车站建成，车站距离北戴河供水总公司只有几十米，因为马超群提出的"条件"没谈拢，已经安上的水表又被摘走，之后六年多过去了，汽车站一直没通自来水，只能买来两个大水罐储水使用。而在当地，还有多家单位像龙腾长客北戴河长途汽车站一样，因不能满足马超群的要求而遭断水。

马超群贪婪成性，公司上百名职工，马常找理由随意罚款，罚款直接装进他自己的腰包。职工应发的奖金、福利也被马扣除，致使职工收入十多年来原地踏步，马超群被抓后，职工工资福利上调了几百元。公司每进一人，马都索要10万元以上的好处，十多年期间，有数十人进入本系统，索受贿赂不是小数。即使自己的亲戚也不放过，照收不误。马超群性格易怒，经常动手打人。单位一个司机迟到，被马超群在车上抢拳暴打。另有一个身高一米八的司机，也曾被马超群跳起来连扇几个耳光。他让职工畏惧，甚至有些领导也"让三分"的，并非马超群的暴躁脾气，而是长期流传的马超群"有后台"及"涉黑"传言。以至于在抓捕他时，由公安

---

① 中共中央纪律检查委员会、中共中央文献研究室编：《习近平关于党风廉政建设和反腐败斗争论述摘编》，中央文献出版社、中国方正出版社2015年版，第6页。

局、检察院和市纪委联合办案，并动用了武警，共约200人，办案人员包围完成后，强行进入，在办公楼上找到了马超群。面对大批警察、武警和检察官，马超群毫无畏惧之色，大声斥骂带队的检察官和警官，并用言语威胁。执法人员向他出示的法律文书，被他一把抢过撕掉。随后，马超群被武警战士制服。另一次身体冲突发生在执法人员完成对办公室的搜查后，马超群拒绝被押解上车，被强行塞了进去。马超群"钱多、人横、没人敢惹"的名声在当地至少已经传了十来年，有"大哥"之称。

基于思想政治教育视角审视，像马超群这样的人，鱼肉百姓，横行乡里，与旧社会恶霸有何区别，但是，在他周围群众眼中，他还是党和政府的副处级领导干部，在现实生活，群众受到的是他的欺凌，敢怒不敢言。或许群众在不自觉中会完成这样一种逻辑转化：马超群是恶棍，也是共产党的干部，他横行十多年共产党不管，共产党的干部是恶棍，所以，共产党提的党员干部是人民的公仆，共产党全心全意为人民服务是骗人的，不要相信。在此认识之下，党的思想政治教育内容与诉求是不易得到这些群众认同的。

对于党政部门、企事业单位的工作人员，其工作事关群众具体利益，当前，一些工作人员不作为、乱作为，"四风"问题严重，折腾群众，给群众带来巨大的麻烦。

2013年10月11日《焦点访谈》播出的节目对此有生动的描述：小周家在外地，目前在北京工作。上年10月份公司要派他出国，需要办因私护照，由于在北京缴纳社保不足一年，按规定他必须回户口所在地办理。按说现在办因私护照也不是什么难事，可小周说为了办护照他回距北京300多公里的老家多次，跑了大半年一直没有办下来，每次去还要看办事人员的脸色，想想都打怵。那么到底是怎么回事呢？不久前，记者和小周一起来到了他们县公安局出入境科。出入境科的办公室面对面坐着两位办事人员，两人都没有穿警服，其中一位一直看着报纸，头始终没有抬一下。这位看报纸的女士就是前几次接待小周的办事人员，她报纸看得很专注，直到对面的同事叫她，她才如梦方醒般抬起了头。她对小周的来访打扰了她读报似乎有些不满意，不过显然她还记得小周。小周这已经是第五次来办护照了，前几次他都是无功而返，原因是材料不齐。而这次他自认为让准备的材料都备齐了，应该没有问题了，结果这位办事人员又发现了新问题。原来小周的身份证是在内蒙古读大学时办的，不是本地的，他要在这里办护照，必须提供本地的身份证才可以。看来为了身份证小周又要折腾一次了，而像这样的折腾已经不是第一次了。那么来回折腾好几趟，都折腾一些什么呢？据小周说他第一次去办理时，办事人员只告诉他，要到户口所在地派出所开具一个无犯罪证明。等小周办好了证明再次来到县公安局，办事人员才又提出了新的要求，需要公司在职证明。

小周老家到北京有 300 多公里，坐火车得三个多小时。为了早点办好护照，小周马不停蹄匆匆赶回北京，到公司开具了在职证明。因为他们县公安局出入境科双休日不上班，只有工作日才办公，一周后他只好请假再次回到老家，他想这次应该没问题了吧？不曾想当他来到公安局办理时，办事人员又让他提供新的材料，还得要他们公司的营业执照。虽然作为一名普通的员工要想拿到单位的营业执照不那么简单，但是为了把护照办下来方便工作，小周回到北京的公司硬着头皮向老板申请复印了公司的营业执照。几天后他又一次请假坐着火车回到老家。不料想当他第四次走进县公安局出入境科时，办事人员又提出了新的要求，要公司开具有外派资格的证明。这次已经是小周跑的第四次了，请着假、搭着路费不说，结果还是没办下来，小周未免有些恼火。恼火归恼火，护照还是要办。没办法，好在这次让换身份证不用去北京，小周打起精神回家换了新的身份证，第六次来到县公安局出入境科。看看小周一共补办了多少证明：（1）无犯罪证明；（2）公司在职证明；（3）公司营业执照；（4）公司外派人员资格证明；（5）本地身份证。就是这五张证明，让他多跑 300 公里。而记者在公安部网站了解到，像小周这样的普通公民办理因私护照，其实只需要提供身份证和户口本及复印件，然后就是照了照片、填了表就行了。说白了，上述那些办事人员让他补办的证明，除本地身份证，其他的其实依法都不需要。

2015 年，在福建漳州市华安县，一名 74 岁老人也遭遇同样的奇葩事，他在办理电信业务时被要求开具一份"健在证明"。不得已，老人只好到派出所开具证明，派出所在证明的下方附了这样一段话："华安县电信局工作人员：中央三令五申要多为老百姓办实事，让老百姓少走弯路。目前，该老人健在，且行动自如，活生生的人在你们面前，身份证、户口本都还在，还要派出所开具健在的证明，有必要吗？本来此证明我派出所没有开的义务，本着为人民服务，让老人少走弯路，我所不得不开此证明。"网友纷纷为派出所证明中的话点赞。

在 2015 年 5 月 6 日的国务院常务会议上，李克强总理说道："我看到有家媒体报道，一个公民要出国旅游，需要填写'紧急联系人'，他写了他母亲的名字，结果有关部门要求他提供材料，证明'你妈是你妈'！"总理的话音刚落，会场顿时笑声一片。"这怎么证明呢？简直是天大的笑话！人家本来是想出去旅游，放松放松，结果呢？"李克强说，"这些办事机构到底是出于对老百姓负责的态度，还是在故意给老百姓设置障碍？"

这些荒谬，甚至让人啼笑皆非的事情就真实地发生在我们身边，换位思考，如果我们就是当事人，该做何感想，仅仅对办理业务的当事人口头抱怨，乃至心生怨恨就不了了之了吗？或许，我们还会追问，他们为什么这样做，如果他们是按规定办事，那这些"证明你妈是你妈"、"证明你还活着"的明显违背基本生活常识的荒诞规定是谁制定的？怎么通过的？这些规定制定者素质低下，能力极差，为什么能进入工作岗位？小周需要办理的事情本来简单，但在工作人员的"巧妙运作"下，简单的事情变得复杂，导致小周花费大量的时间、金钱和人力。这位工作人员面对的不止小周一人，或许她对前来办事的没有关系的所有陌生人都是如此，她在工作岗位上不知折腾折磨了多少人，这样的人为什么能在岗位上工作？单位的监督管理何在？通过生活中日常事务的办理，群众面对事务办理过程中的乱象进行自觉不自觉的评估判断归因，他们对工作人员做否定评价的同时，还会将事情放大，他们会认为这是弱肉强食的不平等的社会，而这样的社会是共产党在领导，因此对党的认同度和信任感大大降低，此种情况下，群众思想政治教育从何谈起，如何能有效开展呢？

上述事例能给我们感性认知，而习近平总书记对损害群众利益的皮相的全面深刻概括则让人振聋发聩：

"从市县领导班子和领导干部看，有的搞'现象工程'、'政绩工程'，换一任领导变一套思路，负债累累、寅吃卯粮，只顾眼前、不顾长远；有的有令不行、有禁不止，搞'上有政策、下有对策'，合意的就执行，不合意的就打折扣、搞变通；有的拍脑袋决策、搞一言堂，容不下他人，听不得不同意见；有的不敢担当、不愿负责，当'太平官'、'逍遥官'；有的心浮气躁、跑官要官，到处拉关系、找门路、搭天线；有的组织观念淡漠、纪律松弛，信口开河、口无遮拦；有的玩心很重，玩风很浓，吃喝玩乐，文恬武嬉，花天酒地，乐此不疲；有的以改善接待条件之名，大建楼堂馆所，总统套房金碧辉煌，烟柳画桥，风帘翠幕，最后是自己受用；有的欺压群众、漠视民生，甚至以权谋私、弄权贪腐，巧立名目敛财牟利；等等。

"从市县直属单位看，有的办事拖拉、推诿扯皮，浑浑噩噩混日子，上班时间斗地主、嗑瓜子、玩手机、逛淘宝，有的甚至随意离开工作岗位外出溜达消遣；有的作风漂浮、落实不力，工作底数不清、基层情况不明，唱功好、做功差；有的服务不主动，不作为、慢作为，只求过得去、不求过得硬；有的工作'中梗阻'，对上级交办的任务找客观原因顶着不办，对群众要办的事情找各种理由拖着不办；等等。

"从执法监管部门和窗口单位、服务行业看，有的门难进、脸难看、事难办，口号响当当、服务冷冰冰、办事慢腾腾，尤其是普通群众办事难上加难；有的吃拿卡要、雁过拔毛，乱收费、乱罚款、乱摊派，甚至收回扣、拿红包；有的'懒政'现象突出，出工不出力，懒懒散散，不下基层，不联系群众，迟到早退现象严重；有的滥用职权，搞权力寻租，利益输送、借权营生；有的执法不公，搞选择性执法、随意性执法，办关系案、人情案、金钱案；等等。

"从乡镇、街道和村、社区等其他基层组织看，有的不关心群众冷暖，责任心不强，坐等上门多、主动问需少，用上网代替上门，用电话代替见面，遇到矛盾绕道走；有的落实惠民政策缩水走样，机械执行、死板操作，好事办不好；有的工作不专心，在位不在岗，天天'走读'，有事找不着人，领导职责空置；有的弄虚作假、欺上瞒下，哄骗上级、糊弄群众；有的方法简单粗暴，对待群众态度恶劣、随意训斥，'通不通三分钟，再不通龙卷风'；有的软弱涣散，服务群众意识和能力不强，办事不公；有的侵犯群众利益，克扣群众财物，个别地方的党政单位、干部拖欠群众欠款，打白条，耍赖账；等等。"①

作为一名思想政治教育工作者，细细咀嚼习总书记的这些话语，感慨良多，我们的党员干部、工作人员如果不着力改变这些祸害群众的做法与作风，党的思想政治教育效果必定大打折扣。但是我们不必对此灰心失望，我们党是具有强大自我完善、自我净化能力的党，十八大以来，我们

---

①　中共中央纪律检查委员会、中共中央文献研究室编：《习近平关于党风廉政建设和反腐败斗争论述摘编》，中央文献出版社、中国方正出版社2015年版，第18—20页。

打虎拍蝇，力度空前，"党的群众路线教育实践活动"、"三严三实"教育活动正在扎实开展，"四风"问题得到明显改善，群众衷心拥护、交口称赞，党的威望进一步提高。而笔者更想强调的是，党员干部、工作人员应该树立思想政治教育主体意识，要身体力行，要明白身教重于言教的道理，牢固树立全心全意为人民服务的思想和真心实意对人民负责的精神，做到心里装着群众，凡事想着群众，工作依靠群众，一切为了群众，坚持权为民所用、情为民所系、利为民所谋，为群众诚心诚意办实事，尽心竭力解难事，坚持不懈做好事。这样，就能充分发挥思想政治教育主体功能，为党的思想政治教育工作做出贡献，进而展现党的思想政治教育的政治优势，保证经济工作和其他工作的正确方向，实现民族复兴、国家强盛、人民安居乐业。

余　论

　　基于思想政治教育视角，本人对抗战时期陕甘宁边区社会教育进行了较为全面系统的研究。通过研究可以看出，边区社会教育以广大群众为对象，其实质是一场典型的、成功的群众思想政治教育活动。同时同地进行的延安整风运动以党员干部为教育对象，《关于军队政治工作问题》注重军队思想政治工作，三者共同构建了党对党员干部、军队、群众的立体思想政治教育体系，共同标志着党的思想政治教育在延安时期达到成熟。

　　以现有眼光审视，边区社会教育的内部、外部环境极其恶劣，从事教育的硬件、软件条件极其简陋，最终能有效地达成教育目的实为不易，难能可贵。其取得成功的最为重要的两个要素是逐渐确立和践行了需要与自愿的原则，以教材和新秧歌等载体开展教育活动。通过在教育组织形式和教育内容上的不断调整，满足了群众的需要，解决了他们的现实困难，让群众实实在在地感知社会教育有效地维护和实现了他们的利益，完成了从被动接受教育到自愿参加和组织教育的转变，成为社会教育取得实效的重要基石。通过对教材和新秧歌在形式与内容上的不断调整，做到了在形式上群众喜闻乐见，在内容上将群众的生活现实需要和党迫切想要传递的教育内容有机融合，实现了教育载体承载思想政治教育内容，促进主客体相互作用的功能，成为社会教育取得成功的重要原因。

　　当然，抗战时期边区的社会教育并非完美无瑕，以辩证的眼光看待社会教育，也不难看出：教育者和受教育者的矛盾冲突贯穿教育活动始终。具体而言，就是群众的生活要务和教育者的革命要务在教育目的、内容、形式和方法上的对立。双方都迫切地想要在教育活动中表达自己的诉求，最大限度地保障和实现自己的利益。群众关注的是自己的现实生活，教育者领导者聚焦于抗战和革命的大局，二者本身就蕴含着巨大的矛盾。在前期的教育中，教育内容和形式漠视群众现实生活，导致教育活动受到群众的抵制，后来调整教育形式和内容，通过对群众生产生活需要的满足，逆向推动政治军事教育，有效消解了教育双方的矛盾与冲突，最终较好地实现了教育目标。

边区社会教育作为党开展的思想政治教育活动，具有政治功利色彩，基于当时特定的条件，以历史的眼光看待就不必求全责备。但是，其中内含的将群众作为政治工具的教育目的必须引起我们高度的重视，通过新中国成立到"文革"期间群众运动的历史考察可以看出，群众思想政治教育不以"人的全面自由发展"为终极目标和价值取向，而是将群众作为政治工具，将大规模、同质的群众运动作为治国模式和教育方式，必然会导致重大灾难。这也深刻地启示我们，不能用群众运动的方式开展群众思想政治教育活动，群众思想政治教育必须以促进人的全面自由发展作为教育目的和归宿。

抗战时期边区的社会教育本身也是一项系统工程，与当时的政治、经济、文化和社会密切关联。通过社会教育，群众的文化水平显著提升，有效地促进了科学文化的传播，各种陈规陋习和观念得到改观，群众的现实生活得到巨大的改善，他们迸发出了巨大生产热情和政治参与激情。在群众与党和边区政府的良性互动中，边区成为秩序安定、平等自由的抗日民主示范区，思想政治教育功能与价值得到了彰显。这深刻地启示我们：在当前，必须大力加强群众思想政治教育工作，要充分认识到群众思想政治教育是一项伟大的系统工程，要不断发展社会生产力，着力解决民生问题，要营造安全和谐的社会环境，要在党和政府的领导下，做到思想政治教育与政治、经济、文化和社会力量的密切配合，良性互动，这是保证群众思想政治教育富有实效，彰显教育价值和功能的路径选择和根本保障。

当然，本研究主要集中在社会教育的基本原则、主要载体和效能，虽然重点突出，但是不可避免有研究不够全面的缺点。

1. 对新文字没有论及。笔者对新文字的忽视主要是因为新文字持续时间不长、对社会教育目标的实现推动作用不够显性。1940 年秋，党中央指示实验用新文字扫除文盲，陕甘宁边区政府成立了推行委员会，专职负责此项工作。1940 年秋，决定在延安市、延安县实验办新文字冬学，从陕北公学抽调 70 多名学生成立了新文字冬学教师培训班，由吴玉章亲自授课。1940 年 12 月，边区政府发布命令，规定新文字与汉字具有同样的法律地位，吴玉章等成立"边区新文字协会"。1941 年冬，边区政府决定在各县推广实办新文字冬学，重点在关中分区，总结经验，认为汉字在社会中占有绝对优势，推广和应用新文字存在诸多困难，1942 年冬，将新文字实验局限在延安县一地。1943 年，新文字戛然终止。对于新文字仅仅推行三年就停止的原因，学术界认为主要为：一是方块汉字是中国传统文化不可或缺的组成部分，用拼音文字替代汉字，民众（包括国民党统治区）在心理上是难以接受的。从瞿秋白、吴玉章等创立新文字的理由来看，新文字具有很强的政治色彩，用阶级分析的观点，把新文字与汉字完全对立起来。尤其在抗战最困难的时期，中共领导下的根据地以拼音文字取代传统的汉字，不利于团结全国民众抗日，也给反对派造成攻击边区的口实。二是新文字和汉字在使用上的冲突。新文字虽然在边区取得了与汉字同等的地位，但使用上汉字在社会上占有绝对优势，应用新文字的困难很多，群众认为"新文字没根，学了没有用"，当时，干部开路条，老百姓写信、记账，政府的粮条、布告等用的都是汉字；区乡干部大部分不认识新文字，有的接到群众用新文字写的报告，又往下面要汉字报告。① 故此，在社会教育实践中，新文字未能被群众接受，教育者期冀运用新文字代替学习困难的汉字的美好愿景事实上是不成功的。自然，通过新文字运动实现社会教育的目标也就不可能实现，从而对本书的论点支撑力度不够，因此对新文字基本不涉及。当然，新文字的推行本身是边区社会教育的组成部分，应该是不以成败论英雄，作为对历史原貌的忠实再现应该是研究应有的态度和方法，笔者将在以后的学习和研究中挖掘史料，进一步补正缺失。

2. 在第四章中，只是较为详细地研究了教材和新秧歌两种载体，这是不全面的。实际上，边区社会教育中涉及的载体较多，如报纸、版画、音乐等，尤其是报纸中的《解放日报》、《群众报》等，对社会教育的推出起到了积极作用。本书对这些缺乏研究，是今后必须要改进的。

3. 本书的研究着眼于社会教育的整体研究，对社会教育各种组织形

① 黄正林：《论抗战时期陕甘宁边区社会教育的几个问题》，《河北大学学报》（哲学社会科学版）2003 年第 4 期。

式缺乏具体的研究，尤其是冬学。具体研究各种教育组织形式的详细情况，是今后继续研究的思路，也是对本书研究的有效补充。

4. 本书研究集中在抗战时期的陕甘宁边区，其他根据地社会教育情况如何，抗战结束后的社会教育情况也未探讨。今后研究中，对以群众教育为主题的社会教育进行全阶段的历史考察，也是本研究的继续和有益补充。

参考文献

一 著作史料类

[1]《马克思恩格斯选集》第1—4卷，人民出版社1995年版。

[2]《列宁全集》第42卷，人民出版社1987年版。

[3]《毛泽东选集》第2卷，人民出版社1991年版。

[4]《毛泽东选集》第3卷，人民出版社1991年版。

[5]《毛泽东文集》第3卷，人民出版社1996年版。

[6]《毛泽东同志论教育工作》，人民教育出版社1958年版。

[7]《毛泽东农村调查文集》，人民出版社1982年版。

[8]《邓小平文选》第1卷，人民出版社1994年版。

[9]《邓小平文选》第2卷，人民出版社1994年版。

[10]《江泽民文选》第3卷，人民出版社2006年版。

[11]《林伯渠文集》，华艺出版社1996年版。

[12]《胡乔木文集》第2卷，人民出版社2012年版。

[13] 李维汉：《回忆与研究》（下），中共党史资料出版社1986年版。

[14]《周扬文集》第1卷，人民文学出版社1984年版。

[15]《十五大以来重要文献选编》（下），人民出版社2003年版。

[16] 中共中央纪律检查委员会、中共中央文献研究室编：《习近平关于党风廉政建设和反腐败斗争论述摘编》，中央文献出版社、中国方正出版社2015年版。

[17] 中央党的群众路线教育实践活动领导小组办公室编：《党的群众路线教育实践活动学习文件选编》，党建读物出版社2013年版。

[18] 中央党的群众路线教育实践活动领导小组办公室编：《各地联

系服务群众经验做法选编》，党建读物出版社 2013 年版。

　　[19] 陕西师范大学教育研究所编辑：《陕甘宁边区教育资料·社会教育部分》（上），教育科学出版社 1981 年版。

　　[20] 陕西师范大学教育研究所编辑：《陕甘宁边区教育资料·社会教育部分》（下），教育科学出版社 1981 年版。

　　[21] 陕西师范大学教育研究所编辑：《陕甘宁边区教育资料·教育方针政策部分》（上），教育科学出版社 1981 年版。

　　[22] 陕西师范大学教育研究所编辑：《陕甘宁边区教育资料·教育方针政策部分》（下），教育科学出版社 1981 年版。

　　[23] 中央档案馆编：《中共中央文件选集》第 10 册，中共中央党校出版社 1991 年版。

　　[24] 延安地区教育局教研室编：《陕甘宁边区教育革命资料选编》，内部编印，1978 年。

　　[25] 中央档案馆、陕西省档案馆编：《中共中央西北局文件汇集(1941—1945)》，西安出版社 1994 年版。

　　[26] 陕西省档案馆、陕西省社会科学院编：《陕甘宁边区政府文件选编》第 1 辑，档案出版社 1986 年版。

　　[27] 陕西省档案馆、陕西省社会科学院编：《陕甘宁边区政府文件选编》第 3 辑，档案出版社 1987 年版。

　　[28] 甘肃省社会科学院历史研究室编：《陕甘宁抗日革命根据地史料选集》第 2 辑，甘肃人民出版社 1983 年版。

　　[29] 中国科学院历史研究所第三所编辑：《陕甘宁边区参议会文献汇辑》，科学出版社 1958 年版。

　　[30] 甘肃省社会科学院历史研究室编：《陕甘宁抗日革命根据地史料选辑》第 2 辑，甘肃人民出版社 1983 年版。

　　[31] 甘肃省社会科学院历史研究室编：《陕甘宁革命根据地史料选辑》第 4 辑，甘肃人民出版社 1985 年版。

　　[32] 甘肃省社会科学院历史研究室编：《陕甘宁革命根据地史料选辑》第 5 辑，甘肃人民出版社 1986 年版。

　　[33] 陕西省档案馆编：《陕甘宁边区政府大事记》，档案出版社 1990 年版。

　　[34] 中央档案馆编：《陕甘宁边区抗日民主根据地·回忆录卷》，中

共党史资料出版社 1990 年版。

［35］陕甘宁边区财政经济史编写组、陕西省档案馆编：《抗日战争时期陕甘宁边区财政经济史料摘编·人民生活》第 9 编，陕西人民出版社 1981 年版。

［36］陕甘宁边区财政经济史编写组、陕西省档案馆编：《抗日战争时期陕甘宁边区财政经济史料摘编·农业》第 2 编，陕西人民出版社 1981 年版。

［37］中央教育科学研究所编：《老解放区教育资料》（一），教育科学出版社 1981 年版。

［38］中央教育科学研究所编：《老解放区教育资料》（二），教育科学出版社 1986 年版。

［39］福建省教育科学研究所、龙岩地委党史资料征集研究委员会编：《闽西苏区教育资料选编》，内部编印，1986 年。

［40］陕西省妇联编：《陕甘宁边区妇女运动文献资料》（续集），陕西省妇联 1985 年版。

［41］陕西省地方志编纂委员会编：《陕西省志·妇女志》，陕西人民出版社 2001 年版。

［42］陕西省地方志编纂委员会编：《陕西省志·妇女志》，中国妇女出版社 1995 年版。

［43］陕甘宁边区财政经济史编写组：《抗日战争时期陕甘宁边区财政经济史料摘编·农业》第 2 编，陕西人民出版社 1981 年版。

［44］刘宪曾等主编：《陕甘宁边区教育史》，陕西人民出版社 1994 年版。

［45］教育科学研究所筹备处编：《抗日战争和解放战争时期陕甘宁边区的教育》，人民教育出版社 1958 年版。

［46］栗洪武：《陕甘宁边区教育史》，中央广播电视大学出版社 2012 年版。

［47］中共广东省委宣传部教育处编：《陕甘宁边区教育工作文选》，广东人民出版社 1958 年版。

［48］董纯才等主编：《中国革命根据地教育史》第 2 卷，教育科学出版社 1991 年版。

［49］吕良主编：《中央革命根据地教育史》，教育科学出版社 1989

年版。

　　[50] 皇甫束玉、宋荐戈、龚守静：《中国革命根据地教育纪事》，教育科学出版社 1989 年版。

　　[51] 陈元晖：《老解放区教育简史》，教育科学出版社 1982 年版。

　　[52] 赖志奎：《苏区教育史》，福建教育出版社 1989 年版。

　　[53] 江西省教育学会编：《苏区教育资料选编》，江西人民出版社 1981 年版。

　　[54] 赵崑坡、俞建平：《中国革命根据地案例选》，山西人民出版社 1984 年版。

　　[55] 乔楠：《甘肃革命文化史料选萃》，甘肃文化出版社 2000 年版。

　　[56] 黄正林：《陕甘宁边区乡村的经济与社会》，人民出版社 2006 年版。

　　[57] 王晋林：《新民主主义中国的模型：陕甘宁边区研究》，甘肃人民出版社 2003 年版。

　　[58] 吴志渊：《西北根据地的历史地位》，湖南出版社 1991 年版。

　　[59] 李顺民：《陕甘宁边区行政区划变迁》，陕西人民出版社 1994 年版。

　　[60] 宋金寿主编：《抗战时期的陕甘宁边区》，北京出版社 1995 年版。

　　[61] 雷云峰主编：《陕甘宁边区史》，西安地图出版社 1993 年版。

　　[62] 梁星亮等：《陕甘宁边区史纲》，陕西人民出版社 2012 年版。

　　[63] 房成祥、黄兆安：《陕甘宁边区革命史》，陕西师范大学出版社 1991 年版。

　　[64] 黄正林：《陕甘宁边区社会经济史》，陕西人民出版社 2005 年版。

　　[65] 田霞：《抗日战争时期的陕西经济》，中国矿业大学出版社 2002 年版。

　　[66] 卢希谦、李忠全主编：《陕甘宁边区医药卫生史稿》，陕西人民出版社 1994 年版。

　　[67] 刘东社、刘全娥：《陕甘宁边区政府史话》，社会科学文献出版社 2011 年版。

　　[68] 中共盐池县委党史办公室编：《陕甘宁边区概述》，宁夏人民出

版社 1988 年版。

[69] 苗春德主编:《中国近代乡村教育史》,人民教育出版社 2004
年版。

[70] 张鸣:《乡村社会权力和文化结构的变迁（1903—1953）》,陕
西人民出版社 2008 年版。

[71] 张鸣:《乡土心路八十年——中国近代化过程中农民意识的变
迁》,上海三联书店 1989 年版。

[72] 杨东:《乡村的民意·陕甘宁边区的基层参议员研究》,山西出
版传媒集团 2013 年版。

[73] 朱鸿召:《延安日常生活中的历史（1937—1947）》,广西师范
大学出版社 2007 年版。

[74] 阎树声:《毛泽东与延安教育》,陕西人民出版社 1993 年版。

[75] 辛安亭:《辛安亭教育文选》,湖南教育出版社 1985 年版。

[76] 陕甘宁边区民众剧团艺术纪实编辑委员会:《陕甘宁边区民众
剧团艺术纪实》,西北大学出版社 1993 年版。

[77] 中共中央宣传部编:《毛泽东邓小平江泽民论思想政治工作》,
学习出版社 2000 年版。

[78] 中共中央党校选编:《思想政治工作文献选编》,中共中央党校
出版社 1989 年版。

[79] 教育部社会科学研究与思想政治工作司组编:《中国共产党思
想政治工作史论》,高等教育出版社 1999 年版。

[80] 王树荫:《中国共产党思想政治教育史纲（1919—1949）》,党
建读物出版社 2002 年版。

[81] 王树荫主编:《中国共产党思想政治教育史》,中国人民大学出
版社 2010 年版。

[82] 张耀灿主编:《中国共产党思想政治教育史论》,高等教育出版
社 2006 年版。

[83] 许启贤:《中国共产党思想政治教育史》,中国人民大学出版社
2004 年版。

[84] 刘建军:《中国共产党思想政治教育的理论与实践》,中国人民
大学出版社 2008 年版。

[85] 何一成、杨湘川:《中国共产党思想政治教育史》,湖南大学出

版社 2011 年版。

　　［86］李德芳、杨素稳：《中国共产党农村思想政治教育史》，中国社
会科学出版社 2007 年版。

　　［87］韩振峰：《中国共产党思想政治教育史》，河北大学出版社
1996 年版。

　　［88］李德芳等：《中国共产党思想政治教育史料选编》，武汉大学出
版社 2009 年版。

　　［89］罗国杰主编：《马克思主义思想政治教育理论基础》，高等教育
出版社 2002 年版。

　　［90］张耀灿等主编：《现代思想政治教育学》，人民出版社 2006
年版。

　　［91］陈秉公：《思想政治教育学原理》，高等教育出版社 2006 年版。

　　［92］张耀灿、徐志远：《现代思想政治教育学科论》，湖北人民出版
社 2003 年版。

　　［93］教育部社会科学研究与思想政治工作司组编：《思想政治教育
学原理》，高等教育出版社 1999 年版。

　　［94］陈万柏：《思想政治教育载体论》，湖北人民出版社 2003 年版。

　　［95］贺才乐：《思想政治教育载体研究》，湖北人民出版社 2004
年版。

　　［96］郑永廷：《思想政治教育方法论》，高等教育出版社 1999 年版。

　　［97］沈壮海：《思想政治教育有效性研究》，武汉大学出版社 2007
年版。

　　［98］项久雨：《思想政治教育价值论》，中国社会科学出版社 2003
年版。

　　［99］戴焰军主编：《增强思想政治工作实效性的对策研究》，中国民
主法制出版社 2008 年版。

　　［100］张彦：《思想政治教育主体性研究》，广东人民出版社 2006
年版。

　　［101］石书臣：《现代思想政治教育主导性研究》，学林出版社 2004
年版。

　　［102］张耀灿等主编：《社会主义市场经济条件下思想政治教育工作
领导研究》，华中师范大学出版社 1999 年版。

［103］李辉：《现代思想政治教育环境研究》，广东人民出版社 2005 年版。

［104］王学俭：《现代思想政治教育前沿问题研究》，人民出版社 2008 年版。

［105］聂月岩：《新时期思想政治教育理论与实践研究》，红旗出版社 2006 年版。

［106］李聚山：《新时期思想政治工作》，中国方正出版社 2009 年版。

［107］吴敏先主编：《中国共产党与中国农民》，东北师范大学出版社 2000 年版。

［108］李雄斌：《中国共产党的价值观研究》，中国社会科学出版社 2003 年版。

［109］［美］詹姆·韦尔斯：《红色中国内幕》，马庆军等译，华文出版社 1991 年版。

［110］［美］埃德加·斯诺：《西行漫记》，董乐山译，生活·读书·新知三联书店 1979 年版。

［111］［美］尼姆·威尔斯：《续西行漫记》，陶宜等译，解放军文艺出版社 2002 年版。

［112］［美］杰克·贝尔登：《中国震撼世界》，邱应觉等译，北京出版社 1980 年版。

［113］［美］冈瑟·斯坦著：《红色中国的挑战》，马飞海等译，上海译文出版社 1999 年版。

［114］［美］安娜·路易斯·斯特朗：《中国人征服中国》，刘维宁等译，北京出版社 1984 年版。

［115］［西德］王安娜：《中国——我的第二故乡》，李良健等译，生活·读书·新知三联书店 1980 年版。

［116］赵超构：《延安一月》，上海书店 1992 年版。

［117］张国焘：《我的回忆》第 3 册，东方出版社 1998 年版。

［118］陈国昌主编：《辉煌十三年：中国共产党延安时期若干重要问题研究》，陕西人民出版社 2003 年版。

［119］沙健孙主编：《中国共产党与抗日战争》（下），中央文献出版社 2005 年版。

［120］王秀鑫、郭德宏主编：《中华民族抗日战争史（1931—1945）》，中共党史出版社 2005 年版。

［121］梁家贵：《抗日战争与中国社会史论》，社会科学文献出版社 2005 年版。

［122］黄宗智主编：《中国乡村研究》第 1、2、3 辑，商务印书馆 2003 年版。

［123］陈庆立：《中国农民素质论》，当代世界出版社 2002 年版。

［124］高新民等：《延安整风实录》，浙江人民出版社 2000 年版。

［125］程伟：《延安整风时期的理论教育及其当代价值研究》，中国社会科学出版社 2008 年版。

［126］［美］米格代尔：《农民、政治与革命——第三世界政治与社会变革的压力》，李玉琪等译，中央编译出版社 1996 年版。

［127］［美］塞缪尔·D. 亨廷顿：《变化社会中的政治秩序》，王冠华等译，生活·读书·新知三联书店 1989 年版。

［128］黄希庭：《心理学导论》，人民出版社 1997 年版。

［129］彭聃龄主编：《普通心理学》，北京师范大学出版社 2001 年版。

［130］马斯洛：《动机与人格》，许金声等译，华夏出版社 1987 年版。

［131］叶澜：《教育概论》，人民出版社 1999 年版。

［132］朱德全等主编：《教育学概论》，西南师范大学出版社 2003 年版。

［133］傅道春：《教育学：情景与原理》，教育科学出版社 1999 年版。

二　报纸类

《解放日报》，1941—1945 年。

三　期刊文章类

［1］黄正林：《社会教育与抗日根据地的政治动员——以陕甘宁边区为中心》，《中共党史研究》2006 年第 2 期。

［2］黄正林：《1937—1945 年陕甘宁边区的乡村社会改造》，《抗日

战争研究》2006 年第 2 期。

[3] 黄正林：《抗战时期陕甘宁边区的乡村妇女》，《抗日战争研究》2004 年第 2 期。

[4] 黄正林、文月琴：《抗战时期陕甘宁边区对乡村社会问题的治理》，《河北大学学报》（哲学社会科学版）2005 年第 3 期。

[5] 黄正林：《论抗战时期陕甘宁边区社会教育的几个问题》，《河北大学学报》（哲学社会科学版）2003 年第 4 期。

[6] 李祥兴、程晓敏：《论抗战时期陕甘宁边区的马克思主义大众化——基于社会教育的考察》，《毛泽东思想研究》2011 年第 7 期。

[7] 李祥兴、程晓敏：《抗战时期陕甘宁边区的社会教育与政治社会化》，《山西师范大学学报》（社会科学版）2011 年第 1 期。

[8] 李祥兴、程晓敏：《论抗战时期陕甘宁边区的冬学运动与政治社会化》，《学术论坛》2011 年第 3 期。

[9] 王建华：《抗日战争时期陕甘宁边区的识字运动》，《中共党史研究》2010 年第 2 期。

[10] 王建华：《陕甘宁边区的新文字运动——以延安县冬学为中心》，《南京大学学报》2011 年第 3 期。

[11] 贾钢涛：《论抗战时期陕甘宁边区的社会教育》，《武汉理工大学学报》（社会科学版）2009 年第 2 期。

[12] 张孝芳：《抗战时期陕甘宁边区的社会教育运动与乡村社会变迁》，《山东社会科学》2008 年第 8 期。

[13] 唐宇：《"知识下乡"：动员困境、策略转变与权力包抄——以陕甘宁边区教育识字运动为中心的考察》，《山东行政学院学报》2015 年第 3 期。

[14] 杨东：《陕甘宁边区乡村民众的社会心态析论》，《云南行政学院学报》2009 年第 4 期。

[15] 张王勇：《论抗战时期陕甘宁边区的社会教育》，《教育评论》2013 年第 3 期。

[16] 陈迁湘：《抗日根据地的民主政治与抗战民众动员》，《社会科学研究》1997 年第 3 期。

[17] 宋炜：《论抗战时期陕甘宁边区民众动员的模式和机制》，《西北大学学报》（哲学社会科学版）2005 年第 5 期。

[18] 于夕红：《论毛泽东抗日民众动员思想之特色探析》，《延安大学学报》（社会科学版）2005 年第 4 期。

[19] 孙景珊：《论抗战时期陕甘宁边区政府与民众的政治沟通》，《山西高等学校社会科学学报》2014 年第 7 期。

[20] 汪小宁、阎树群：《中国共产党农村社会治理的实践与现实启示——以陕甘宁边区为例》，《甘肃社会科学》2015 年第 4 期。

[21] 陈文胜：《抗战时期陕甘宁边区妇女参政的历史回顾》，《长安大学学报》（社会科学版）2010 年第 6 期。

[22] 靳燕凌：《延安时期陕甘宁边区妇女党员的历史作用研究》，《延安大学学报》（社会科学版）2014 年第 4 期。

[23] 闵融融：《抗日战争时期陕甘宁边区文化教育建设概览》，《辽宁师范大学学报》（社会科学版）2015 年第 5 期。

[24] 杨东：《乡村建设的延安道路》，《社会主义研究》2014 年第 6 期。

[25] 卫东刚：《抗战时期陕甘宁边区基层民主选举的特征》，《中共山西省直机关党校学报》2014 年第 6 期。

[26] 魏彩苹：《从民生视角解读延安时期的社会教育》，《内江师范学院学报》2015 年第 7 期。

[27] 尚子翔：《陕甘宁边区的"新式"社会教育》，《教育评论》2013 年第 4 期。

[28] 王玉萍等：《陕甘宁边区社会教育政策价值分析》，《咸阳师范学院学报》2014 年第 6 期。

[29] 罗平汉：《农村调研与延安整风》，《中共党史研究》2010 年第 8 期。

[30] 杨奎松：《毛泽东发动延安整风的台前幕后》，《近代史研究》1998 年第 2 期。

[31] 宋金寿：《延安整风方向和目标的发展与变化》，《中共党史研究》2009 年第 9 期。

[32] 王树荫：《思想解放、思想教育与思想改造——延安整风运动中思想领先原则的成功实践》，《思想理论教育导刊》2012 年第 6 期。

[33] 马文瑞：《大力弘扬延安精神加强和改进思想政治工作》，《党建研究》2000 年第 9 期。

［34］王东维：《延安时期思想政治教育有效性的经验及其启示》，《毛泽东邓小平理论研究》2009 年第 8 期。

［35］王东维、张欣：《延安时期党开通思想政治教育文化渠道的历史经验与启示》，《思想教育研究》2014 年第 6 期。

［36］周银霞：《陕甘宁边区对建设和谐性社会的探索——以延安时期教材资料为中心》，《中国延安干部学院学报》2009 年第 2 期。

［37］周银霞：《关于延安时期辛安亭编写教材和通俗读物的研究》，《延安大学学报》（社会科学版）2004 年第 6 期。

［38］《辛安亭著作目录》，《吕梁高等专科学校学报》2003 年第 2 期。

［39］张孝芳：《延安的"新文艺"与党的政治动员——以新秧歌运动为例》，《中共四川省委省级机关党校学报》2013 年第 2 期。

［40］安荣银：《对旧秧歌的改造与利用——"新秧歌"形态探讨之一》，《中国现代文学研究丛刊》2005 年第 3 期。

［41］陈晨：《延安时期的新秧歌运动》，《文史精华》2003 年第 1 期。

［42］刘建勋：《陕甘宁边区的新秧歌运动和新秧歌剧作》，《人文杂志》1984 年第 4 期。

［43］张欣、王东维：《思想政治教育视阈下的新秧歌运动》，《延安大学学报》（社会科学版）2012 年第 6 期。

［44］赵法发：《论民间戏曲与根据地乡村社会动员——以陇东地区为中心》，《陇东学院学报》2012 年第 7 期。

［45］刘锡涛、陶泳：《抗战时期陕甘宁边区的军粮供应》，《延安大学学报》（社会科学版）2011 年第 4 期。

［46］王晋林：《陕甘宁边区的卫生防疫工作及成效》，《卫生职业教育》2014 年第 2 期。

［47］王玉珏：《孔子死亡观的构建理路与审美价值》，《中华文化论坛》2010 年第 2 期。

［48］雷小倩：《抗战时期陕甘宁边区乡村的宣传教育》，《重庆社会科学》2012 年第 7 期。

［49］宋秀红等：《论人的全面发展理论及其在思想政治教育中的运用》，《探索》2004 年。

［50］闫艳、王秀阁：《论现代思想政治教育目的观》，《求实》2011年第1期。

［51］方旭光：《政治认同：思想政治教育的目标取向》，《思想理论教育》2006年第1期。

［52］倪洪章：《论思想政治教育的目的性》，《学校党建与思想教育》2012年第1期。

［53］张耀灿、曹清燕：《论我国思想政治教育目的的定位——基于马克思主义人学的视角》，《江汉论坛》2008年第1期。

［54］杨生平：《思想政治教育目的及其实现》，《江汉论坛》2006年第11期。

［55］赵智、王兆良：《从"运动"到"活动"：中国共产党政治动员研究的新范式》，《山东社会科学》2012年第6期。

［56］佘湘：《建国以来群众运动不断生成的另一种解读》，《武汉理工大学学报》（社会科学版）2010年第3期。

［57］龙太江：《从动员模式到依法治国：共产党执政方式转变的一个视角》，《探索》2003年第4期。

［58］何文毅：《关于农民思想政治教育实施策略的当代构建》，《学校党建与思想教育》2011年第6期。

［59］陈秉公：《论用社会主义核心价值体系引领社会思潮的基本途径》，《政治学研究》2008年第6期。

四　学位论文类

［1］李会先：《抗战时期陕甘宁边区民众动员研究》，博士学位论文，首都师范大学，2008年。

［2］张孝芳：《建设"共意"：一种政治动员机制分析——以抗战时期陕甘宁边区社会教育运动为中心》，博士学位论文，中国人民大学，2006年。

［3］崔玉婷：《邹平教育模式与延安教育模式比较研究》，博士学位论文，华东师范大学，2006年。

［4］王东：《抗战时期延安秧歌剧研究》，博士学位论文，南京艺术学院，2010年。

［5］张国茹：《延安时期陕甘宁边区基层政权建设研究》，博士学位

论文，中国人民大学，2009 年。

[6] 尹小平：《新民主主义时期毛泽东对农民改造的思想研究》，博士学位论文，湖南师范大学，2002 年。

[7] 汪小宁：《抗战时期陕甘宁边区行政管理体制创新研究》，博士学位论文，陕西师范大学，2013 年。

[8] 张丹：《国共两党战时动员比较研究》，博士学位论文，南开大学，2006 年。

[9] 陈华森：《中共政治动员能力研究》，硕士学位论文，云南大学，2005 年。

[10] 焦以爽：《抗战时期国共民众动员之比较》，硕士学位论文，河北师范大学，2004 年。

[11] 李智勇：《陕甘宁边区的政权形态与社会发展（1937—1945）》，硕士学位论文，华中师范大学，2001 年。

[12] 李亦丹：《抗战时期陕甘宁边区社会教育的经验及启示研究》，硕士学位论文，天津商业大学，2012 年。

[13] 肖育雷：《陕甘宁边区乡村治理模式研究（1937—1945）》，硕士学位论文，西北大学，2005 年。

[14] 刘维民：《抗战时期陕甘宁边区文化建设研究》，硕士学位论文，贵州师范大学，2006 年。

[15] 李转：《抗战时期陕甘宁边区农民政治参与研究》，硕士学位论文，西北大学，2011 年。

[16] 刘霞：《试论陕甘宁边区的民主政治建设》，硕士学位论文，华中师范大学，2002 年。

[17] 刘颖：《中国共产党抗日战争期间社会动员研究》，硕士学位论文，安徽师范大学，2005 年。

[18] 梁宏：《抗战时期陕甘宁边区的教育状况》，硕士学位论文，四川大学，2002 年。

[19] 魏彩苹：《抗战时期陕甘宁边区民生问题研究》，硕士学位论文，西北师范大学，2011 年。

[20] 温金童：《抗战时期陕甘宁边区的卫生工作》，硕士学位论文，河北大学，2006 年。

[21] 谢飞：《抗战时期陕甘宁边区社会教育研究》，硕士学位论文，

兰州大学，2010 年。

［22］冯圣兵：《陕甘宁边区灾荒研究（1937—1947）》，硕士学位论文，华中师范大学，2001 年。

［23］周江平：《抗日根据地冬学运动述评》，硕士学位论文，湘潭大学，2006 年。

［24］张王勇：《抗日战争时期陕甘宁边区社会教育与社会和谐发展研究》，硕士学位论文，陕西师范大学，2007 年。

［25］李伟中：《试论抗战时期根据地的乡村民主政治建设》，硕士学位论文，广西师范大学，2000 年。

后　记

对于"抗战时期陕甘宁边区社会教育"的研究源自六年前，当时我在西南交通大学攻读博士学位。求学期间，导师苏志宏教授将"陕甘宁边区社会教育"确定为我的研究主题。实实在在讲，当时的我，对此研究主题有点敬畏与拒斥，因为这种主题具有浓厚的史学特质，对于史学类的研究我向来是敬而远之。我知道，这种研究需要查阅大量的资料，更要对资料进行整理、分析与研究，必须秉持论从史出的严谨精神，工作量巨大。但是，苏老师的严肃与鞭策，笨鸟也只能起飞。

本书能够出版，我要深切感谢恩师苏志宏教授，从选题、资料收集、框架结构等的多次修改过程中，苏老师不厌其烦地予以指导。苏老师要求每一章撰写完后，首先由他审阅，他认可后方能进行下一章的写作。每章初稿，苏老师都认真审阅，各章修改意见均达数千字，个别章节的修改时间与初稿撰写时间相当。正是因为苏老师严格的要求，悉心的指导，学位论文方能顺利通过。博士毕业后，苏老师指出本研究的不足，要求我继续修改补正，两年来，我利用寒暑假时间继续查阅资料，夯实论证力度，与时俱进地填补最新的研究成果，最终形成本书面貌。苏老师见识高远、学识渊博、治学严谨、师德高尚，于我而言"高山仰止，景行行止。虽不能至，心向往之"。师母郝丹立老师温良典雅，工作严谨，尤其是每学期到老师家中聚会，师母耐心周到的关心与关爱，学生铭记在心。祝苏老师和郝老师永远幸福康健！

我要深深地感谢林伯海教授、杨先农教授、鲜于浩教授、肖平教授。有幸聆听四位老师授课，是我终生的幸运。自己作为教师，我深刻地感受到与他们巨大的差异，老师们学识渊博、为人谦逊，是我永远学习的榜样。祝各位老师安康顺达！

我要感谢我的每一位同窗好友，他们是耿亚军、蔡清伟、邓会君、刘莹、戴剑飞、黄家周、曾小林、李茂、徐黎、龙泽智、杨馨等。还有我的师兄师姐们，他们是赵小波、铁怀江、康厚德、崔克锐、江孤迅、孙大飞等。与你们相识，是我一生的荣幸，祝你们事业顺利、心想事成！

我要感谢我所在工作单位四川理工学院法学院的领导和同事，尤其是吴斌教授，他既是我工作的领导，也是我生活的兄长，更是我学习研究的良师益友，在本书写作中，他的指点我让获益匪浅。

我要感谢我的父亲、母亲，他们辛勤地养育了我，在我成年后的今天，他们为了我完成学业，晚年时节依旧辛勤劳作，为我料理家务，无私地帮助关心我。

我要感谢我的妻子邓丽群老师，她辛勤操持家务，为我撰写本书解除后顾之忧。还有我可爱的儿子王泽家，他消除了我写作的疲劳，是我奋进的动力。

作为一名高校教师，为了本书的写作，我被迫放弃了绝大部分节假日休息时间。尤其是寒暑假，同事朋友举家邀游，自己只能枯坐电脑前从事研究与写作，不能与家人外出畅游，抑或在家尽为子、为夫、为父的职责，深深的歉意和愧疚时常涌上心头。

我还要将深深的谢意献给中国社会科学出版社的任明老师和其他编辑老师，在本书出版过程中，各位编辑老师给予诸多指点与帮助，付出了辛勤的劳动，使本书能够保证质量并顺利出版。

本书的出版，是对所有关心我的老师、朋友和家人的谢意与敬意表达，谢谢你们。

本人自知才疏学浅，见识低陋，对"抗战时期陕甘宁边区社会教育"的研究可能挂一漏万，存在缺陷和不足，敬请各位专家学者批评指正。

王玉珏

2015 年 9 月 27 日于四川理工学院